中國學術思想 研究輯刊

二三編

林慶彰 主編

第 19 冊

自然與必然
——戴震思想研究

龍 鑫 著

花木蘭文化出版社

國家圖書館出版品預行編目資料

自然與必然——戴震思想研究／龍鑫 著 -- 初版 -- 新北市：花
木蘭文化出版社，2016〔民 105〕
目 2+182 面；19×26 公分
（中國學術思想研究輯刊 二三編：第 19 冊）
ISBN 978-986-404-570-9（精裝）
1.（清）戴震 2. 學術思想 3. 清代哲學
030.8　　　　　　　　　　　　　　　　　105002154

ISBN-978-986-404-570-9

9 789864 045709

中國學術思想研究輯刊
二三編　第十九冊　　　　　　ISBN：978-986-404-570-9

自然與必然
——戴震思想研究

作　　者　龍鑫
主　　編　林慶彰
總 編 輯　杜潔祥
副總編輯　楊嘉樂
編　　輯　許郁翎
出　　版　花木蘭文化出版社
社　　長　高小娟
聯絡地址　235 新北市中和區中安街七二號十三樓
　　　　　電話：02-2923-1455／傳真：02-2923-1452
網　　址　http://www.huamulan.tw 信箱 hml810518@gmail.com
印　　刷　普羅文化出版廣告事業
封面設計　劉開工作室
初　　版　2016 年 3 月
全書字數　160386 字
定　　價　二三編 24 冊（精裝）新台幣 46,000 元

自然與必然
——戴震思想研究

龍鑫　著

作者簡介

龍鑫，1983 年生於湖南漢壽，北京大學哲學博士，主要研究領域爲明清學術思想，參與北京大學《儒藏》編審工作，著有《通經以明道如何可能》、《戴震思想分期說評議》、《〈法象論〉發微》、《自然與必然——戴震的人性論》等論文若干。

提　要

　　既往漢語學界對戴震思想的研究主要遵循兩條線索：按照理學的線索，將其理解爲從理學脫胎而來的反理學者；依照啓蒙主義的線索，將其視爲科學方法的先驅或「情慾主義」者。然而，戴氏不合時趨的治學方法和極具個人色彩的學術語言難以在這些標籤式的「主義」下得到解釋，更爲穩妥的理解方式是循著文本發生的歷程回到「問題」本身。

　　明末清初思想界致力於在經典研究中重塑時代價值，戴震「通經以明道」的治學路徑正是對此趨向的響應，其實質是貫通考據和義理，在經典所承載的經驗世界中探求普遍價值。這一治學路徑與他在「情慾」等人性的自然事實中探求普遍德性的努力具有方向上的一致性。

　　戴震早年的五部短篇作品呈現出其思想發展的趨勢，其中關於理氣關係、理欲關係、善惡來源的思考逐步收斂爲關於「自然」與「必然」的表述。對二者關係的論述在《孟子字義疏證》等著作中得到充分展開，並構成其思想體系的主題。

　　本文試圖表明：（一）戴震關於「自然」與「必然」一致性的思考統合了其「通經以明道」的學問方法及他對理氣關係、理欲關係的思考，「歸於必然適完其自然」這一命題應被視爲其思想主題；（二）戴氏人性論因凸顯「情」、「欲」等自然人性而有別於宋明理學傳統；同時又因其堅持道德規範的嚴格性，而仍歸屬儒學範疇，不能簡單斥其爲「情慾主義」。（三）戴震對「自然」、「必然」的闡發，以及他在批評程朱理學基礎上重構儒學的努力，爲我們重審理氣關係、理欲關係，進而探究性與天道等儒學基本問題提供了新的視角。

目
次

第一章　形象重省：既有視角與新的可能

一、問題

　　研究清代思想史的一個關鍵問題是這三百年的學問和思想究竟在何種意義上延續了傳統，又是否在此基礎上開出了新的論域。同樣，對戴震的解讀也不得不糾結於這一問題。

　　歷經明清交替的政治洗禮以及閻若璩、毛奇齡、胡渭等學者的學術影響後，戴震所生活的乾隆朝已經是一個義理式微、考據盛行的時期。然而，主導思想的缺如也使得這個時代呈現出雖不活躍卻空前複雜的思想環境：理學作爲官學繼續主導思想話語，程朱的語錄不僅被朱筠、翁方綱等大批考據學家所尊崇，也爲姚鼐、方東樹等鍾情於辭章的文學家不加反省地奉爲圭臬；陽明心學在缺乏論敵的情況下實現了與禪宗、淨土等佛教思想的廣泛結合，這種趨勢在彭紹升、羅有高、汪縉等人的著述中得到了鮮明體現；跨越宋明道學直追兩漢師法的學風在惠棟等吳中學者堅持數代的努力後已經蔚爲大觀，主導著揚州與京師等地的考據學界。這一時期的思想環境總體上看是宋明道學和兩漢經學並存，然而，戴震卻認爲二者都偏離了儒學的本旨，因此更傾向於超越漢宋，將學問和思想的源頭追溯至先秦儒學經典〔註1〕，以求「自

〔註1〕 如戴震稱「聖人之道在六經，漢儒得其制數，失其義理，宋儒得其義理，失其制數」（《與方希原書》，《戴震全書》第六冊，黃山書社，1997年，第375頁），並以六經作爲義理標準評判漢代經學與程朱理學之得失，稱「先儒之學，如漢鄭氏，宋程子、張子、朱子，其爲書至詳博，然猶得失中判」（《與姚孝廉姬傳書》，《戴震全書》第六冊，黃山書社，1997年，第372頁）。胡適、錢

得之學」〔註2〕。戴震穿越種種思想迷霧的努力使得他本人的學說呈現爲多重矛盾的疊加：（一）他一生的精力多傾注於考據，但同時又以義理爲期，認爲自己「生平論述最大者」是《孟子字義疏證》〔註3〕，並在其中以字義訓詁的方式闡發義理；（二）戴震的思想主要通過對程朱理學的駁斥來表達，他甚至認爲理學家是「汨亂孟子之言」的異端〔註4〕，但其主張的「理在事情」與程子所謂的「一物須有一理」似乎相類，其「理者，存乎欲者也」的主張也似乎難以與朱子所稱的「人欲中自有天理」相區別〔註5〕，甚至其所堅持的由考據而求義理的學問方法也與程朱理學堅持的格物窮理近似；（三）情與欲的正當性是戴震思想的主要關注點，後世學者甚至以此比附於西方近代的啓蒙思潮，稱戴震爲「情慾主義者」，然而，戴東原同時也認爲「由血氣之自然，而審察之以知其必然，是之謂理義」，「歸於必然，適完其自然」〔註6〕，在他的哲學中，儒學傳統所強調的道德規範並沒有因爲對情慾的正視而退場，反而在現實人性中獲得了更加眞實而牢固的基礎。這些矛盾爲我們揭示出了戴震研究不容迴避的一系列問題：（一）戴震究竟如何面對經學傳統？他在經學考據與義理闡發之間建構一致性的努力是否成功？這一問題涉及戴震的治學門徑，也是進入其思想世界的第一道屏障；（二）宋明道學，特別是程朱理學的傳統對戴震究竟意味著什麼？戴震是否只是一個誤解了理學的理學後裔？（三）戴震是否「情慾主義者」？如果不是，那麼，其人性理論是否成功地在情慾與理義之間建立起了內在一致的關係？這種觀念在何種意義上是對儒學傳統的發展？

戴震逝世後的二百餘年中，這些問題儘管未能得到系統處理，但或多或少地受到了關注。在本文展開論述之前，有必要對既往研究者的視角和觀點

穆、余英時等人認爲這些評價漢宋學術的言論表明戴震的思想經歷了由理學到「反理學」的轉變，本文不能認同，詳見本節後文。
〔註 2〕（清）戴震：《與某書》，《戴震全書》第六冊，黃山書社，1997 年，第 495 頁，本文所引《戴震全書》均據此版，爲避繁冗，下文徑稱《全書》，不再標註版本信息。
〔註 3〕（清）戴震：《與段茂堂第十劄》，《全書》第六冊，第 543 頁。
〔註 4〕（清）戴震：《孟子字義疏證序》，同上，第 147 頁。
〔註 5〕戴震之說見《全書》第六冊，第 155、159 頁；程子之說見《河南程氏遺書》卷十八，《二程集》，中華書局，2006 年，第 193 頁；朱子之說見《朱子語類》卷十三，中華書局，2007 年，第 224 頁。
〔註 6〕（清）戴震：《孟子字義疏證》（下文徑稱爲《疏證》）卷上，《全書》第六冊，第 171 頁。

進行回顧。

二、視角與形象

時代的主流觀念往往影響到我們的理解行為，甚至成為我們理解事物的主要視角，而「理學」與「啟蒙」作為不同時代的主流觀念也使得不同時代的詮釋者在理解戴震的過程中選擇了各自的詮釋方向。

（一）「理學」視角：從理學後裔到反理學者

戴震逝世後，當世學者對其學行多有總結。尤為值得注意的是，這些評論大多具有鮮明的理學立場。作為戴震友人，朱筠活躍於京城考據學界〔註7〕，卻無法理解戴震的思想。戴震弟子洪榜作《戴先生行狀》，並附上戴氏《答彭允初進士書》，以闡揚戴氏對理學的批評。這一行為受到朱筠的堅決反對，其理由是：

> 性與天道不可得耳聞，何圖更於程、朱之外復有論說乎，戴氏可傳者不在此。（洪榜《上筠河先生書》，轉引自《全書》第七冊，第139頁）

朱筠的觀點包含了兩方面含義：首先，考據與義理兩不相涉，戴震以考據學名家，無需涉及性與天道等與考據學殊途的義理內容；其次，程朱理學對性與天道的論述已近極致，即使戴震涉足義理之學，也不應該在程朱之外另闢蹊徑。朱筠的言下之意是戴震本當以考據工作自限，他在理學之外進行的義理構建沒有意義。同世學者翁方綱服膺程朱理學，與理學家程晉芳，以及標榜理學的文士錢載、蔣士銓、姚鼐等人相友善，撰有《理說駁戴震作》，文中稱：

> 近日休寧戴震，一生畢力於名物象數之學，博且勤矣，實亦考訂之一端耳。乃其人不甘以考訂為事，而欲談性道以立異於程朱……反目朱子性即理也之訓謂入於釋、老真宰真空之說，竟敢刊入文集。（《全書》第七冊，第296頁）

翁氏認為戴震原本致力於名物象數，後來專為詰難程朱而治義理之學，但其義理也只是「有意與朱子立異」，並無實際意義。翁氏此文頗多意氣之語，足見

〔註7〕 朱筠是章學誠、汪中等人的老師。見《清朱筠河先生筠年譜》，臺灣商務印書館，1981年，第13頁。

一個服膺程朱者對戴震思想的不滿乃至憤恨。這種憤恨爲姚鼐、方東樹等人進一步誇大，姚鼐甚至說「程、朱猶吾父師也。然程朱言或有失……正之可也，正之而詆毀之、訕笑之，是詆訕父師也。且其人生平不能爲程朱之行，而其意乃欲與程朱爭名，安得不爲天之所惡？故毛大可、李剛主、程綿莊、戴東原，率皆身滅絕嗣，此殆未可以爲偶然也」〔註8〕。方東樹也將戴震的思想描繪爲「罔氣亂道，但取程、朱爲難，而不顧此爲大亂之道也」〔註9〕。與以上論調相似，章學誠也從理學立場對戴震多有譏評，在《答邵二雲書》、《與史餘村書》、《上辛楣錢詹事書》、《又答朱少白書》、《又與朱少白書》、《朱陸》、《書朱陸篇後》等多篇書信中，章氏都談到戴震「醜詈程朱」的問題〔註10〕。戴震下世十餘年後，章氏作《書朱陸篇後》，歷數其自視過高、「欲人惟己是從」、「識解庸忘」、「忍心欺人」等諸多「心術未醇」的證據，其中列在最後且被認爲最不能原諒的是戴震「醜貶朱子，至斥以悖謬，詆以妄作」，「得罪於名教」〔註11〕。在理學擁護者的眼中，戴震通過批評理學進行的義理建構是毫無意義甚至應該被詛咒唾棄的，戴震的形象也因此越來越牢固地被定格爲「反理學者」。

爲了對戴震的這一形象進行更好的論證，章學誠甚至從戴震的學問淵源入手闡發他與理學的關聯，以便展示戴震成爲「反理學者」的思想歷程。他認爲：

> 戴君學術實自朱子道問學而得之。（《書朱陸篇後》，轉引自葉瑛《文史通義校注》，中華書局 2005 年，第 276 頁）

> 今人有薄朱氏之學者，即朱氏之數傳而後起者也。其與朱氏爲難，學百倍於陸王之末流，思更深於朱門之從學，充其所極，朱子不免

〔註8〕 （清）姚鼐：《再覆簡齋書》，轉引自《全書》第七冊，第156～157頁。在《覆蔣松如書》中，姚鼐亦稱「博聞強識，以助宋君子之所遺則則可也，以將跨越宋君子則不可也」（轉引自《全書》第七冊，第156頁），可見姚鼐對理學立場的堅守已近乎偏執。

〔註9〕 （清）方東樹：《漢學商兌》卷中之上。

〔註10〕 章學誠之所以著力將戴震描繪成爲一個「醜詈程朱」者，很可能是出於私怨。1766年丙戌春夏之交，章、戴第一次見面，戴震向章學誠講明「通經以明道」的爲學大略，章氏深受觸動（見《答邵二雲書》、《與族孫汝南論學書》）。1773年癸巳夏，章、戴第二次見面，戴震嚴厲地批評了章學誠關於修地方志的目的與義例的看法。此後，章氏在《記與戴東原論修志》、《書朱陸篇後》與《答客問》諸文中屢屢措辭激烈地言及此事。

〔註11〕 章學誠：《書朱陸篇後》，轉引自葉瑛《文史通義校注》，中華書局，2005年，第276頁。

先賢之畏後生矣。然究其承學，實自朱子數傳之後起也，其人亦不
自知也……今承朱氏數傳之後，所見出於前人，不知即是前人之遺
緒，是以後曆而貶義和也……其人於朱子蓋已飲水而忘源。（《又與
朱少白書》，轉引自《全書》第七冊，第 162 頁）

文中的「今人」即指東原。章氏認為東原的學問與朱子「道問學」的路數一
致，但又多有「與朱氏為難」之處，可謂「飲水而忘源」。雖然在章氏激越的
言辭中始終不曾論及戴震之學在何種意義上同於朱子，但他的論述無疑從理
學的立場上豐富了戴震的形象，即戴震可以被視為從理學傳統中走出的「反
理學者」。

章氏的思路在近代的研究中獲得了繼承和發展，集中表現為錢穆在《中
國近三百年學術史》中的論述。錢穆基本以程朱理學的立場理解東原，認為
東原之學分為兩期：早年的學問承續了程朱理學的傳統，只是在乾隆二十二
年丁丑（1757 年，戴震三十五歲）結識惠棟後，受到了惠氏「反宋復古」學
風的影響，成為理學的反對者〔註 12〕。在總結東原思想時，錢氏認為：「《原
善》辯性欲，《緒言》辯理氣，至《疏證》辯理欲，乃會和前兩書為一說，而
其對宋儒之見解，則《原善》全未提及，《緒言》已有譏排，而《疏證》最為
激昂，此則其大較也」〔註 13〕。可見，錢氏認為東原的義理建構完全圍繞理
學展開。錢穆列舉了戴震早年尊奉程朱的三類證據：（一）學術環境。錢穆認
為徽歙之地頗被理學流風，而戴震的老師江永「遠承朱子格物遺教」〔註 14〕，
這直接影響了東原的學問立場。（二）著作特點。戴震自二十二歲（1744 年，
乾隆九年甲子）至三十一歲（1753 年，乾隆十八年癸酉）先後完成的《籌算》、
《六書論》、《考工記圖》、《轉語》、《爾雅文字考》、《屈原賦注》、《詩補傳》
等「全是徽人樸學矩矱」〔註 15〕，皆屬考據學著作，無任何義理創新。這從

〔註12〕錢穆：《中國近三百年學術史》，商務印書館，1997 年，第 344～357 頁。事實
上，錢穆不僅以理學框定戴震，而且以理學評判整個乾嘉時期，在他看來，「漢
學諸家之高下淺深，亦往往視其所得於宋學之高下淺深以為判」（《中國近三
百年學術史》，第 1 頁），「宋學」是所有義理之學的代名詞，宋學之外別無義
理，考據所得之義理不僅沒有超出宋明道學的範圍，甚至乾嘉學者的思想成
就也應該以宋明道學作為評價標準。在這樣的視角下，對「宋學」的任何反
叛便理所當然被視為對道學的淺薄誤解。

〔註13〕同上書，第 391 頁。

〔註14〕同上書，第 340 頁。

〔註15〕同上書，第 343 頁。

側面證明其學問是「從尊宋述朱起腳」〔註16〕。（三）自述心跡。錢穆認爲東原在《與是仲明論學書》中所稱的「舍夫道問學，則惡可命之尊德性」是站在程朱理學的立場對心學的批判〔註17〕，是「朱、王之辯」，而非「漢、宋之辯」〔註18〕。此外，《與方希原書》和《與姚孝廉姬傳書》中也表達了對宋儒的部分肯定〔註19〕。爲了解釋戴震在大多數著作中對程朱理學的明確批評，錢氏又從兩個角度論證了東原受到惠棟影響發生的思想轉變：（一）戴震在三十五歲後「客揚州者四年」，故推測他必受惠棟「反宋復古」學風的影響。（二）戴震於四十三歲（1765 年，乾隆三十年乙酉）時所作的《題惠定宇先生授經圖》中所言的「聖人之理義非他，存乎典章制度者是也」，以及《原善》三篇〔註20〕所體現的「即故訓中求義理之意」都「明明與松崖出一轍也」〔註21〕。據此，錢穆認爲「惠戴之晤」後，戴震對義理之學的觀點發生了顯著變化，不再是理學的擁護者，而是一轉成爲程朱的反對者，並陸續完成了《原善》、《緒言》和《孟子字義疏證》等義理著作，日漸激烈地批評程朱理學。由此，一個早年尊崇理學、後期反對理學的戴震形象便被構建起來。

關於錢穆對戴震早年尊奉理學的論斷，多存疑點：（一）「環境影響」缺乏確證。戴震幾乎從未在著述中稱許或引述過任何徽歙理學先賢。從《與江愼修先生論韻》、《與江愼修先生論小學書》等江、戴二人僅有的幾次書信來往來看，二人就小學訓詁多有切磋，而不曾論及理學〔註22〕。江永逝世後，戴震作《江愼修先生事略狀》時，也只記其「治經要略」〔註23〕，而對江

〔註16〕同上書，第 353 頁。
〔註17〕據錢穆先生考證，此書作於乾隆十五年庚午二十八歲時。見錢穆《中國近三百年學術史》，第 344 頁。
〔註18〕同上書，第 347 頁。
〔註19〕同上書，第 349～350 頁。
〔註20〕段玉裁在《戴東原先生年譜》中認爲《原善》三篇作於「癸未（乾隆二十八年）以前，癸酉（乾隆十八年）、甲戌以後十年內」。見《全書》第六冊，第 674 頁。
〔註21〕錢穆：《中國近三百年學術史》，第 359 頁。
〔註22〕戴震在《江愼修先生七十壽序》中雖以「古今不可無一、不能有二」稱許鄭玄與朱子，但亦就「經學之難」言之，完全與理學無涉。文末稱「震少覽近儒之書，所心折者數人，劉原甫、王伯厚之於考覈，胡朏明、顧景範、閻百詩之於水經地志，顧寧人之於古音，梅定九之於步算，各專精一家」，其自述心跡，稱引近儒，而無一語涉及理學，可見戴震早年絕難被稱爲程朱「信徒」（戴震原文轉引自漆永祥《新發現戴震〈江愼修先生七十壽序〉佚文一篇》，《中國典籍與文化》2005 年第一期，第 122 頁）。
〔註23〕（清）戴震：《江愼修先生事略狀》，《全書》第六冊，第 409 頁。

氏的理學立場及其晚年注解《近思錄》以表彰朱子的苦心孤詣無隻字提及
〔註24〕。由此可見，即使徽學「一尊舊統，以述朱爲正」〔註25〕，也很難
證明這一學術風氣一定在東原的思想中發生過決定性影響。（二）「著述特
點」的理解偏差。戴震早年雖多考據著述，但這並不表明他缺乏思想創見，
相反，其考據工作往往寄託著獨立的義理追求。在其早年完成的《六書論》
和《爾雅文字考》的序文中均表達了由訓詁以求「聖人之道」的意旨，而
《毛鄭詩考正》、《屈原賦注》等早期考據著作中也多有義理創見，如《屈
原賦注》中對「陰陽」、「氣化」的描述就與其後來在《緒言》、《疏證》中
表達的「道即陰陽氣化」的觀念接近，而《毛鄭詩考證》中對「上」、「下」
字義的考證則在《疏證》中被用於消解「形而上者之謂道」在理學上的超
越意義（詳見本章第三節）。可見，戴氏的考據工作不能簡單地被歸入「尊
宋述朱」的「樸學」行列，而是其思想的有機構成部分。（三）「自述心跡」
的誤讀。錢氏認爲《與是仲明論學書》是戴震站在程、朱立場上對心學的
批評。戴震此文稱：

> 經之至者道也，所以明道者其詞也，所以成詞者字也。由字以通其詞，
> 由詞以通其道，必有漸……至若經之難明，尚有若干事。誦《堯典》
> 數行，至「乃命羲和」，不知恒星七政所以運行，則掩卷不能卒業；
> 誦《周南》、《召南》，自《關雎》而往，不知古音，徒強以協韻，則
> 齟齬失讀……別有略是而謂大道可以徑至者，如宋之陸，明之陳、王，
> 廢講習討論之學，假所謂尊德性以美其名，然舍夫道問學則惡可命之
> 尊德性乎？（《與是仲明論學書》，《全書》第六冊，第370頁）

此文確實涉及「尊德性」與「道問學」這一朱、王之辯的標誌性議題，同時
也的確批評了陸象山、陳白沙與王陽明，但縱觀全文，其主旨無疑在於強調
「經之難明」與治經之法，關注的是經學方法的問題，而不是理學與心學的
是非問題。況且，《舜山是仲明先生年譜》中明言是仲明「近宗朱子」〔註26〕，

〔註24〕江永於《近思錄集注序》中自述其學問始自朱子，其《近思錄集注》的內容
　　　　不過是從《四書或問》、《朱子語類》、《朱文公文集》等著作中「裒輯朱子之
　　　　言有關此錄者」，因此，江永的《集注》重在表彰朱子。此書後附有《考訂朱
　　　　子世家》一篇，則旨在力闢「明中葉後學術漸漓……輕朱子之傳註爲支離、
　　　　爲務外」的心學風氣，重尊朱子爲「景星慶雲」、「泰山喬嶽」。參看江永：《近
　　　　思錄集注》，江蘇廣陵古籍刻印社，1990年版。

〔註25〕錢穆：《中國近三百年學術史》，第341頁。

〔註26〕《舜山是仲明先生年譜》轉載是仲明寫給友人的書信，其中稱「吾二人正當

而《李恕谷先生年譜》亦稱是仲明「爲程朱之學」〔註27〕，可見是仲明尊奉程、朱，其學問並非陸、王一系，戴震不可能站在程朱理學立場與一位理學的尊奉者爭朱、王之短長。因此，戴氏以「道問學」規勸是仲明的目的是以篤實的學術態度批評其空疏的學風，暗示是仲明「學非所學」〔註28〕，而不是站在程朱理學的立場批評王學。錢穆還認爲東原在《與方希原書》和《與姚孝廉姬傳書》中「漢宋並舉、無所軒輊」的態度表明他早年認同理學，此論恐難成立〔註29〕。錢氏列舉了東原的原文：

> 聖人之道在六經。漢儒得其制數，失其義理；宋儒得其義理，失其制數。（《與方希原書》，《全書》第六冊，第375頁）

> 誦法康成、程、朱不必無人，而皆失康成、程、朱於誦法中。（《與姚孝廉姬傳書》，《全書》第六冊，第372頁）

然而，錢氏的引文只選取了戴震肯定宋儒義理之處。原文中尚有：

> 先儒之學，如漢鄭氏、宋程子、張子、朱子，其爲書至詳博，然猶得失中判。其得者，取義遠，資理閎，書不克盡言，言不克盡意，學者深思自得，漸近其區，不深思自得，斯草薉於畦而茅塞其陸；其失者，即目未睹淵泉所導，手未披枝葉所岐者也，而爲說轉易曉，學者淺涉而堅信之，用自滿其量之能容受，不復求遠者閎者。故誦法康成、程、朱不必無人，而皆失康成、程、朱於誦法中，則不志乎聞道之過也。誠有能志乎聞道，必去其兩失，殫力於其兩得，即深思自得而近之矣，然後知孰爲十分之見，孰爲未至十分之見。（《與姚孝廉姬傳書》，《全書》第六冊，第372頁）

戴震此時論及漢儒、宋儒之得失，意在揭示漢儒、宋儒都「目未睹淵泉所導，

異地同心，顧名思義，闇然自修，醇乎其醇，各踐其實，方不負遠學先師，近宗朱子，以誠相勉之初意」。此外，黃永年爲仲明撰寫《慕廬記》時論及其家學淵源，亦稱「君之先人博雅敦行，爲諸生，有令名，授君以程朱之學，而非以干祿」。見（清）張敬立：《舜山是仲明先生年譜》，《北京圖書館藏珍本年譜叢刊》，第九十五冊，第203頁、第256頁。

〔註27〕（清）馮辰：《李恕谷先生年譜》卷五，道光十六年刻本，北京大學圖書館藏。

〔註28〕（清）段玉裁：《戴東原先生年譜》「乾隆二十二年丁丑」條，《戴震全書》第六冊，第670頁。

〔註29〕最早使用這兩封書信中的部分言辭論證戴震與理學的關聯的是胡適。見胡適：《戴東原的哲學》，安徽教育出版社，2006年，第18頁。

手未披枝葉所歧」，即未曾達到對聖人之學的全面而眞切的體認。戴氏認爲學者若「志乎聞道」，便應該「空所依傍」〔註30〕，擯棄對「漢學」、「宋學」等既有學術模式的盲從，進行獨立的思想探索。由於兩封書信的對象均爲極度尊奉理學的友人〔註31〕，東原照顧到方氏與姚氏的學問立場，未在文中表達對宋儒的激烈批評。可見，這兩篇書信難以表明戴震早年是程朱理學的信奉者，反而讓我們看到戴震「志於聞道」的獨立思想品格。

既然東原早年並非理學的尊奉者，自然也就談不上如何「轉向」反對理學。錢穆認爲戴震與惠棟相識後思想轉向「尊漢抑宋」，其論證亦多有失當。從以下三方面的材料來看，戴震這種「轉變」並不存在：（一）惠、戴二人相識時間極短。戴震在乾隆二十二年丁丑冬（35 歲）到揚州〔註32〕，寓於兩淮鹽運使盧見曾官署，與沈大成同居一室，與惠棟對面而居〔註33〕。惠棟不到半年即病逝於元和縣老家〔註34〕，而戴震隨後亦因家事離開揚州，回徽州故里〔註35〕。可見戴震居揚州不過半年，而非錢氏所稱「客揚州者四年」〔註36〕。惠、戴二人交往的時間也最多是這半年之內，很難說彌留之際的惠棟對戴震產生了多深的影響。（二）二人學風迥異。惠、戴相見時，戴氏在京城學界已經受到普遍認同，其學術風格與惠氏迥異，正是意識到二者的明顯差異，惠棟弟子王鳴盛才得出「惠君之治經求其古，戴君求其是」的論斷〔註37〕。也

〔註30〕（清）戴震：《與某書》，《全書》第六冊，第 495 頁。

〔註31〕方希原曾言：「孔門而後，言絕義乖，然人道不終爲鬼魅者，程、朱之力也。吾儕惇行實踐師尊之不暇，而敢妄有瑕疵乎」（胡虔善：《新城伯子文集》卷七，清嘉慶四年刻本，北大圖書館藏）；而姚鼐曾言：「儒者生程、朱之後，得程、朱而明孔、孟之旨，程、朱猶吾父師也」（《覆蔣松如書》，轉引自《全書》第七冊，第 156 頁），可見二人對理學之推重。

〔註32〕（清）段玉裁：《戴東原先生年譜》，轉引自《全書》第六冊，第 669 頁。

〔註33〕（清）戴震：《沈學子文集序》，《全書》第六冊，第 393 頁；（清）沈大成《亡友惠徵君授經圖四十六韻》，《學福齋詩集》卷三十三，乾隆三十九年刻本。

〔註34〕王昶稱惠棟「終乾隆二十三年戊寅五月二十二日」（見錢儀吉編：《碑傳記》卷一百三十三，《惠先生墓誌銘》，中華書局 2008 年版，第 3985 頁）。至於惠棟究竟在與戴震相識多久後才因病回鄉則已無從考證，但可以肯定二人相處不足半年。

〔註35〕蔡錦芳：《戴震生平與作品考論》，廣西師範大學出版社，2006 年版，第 121～122 頁。

〔註36〕錢穆：《中國近三百年學術史》，第 355 頁。

〔註37〕（清）洪榜：《戴先生行狀》，《全書》第六冊，第 8 頁。

正是在求同存異的意義上，淩廷堪才稱惠、戴二人「論學有合」〔註38〕。因此，很難說學有所成的戴震在半年時間中就如錢穆所言受到了「吳派」「反宋復古」學風多大影響。（三）戴震早年著述《屈原賦注》、《詩補傳》、《經考》以及《經考附錄》皆是以字義訓詁、名物考證爲階梯尋繹聖人義理之作，且早在二十七歲時便已完成的《爾雅文字考》既已標明「求適於至道」之旨〔註39〕。因此，錢穆認爲戴震「即故訓中求義理之意則固明明與松崖出一轍也」〔註40〕，並據此以爲東原受到惠棟之影響，恐非確論。如果沒有更有力的論據，錢穆從理學角度出發塑造的早年「尊宋述朱」、晚年「尊漢抑宋」的戴震形象頗有牽強之嫌〔註41〕。

由朱筠、翁方綱、姚鼐等人肇端，經由錢穆的論證，一個從理學後裔到「反理學者」的戴震形象被牢固地建立起來，這一形象至今爲學界所接受〔註42〕。然而，這一視角過分強調了戴震與理學傳統的關聯，被捆綁在理學傳統上的戴震成爲由「早年」理學尊奉者和「晚年」理學反對者復合而成的形象。這一思路衍生出兩個問題：（一）由於無法證明戴震思想的轉變如何發生，戴震始終被置於一種分裂狀態，以至於我們無法建立對其思想的融貫理解，甚至余英時也不得不承認在這一思路中「考據學家戴東原」與「思想家戴東原」之間「始終存在著一種矛盾緊張的狀態」〔註43〕；（二）戴震的思想獨創性完全爲這一視角所忽略，以至於其「由訓詁以尋義理」的治學門徑被認爲是得自朱子，其關於理氣、理欲關係的論辯被認爲是對宋儒的淺薄誤讀。

戴震的主要思想是在批評理學的過程得以展現的，因此，從理學視角解讀戴震對理學的批評，失去的是博綜通觀的眼光，開啓的是門戶意見之爭。

〔註38〕（清）淩廷堪：《戴東原先生事略狀》，《校禮堂文集》卷三十五，中華書局2006年版，第312頁。

〔註39〕（清）戴震：《爾雅文字考序》，《全書》第六冊，第275頁。

〔註40〕錢穆：《中國近三百年學術史》，第359頁。

〔註41〕余英時教授曾利用戴震在《經考》和《經考附錄》中的論述對錢穆的論證作出補充（見氏著《論戴震與章學誠》，三聯書店，2005年，第188～200頁），但這些補充未必成立。相關分析已詳於拙作《戴震思想「分期說」評議》，信陽師範學院學報，2010年第六期。

〔註42〕如李開《戴震評傳》、周兆茂《戴震哲學新探》、陳徽《性與天道：戴東原哲學研究》、蔡錦芳《戴震生平與作品考論》等著作對戴震的論述都是在這一形象下展開。

〔註43〕余英時：《論戴震與章學誠》，三聯書店，2005年，第135頁。

（二）「啟蒙」視角：作為「科學先驅」與「情慾主義者」的戴震

　　如果說居於乾嘉時期意識形態地位的理學使得當世學者多從理學的視角審視戴震，闡發他與宋明以來思想傳統的關聯，那麼，伴隨著西學在新文化運動時期的大舉推廣，近代學者更多地憑藉科學、民主、自由、人權等啟蒙精神所代表的價值審視戴震，甚至希望借助對戴震思想的挖掘開拓出中國思想的新方向。

　　這一思路的開闢者是梁啓超。梁氏認爲清代思想可以稱爲「中國之文藝復興時代」〔註44〕，或者說是「以復古爲解放」〔註45〕，即在對傳統的不斷回溯中開闢出新的思想內容。爲了突出這種「新」，梁氏極力強調清代學術，特別是乾嘉考據學是「對於宋明理學之一大反動」〔註46〕。從這一立場出發，梁氏認爲戴震思想的主體是以下兩個方面：

> 　　（一）他的研究法。他所主張的『去蔽』、『求是』兩大主義，和近世科學精神一致……東原可以說是我們『科學界的先驅者』。（二）他的情感哲學。宋明以來之主觀的理智哲學，到清初而發生大反動，但東原以前大師，所做的不過破壞工夫，卻未能有所新建設，到東原才提出自己獨重情感主義，卓然成一家言……所以東原可以說是我們『哲學界的革命建設家』。（《戴東原生日二百年紀念會緣起》,《飲冰室文集》第七冊，中華書局，1989 年，第 38 頁）

梁啓超將戴震的治學方法理解爲「科學精神」，而將戴氏的思想內容理解爲「情感主義」。梁氏在 1924 年初所作的《戴東原哲學》中從「客觀的理義」、「情慾主義」、「性的一元」、「自由意志」與「修養實踐」等幾個側面詳述了戴震的哲學，但核心關注點仍在「科學」與「情慾」。對戴震的這種解讀毫無疑問是對當時「新文化運動」及「整理國故運動」的積極回應，而其目的在於通過戴震研究在清代思想與西方啟蒙精神之間建立起正面的關聯。胡適是這一思路的繼承者。他認爲戴震在考據過程中追求「十分之見」的治學路徑是「科學精神」的體現，這種方法「一面重在『必就事物剖析至微』，一面重在證實」，胡適認爲這種爲學方法近乎等同於他自己所謂的「大膽假設，小心求證」〔註47〕，同

〔註44〕梁啓超：《清代學術概論》，中國人民大學出版社，2006 年，第 127 頁。
〔註45〕同上書，第 136 頁。
〔註46〕同上書，第 133 頁。
〔註47〕胡適：《戴東原的哲學》，安徽教育出版社，1999 年，第 48 頁。

時，他也肯定了戴震的「情慾主義」觀念對於禮教的批判作用〔註 48〕。胡適闡揚戴震哲學的最終目標在於以啓蒙精神爲參照，建立起「科學的致知窮理的中國哲學」〔註 49〕。侯外廬對明末清初之後思想的定位是「早期啓蒙說」，其研究以唯物史觀爲著眼點，關注經濟背景與階級關係對思想史的影響，他對戴震的理解也由此入手，因此，侯氏對戴震「由客觀存在的條理去把握眞理」的考據方法基本認同〔註 50〕，並認爲戴氏在認識論問題上對經驗的強調符合「唯物主義的基本觀點」〔註 51〕；對戴震關於情、欲等問題的論述基本認同，認爲這體現出戴氏在「生活實踐」中對「人與人平等關係」的重視〔註 52〕。侯外廬對東原思想內容的把握在實質上仍未超出「科學方法」與「情慾主義」的範圍。

從啓蒙視角展開的戴震研究寄託了太多的時代需求，處在西方思想衝擊下的近代中國知識界過度強調了戴震的考據學方法及其關於情慾的思想，以便將科學、自由等西方近代啓蒙精神所褒揚的價值論證爲中國文化中固有的精神資源。但這一視角帶來了明顯的問題：（一）戴震與傳統的關聯蕩然無存，其所有的思想觀念和思想品格都是在「理學之反動」的意義上建立起來的？（二）戴震的考據方法既然蘊含「科學精神」，這種精神何以在其後繼者的思想中未得到任何拓展？（三）戴震既然肯定情慾，肯定自由意志，何以又強調理義與必然，甚至認爲人之爲人的基本特徵就是能夠體認道德生活中的必然，即「人之異於物者，人能明於必然」〔註 53〕？這一系列問題表明，以啓蒙視角重構戴東原的想法並不可行。或許，如列文森（Joseph Levenson）所言，中國近代以前的文化與西方文化確實屬於不同的「文化風格」〔註 54〕，只有將戴震的思想放回到它所從出的文化傳統中才能獲得準確而貼切的理解〔註 55〕。

〔註 48〕 同上書，第 50 頁。

〔註 49〕 同上書，第 138 頁。

〔註 50〕 侯外廬：《中國思想通史》第五卷，人民出版社，1963 年，第 446 頁。

〔註 51〕 同上書，第 444 頁。

〔註 52〕 同上書，第 452～455 頁。

〔註 53〕 （清）戴震：《疏證》卷上，《全書》第六冊，第 169 頁。

〔註 54〕 〔美〕約瑟夫・列文森：《儒教中國及其現代命運》，廣西師範大學出版社，2009 年，第 12 頁。

〔註 55〕 依照上節的論述，這裏所指的文化傳統顯然也不是單純由宋明道學或兩漢經學構成的傳統。

三、另一種可能

　　作爲戴震最重要的弟子，洪榜、淩廷堪、段玉裁等人對戴震學問淵源和旨趣的論述對於研究戴震有著重要意義，但是，在理學視角和啓蒙視角中，這些重要的文獻資源被有意無意地忽略了。

　　洪榜是戴震同鄉，也是其最親密的學生之一。在戴震逝世後一個月左右，即乾隆四十二年（1777）六月，洪榜撰《戴先生行狀》，這是最早對戴震學行進行系統化整理的嘗試。《行狀》介紹了戴氏在研習六經的過程中所取得的音韻訓詁、天文曆算等方面的成就，稱：

> 先生之爲學，自其早歲稽古綜覈，博聞強識，而尤長於論述。晚益窺於性與天道之傳，於老、莊、釋氏之說，入人心最深者，辭而辟之，使與六經、孔、孟之書，截然不可以相亂。蓋其學之本末次第，大略如此。（《全書》第七冊，第 6 頁）

其中，「早歲稽古綜覈，博聞強識」顯然是指東原早年積纍的考據學基礎，「長於論述」則指其辭章方面的造詣，「晚益窺於性與天道之傳」一句則表明，東原從「早歲」的考證、辭章之學出發逐漸在義理方面有所創獲。洪榜認爲戴震的義理成就體現在他對「六經、孔、孟之書」的澄清。淩廷堪是戴震的私淑弟子，他在《戴東原先生事略狀》中稱：

> 先生之學無所不通，而其所以至道者，則有三：曰小學、曰測算、曰典章制度。（《校禮堂文集》卷三十五，中華書局 2006 年版，第 313 頁）

> 《原善》三篇、《孟子字義疏證》三卷，皆標舉古義，以刊正宋儒，所謂由故訓而明理義者，蓋先生至道之書也。（同上書，第 316 頁）

> 故其爲學，先求之於古六書九數，繼乃求之於典章制度……既通其辭，始求其心，然後古聖賢之心不爲異學曲說所汩亂。（同上書，第 312 頁）

淩廷堪將戴震的著述區分爲「所以至道者」和「至道之書」，關於小學（六書）、測算（九數）、典章制度等對六經的考證性研究被視爲「所以至道者」，而關於義理的論述則被視爲「至道之書」，可見，淩廷堪認爲戴震的著作中體現出了由考據探尋義理的意圖。淩氏「由故訓而明理義」的表述也與東原自述的

「訓故明則古經明，古經明則賢人聖人之理義明」的學術宗旨相侔〔註 56〕。可以說，洪榜與淩廷堪都認爲戴震思想的淵源在於他對先秦儒家經典的考證性研究，也正是在這一意義上，段玉裁也認爲，戴震之學的旨趣是「上接孔孟」〔註 57〕。

戴氏弟子的論述爲我們指出了一條研究戴震的出路，即盡可能將戴震理解爲獨立的思想家，循著其考據著述和思想文本，逐步發現其學問旨趣和思想主題，只有這樣我們才能不拘門戶，不囿成說，回到標籤化的過程之前，「空所依傍」地發現一個眞實的戴震。

〔註 56〕（清）戴震：《題惠定宇先生授經圖》，《全書》第六冊，第 505 頁。
〔註 57〕（清）段玉裁：《戴東原先生年譜》，同上書，第 709 頁。

第二章 治學門徑：通經以明道

　　「準確」理解某思想家的基礎或許是對其文本內部概念之間邏輯關係進行梳理，但這絕不意味著摒棄一切外緣因素，解析孤零零的文字，因爲「無前提」的文本是我們的虛構——憑藉解釋者的意義預期建構出來的「獨立自在」者。依據存在論的解釋學，人在以對象化的意識行爲認識世界之前，首先本然地「在世界之中」（being in the world）存在，並在語言、情緒等「展開狀態」（disclosedness）中理解這個世界〔註1〕。也就是說，我們在生存中達成對周圍世界的理解。因此，一個被創造出來的文本，必然「蘊含」著與文本相關聯的「生活世界」以及文本創制者的心理參與，它們一起構成著文本的「意蘊」。一種有效的理解就是讓理解者的意義預期與文本的意蘊不斷融合（即「視域融合」）的過程。這意味著，深入瞭解文本創作的思想環境與作者意圖不僅對理解文本有幫助，而且是必經的環節。當然，這種理解路徑並非要將文本意義還原爲種種經驗事實或作者的心理體驗。

　　基於以上的觀念，當我們對戴震所處時代的思想氛圍及其學問歷程進行梳理時，我們所談論的並不是某些可有可無的「外緣」材料，而是正在進入其思想世界。

一、生平

　　戴震，字東原，安徽休寧人，雍正元年（1724）生〔註2〕。

〔註1〕 Martin Heidegger, Being and Time, translated by John Macquarrie and Edward Robinson（China Social Science Publishing House, 1999）, p256～273.

〔註2〕 本節對戴震生平的介紹主要依據段玉裁《戴東原先生年譜》（載《全書》第六冊）、洪榜《戴先生行狀》、王昶《戴東原先生墓誌銘》（載《全書》第七冊）

　　戴震「少時家貧，不獲親師」〔註3〕，多賴自學。既長，漸有求道之志。其同鄉好友程瑤田稱東原「十五始力學」〔註4〕，這與戴震所自述的「自十七歲時志於聞道」大體一致〔註5〕，可見，大約在乾隆二年丁巳（1737）至乾隆四年戊午（1739）年間，戴震開始專心於學問，其內容主要是從《說文解字》、《爾雅》等字書入手逐漸研探《十三經注疏》中的文義，並漸次涉獵名物典制等考據學知識，而其目的則在於闡發經典中的義理。也就在戊午年前後，東原結識了鄭牧、張元泮等人，一同練習時文寫作，並對明代章世純的作品產生濃厚興趣。章氏著作中「性之所有者，欲而已矣」的觀點及其關於「自然」的論述可能對青年戴震產生了一定的影響（詳見本章第三節）。乾隆十年、十一年（1745～1746）前後，戴震結識鄉賢江永，並拜其為師〔註6〕。乾隆十四年己巳（1749），戴震結識了程瑤田、汪兆龍、汪梧鳳、方希原等人，眾人聲氣相通，於時文、音韻、算學、天文無不講論〔註7〕，其時，程瑤田認為戴震「學已小成」〔註8〕，東原也認為此時的自己「漸於經有所會通，然

　　等材料。
〔註3〕（清）戴震：《與是仲明論學書》，《全書》第六冊，黃山書社1997年，第370頁。
〔註4〕（清）程瑤田：《五友記》，《通藝錄·修辭餘抄》，民國二十二年（1933）《安徽叢書》本，北京大學圖書館藏。
〔註5〕（清）戴震：《與段茂堂第九箚》，《全書》第六冊，第541頁。
〔註6〕學界對江、戴二人的關係一直眾說紛紜。王國維、錢穆認為二人是嚴格的師弟關係（見《王國維遺書》第5冊《靜庵文集》，上海古籍出版社，1983年，第75頁；《中國近三百年學術史》，商務印書館1997年，第339～350頁）。余英時教授認為二人關係在「師友之間」（《論戴震與章學誠》，三聯書店，2005年，第201～219頁）。2005年，漆永祥教授發現戴震佚文一篇，名為《江慎修先生七十壽序》，其中有「吾師江慎齋先生」、「拜先生於吾邑之斗山」等語，足以證明二人是正式師弟關係（《新發現戴震〈江慎修先生七十壽序〉佚文一篇》，《中國典籍與文化》2005年第一期，第122頁）。蔡錦芳教授更依據其它材料將戴震拜江永為師的時間確定為乾隆十年、十一年前後（1745～1746）年前後（《戴震生平與作品考論》，廣西師範大學出版社，2006年，第7～10頁），本文認同蔡說。但根據目前的文字資料，很難說明江永在學問上究竟給予過戴震多少啟發。《答江慎修先生論小學書》是唯一直接展現二人學術交流的文字材料，在這封信中，戴震向江永表達了自己在音韻、訓詁方面的觀點，其語氣多有切磋之意，至於江永的理學立場對戴震的影響則更無文本依據可尋。據此，本文認為二人雖為師弟，但其關係實為「師友之間」。
〔註7〕（清）汪灼：《四先生合傳》，轉引自《全書》第七冊，第42頁。
〔註8〕同〔註4〕。

後知聖人之道如懸繩樹臬，豪釐不可有差」〔註9〕。自出生至乾隆十九年甲戌（1754）入京之前，戴震主要在徽州求學，並完成了《六書論》、《爾雅文字考》、《詩補傳》、《屈原賦注》等一系列經學考證著作，初步表達了自己的義理追求和思想觀點（見第二章第二節及第三章第一節），其學問規模已初步形成〔註10〕。

甲戌春，戴震因祖塋被豪強侵佔，官司纏身，赴京避仇，並先後與錢大昕、朱筠、王昶、紀昀、王鳴盛、盧文弨等考據學家相識，此後一面參加科舉考試，一面以編纂校勘工作維持生計〔註11〕。甲戌，他受錢大昕推薦，與王昶、王鳴盛等人一同協助秦蕙田纂校《五禮通考》，主要負責其中關乎天文和曆算的內容。乙亥，寓居於紀昀府，完成了《方言疏證》的草稿。丙子，寓居於王安國府，擔任王念孫的塾師。乾隆二十二年（1757）丁丑，戴震前往揚州，幫助兩淮鹽運使盧見曾校書〔註12〕。戴震在盧府結識了惠棟，並開始了與揚州文化圈的頻繁來往。己卯、庚辰、癸未，戴震又三次到過揚州，在此期間完成了《古韻標準》，初步校訂了《水經注》和《大戴禮記》，其早年思想結晶《法象論》和《原善》初稿也至遲在癸未年完成。丙戌（1766），他完成了《杲溪詩經補注》，並將《原善》由三篇擴寫為三卷，而且很可能在這一年撰寫了《孟子私淑錄》〔註13〕。從己丑至壬辰，戴震受山西巡撫朱珪

〔註9〕同〔註3〕。如果我們按照《與段茂堂第九箚》的記載，將戴震求學的起點設定為十七歲，那麼，根據《與是仲明論學書》中「三年知其節目」和「為之又十年，漸於經有所會通，然後知聖人之道如懸繩樹臬，豪釐不可有差」的說法，戴震學問的初成大致是在三十歲時，即乾隆十七年壬申（1752）前後，與程瑤田所稱十四年己巳「學已小成」相去不遠。更詳細的論述將在本文第二章第二節討論戴震「成學歷程」時展開。

〔註10〕雖然在乾隆庚申至壬戌（1740～1742）年間，戴震曾隨父先後前往江西南豐、福建邵武和南京，但這些經歷並沒有對其學問產生直接影響。相關材料參看段玉裁《戴東原先生年譜》辛酉、壬戌條（《全書》第六冊，第653頁），及洪榜《戴先生形狀》（《全書》第七冊，第6頁）。

〔註11〕戴震入京的時間，段玉裁《戴東原先生年譜》誤記為「乾隆二十年乙亥」（《全書》第六冊，第667頁），但根據王昶記載「余之獲交東原，蓋在乾隆甲戌之春，惟時秦文恭公蕙田方纂《五禮通考》」（《戴震全書》第七冊，第29頁），可見其入京時間是甲戌。此外，錢大昕自編的《竹汀居士年譜》「乾隆十九年甲戌條」亦稱「無錫秦文恭公邀予商訂《五禮通考》。休寧戴東原初入都，造居士寓」，可證戴震確於十九年甲戌（32歲）入京。

〔註12〕盧見曾時任兩淮鹽運使，熱衷於收藏和刊刻，淮揚學者多入其幕。詳見李斗《揚州畫舫錄》，第228頁，中華書局，1997年。

〔註13〕從內容和體例來看，《孟子私淑錄》無疑是《孟子字義疏證》的草稿。戴震未

的推薦，纂修《汾州府志》和《汾陽縣志》。癸巳（1773），他以舉人身份受召參與校訂《四庫全書》，所校內容主要涉及天文、曆算和三禮。丙申，其思想代表作《孟子字義疏證》完成。丁酉（1777）五月二十七日，就在他準備「乞假南旋」，繼續整理自己的著述時，卻不幸積勞而卒。自甲戌至丁酉的二十餘年間，戴震輾轉遊幕於京城、淮揚、山西等地，雖然顛沛潦倒，但他在這一時期陸續完成了代表其學識和思想水平的著述，其成就獲得了學界的廣泛認同，以至於段玉裁稱「自先生以古學倡，三十年來，薄海承學之士，至於束髮受書之童子，無不知有東原先生」〔註14〕。

　　戴震以一個典型乾嘉時期考據學者的姿態度過了短暫的一生，孜孜矻矻於音韻訓詁、典制禮儀、天文曆算，其生平所行也止於讀書、校書、著書，幾乎沒有表現出對政治實踐的關注。然而，在其平靜的學者生活背後隱藏著深湛的思想世界。戴震不僅因為通經博古而被視為清代考據學的巨擘，他關於理氣、理欲關係等哲學問題的顛覆性思考更是對後世產生了深遠影響，使其成為清代中期思想界的領軍人物。

二、時代風氣：回歸經典與重塑價值

　　明清之際的思想世界富於多樣性與變動性，其間既有朱子學與陽明學的延續，也有受到政治變局影響而產生的經世致用的訴求，同時還有考據和辭章之學內部的承繼與嬗變。儘管種種現象紛然雜錯，但都殊途同歸地造就了一種風氣：向經典的回歸。

　　早在明代中後期，心學初盛之時，程朱理學與陸王心學在義理上的爭端就已經引發了學者對儒家原始經典的關注〔註15〕。羅欽順在辨析「性即理」

曾將此稿示人。錢穆於1942年在北平書肆中發現此書（見《全書》第六冊《孟子私淑錄》前所附校點說明）。學界對《孟子私淑錄》的寫作時間一直存疑。錢穆認為此書作於《緒言》之後、《孟子字義疏證》之前，時間約在丙申（1776），即戴震逝世前幾個月。陳榮捷根據該書內容推斷此書當作於《緒言》之前（見氏著《論戴震〈緒言〉與〈孟子私淑錄〉之先後》，載《王陽明與禪》，臺灣學生書局，1981年，第191頁）。王茂認為該書作於丙戌（1766）年（《戴震哲學思想研究》，安徽人民出版社，1980年）。本文認同王茂的觀點。

〔註14〕（清）段玉裁：《戴東原集序》，轉引自《戴震文集》，中華書局，2006年，第1頁。

〔註15〕錢穆認為清代考據學乃承宋明學風而來——「有清三百年學術大流，論其精神，仍自沿續宋明理學一派」（《清儒學案序》，載氏著《中國學術思想史論叢》

與「心即理」的正誤時曾明確地表達了這一關切，認爲：

> 學而不取證於經書，一切師心自用，未有不自誤者也。自誤已不可，
> 況誤人乎？（《困知記》卷下，中華書局，1990 年，第 37 頁）

在羅欽順看來，當程朱與陸王關於心性的論說歧見頻出時，評判是非的標準就只能是作爲二者共同思想根源的「經書」。在與歐陽德的辯難中，羅欽順再次提及了「取證於經書」的必要性。

> 聖賢經書，人心善惡是非之紀，然其大要，無非發明天理以垂訓萬
> 世。世之學者，既不得聖賢爲之師，始之開發聰明，終之磨礱入細，
> 所賴者經書而已。舍是則貿貿焉莫知所之。若師心自用，有能免於
> 千里之謬者鮮矣。（《答歐陽少司崇一》，《羅整庵集存稿》卷一，清
> 同治五年刊《正誼堂全書》本）

這種由於義理論爭的需要而重返六經的呼聲得到了顧憲成的響應：

> 尊經云何？經，常道也。孔子表章六籍，程子表章四書，凡以昭往
> 示來，維世教，覺人心，爲天下留此常道也。……至乃枵腹師心，
> 目空千古，見子路曰何必讀書然後爲學，則亦從而和之曰何必讀書
> 然後爲學；見象山曰六經註我、我註六經，則亦從而和之曰六經註
> 我、我註六經。嗚呼！審若是，孔子大聖一腔苦心，程朱大儒窮年
> 畢力，都付諸東流也。已矣，然則承學將安所持循乎？異端曲說，
> 紛紛籍籍，將安所取正乎？其亦何所不至哉？是故君子尊經之爲
> 要。（《東林會約》，《證性編》卷六，《顧端文公遺書》）

顧憲成文中提到的紛紛籍籍的「異端邪說」顯然就是指心學末流「我註六經」、「何必讀書」的空疏學風。所以，他與羅欽順一樣，都試圖通過「取證於經書」來駁斥心學流弊，挺立程朱。這種借助經典的權威力量來評判義理正誤或調和義理論爭的學問路徑在清代發生著長遠的影響。如錢穆所言〔註 16〕，閻若璩與毛奇齡一主程朱、一偏陸王，二人關於古文《尙書》眞僞問題的考證和辯難很大程度上是爲了解決義理爭端而做的求證工作。

卷八，安徽教育出版社，2004 年，第 359 頁），余英時發展了這一觀點，認爲
「清代考據學與宋明理學之間有其內在的發展線索」（《論戴震與章學誠》，三
聯書店，2005 年，第 17 頁），並以此作爲明淸學術轉型的「內在理路」（inner
logic）。

〔註16〕錢穆：《中國近三百年學術史》，商務印書館，1997 年，第 257、261、283、
353 頁。

　　除了由義理爭端折入經典考證的趨向外，明末清初另有一批儒者從經世致用的訴求回歸到原始儒家的經典之中。其中最具代表性的是顧炎武和黃宗羲。在明清交替的政治變局中，顧炎武「感四國之多虞，恥經生之寡術」〔註17〕，於是對於關乎民生國命之學，無不窮本溯源，以至於「足跡半天下，所至交其賢豪長者，考其山川風俗、疾苦利病，如指諸掌」〔註18〕。當然，要對職官、吏治、財賦、典禮、水地、風土做到「辨章學術、考鏡源流」，除了「足跡遍天下」的親身體知外，毫無疑問還需要對經典與史籍的精熟掌握，所以顧炎武稱「君子之為學，以明道也，以救世也。徒以詩文而已，所謂雕蟲篆刻，亦何益哉。某自五十以後篤志經史」〔註19〕，還主張「凡文不關六經之旨，當世之務者，一切不為」〔註20〕。顧炎武這種通過研習「六經」以明道救世的主張也為黃宗羲所認同。梨州為學，於天文、地理、曆法、算學等致用之術無不涉獵，並斷言「學必原本於經術，而後不為蹈虛，必證明於史籍，而後足以應務」〔註21〕。「六經」作為描述上古生活世界的典籍，其中記載的不僅是包含名物度數、典章制度等可資後世參照的經驗事實，更是在長期的文化傳統中被神聖化的理想世界秩序，具備強大的規範力量，因而也是後世必須取法的對象。明清之際的經世之學植根於「六經」的文化傳統，無論在形式上還是內容上也都必然回歸「六經」。

　　引導思想界由宋明心性之學轉向經典考證的第三股力量是考據與辭章之學自身發展的訴求。自劉向《晏子敘錄》「文章可觀，義理可法」及王充《論衡》論及「講授章句，滑習義理」以來，義理、考據、辭章三者的分界便逐漸明晰。程頤更明確地界定了三者的關係〔註22〕，他認為：

> 古之學者一，今之學者三，異端不與焉。一曰文章之學，二曰訓詁之學，三曰儒者之學。欲趨道，舍儒者之學不可。（《二程遺書》卷十八，中華書局，2006年，第187頁）

〔註17〕　（清）顧炎武：《天下郡國利病書序》，《顧亭林文集》卷六，四部叢刊影印康熙本。

〔註18〕　（清）潘耒：《日知錄序》，《清經世文編》卷一，清光緒十二年思補樓校本。

〔註19〕　（清）顧炎武：《與人書二十五》，《顧亭林文集》卷四。

〔註20〕　（清）顧炎武：《與人書三》，《顧亭林文集》卷四。

〔註21〕　（清）全祖望：《甬上證人書院記》，《鮚埼亭集》卷十七，嘉慶十六年刻本。

〔註22〕　本文的這一觀點上參照了余英時教授的考證。見余英時：《清代學術思想史重要觀念通釋》，載於氏著《中國思想傳統的現代詮釋》，江蘇人民出版社，2006年，第216頁。

> 今之學者有三弊：一溺於文章，二牽於訓詁，三惑於異端。苟無此
> 三者，則將何歸，必趨於道矣。（同上）

在程頤做出的學問分類中，與文章、訓詁對應的「儒者之學」便是所謂「義
理之學」。程子認爲只有義理一途是儒者正學，其餘都類同於佛老異端，悖離
聖人之道。程子這一說法代表了宋代以來知識界的普遍觀點，因此《四庫全
書總目提要》中說「兩宋以來……義理之學與考據之學分塗久矣」〔註23〕。
然而，考據與辭章之學並沒有因爲義理之學的尊顯而滅絕殆盡，而是作爲一
種「伏流」流傳，並且在明清之際重新煥發生機。清代學者對考據學淵源有
清醒的認識，譬如顧炎武就認爲「經學自有源流，自漢而六朝，而唐，而宋，
必一一考究，而後及於近儒之所著，然後可以知其異同離合之指」〔註24〕。《四
庫全書總目提要》中也說：

> 明之中葉，以博洽著者稱楊慎……次則焦竑，亦喜考證……惟以智
> 崛起崇禎中，考據精覈，迥出其上。風氣既開，國初顧炎武、閻若
> 璩、朱彝尊等沿波而起，始一掃懸揣之空談。（《四庫全書總目提要》
> 卷一百十九，子部二十九雜家類「通雅」條）

在考據學者看來，明清之際經典考據的勃興不僅順理成章，而且要掃除思想
界「懸揣空談」之風，就必須回到經典，進行精審的考據。與此同時，專注
辭章之學的文人也得出了類似的結論〔註25〕，其中歸有光的觀點最爲明確。
歸氏提到：

> 漢儒謂之講經，而今世謂之講道。夫能明於聖人之經，斯道明矣，
> 道亦何容講哉。凡今世之人，多紛紛然異說者，皆起於講道也。（《送
> 何氏二子序》，《震川集》卷九，四部叢刊影印康熙本）

歸有光的論述已明確以「講經」與「講道」來區分經典考證與義理推闡，並
認爲漢儒「講經」的學問路數是通向聖人之道的正途。這基本上成爲兩百年
後乾嘉考據學者的共識。這一論調受到錢謙益的認同。錢氏也認爲：

〔註23〕《四庫全書總目提要》卷十五，《經部》十五《詩童子問》。
〔註24〕（清）顧炎武：《與人書四》，《顧亭林文集》卷四。
〔註25〕朱希祖甚至認爲「清代考據之學，其淵源實在乎明弘治、嘉靖間前後七子文
　　　章之復古：當李夢陽、何景明輩之昌言復古也，規摹秦漢，使學者無讀唐以
　　　後書：非是，則詆爲宋學。李攀龍、王世貞輩繼之，其風彌甚。然欲作秦漢
　　　之文，必先能讀古書：欲讀古書，必先能識古字：於是《說文》之學興焉」（朱
　　　希祖：《清代通史敘》，見蕭一山《清代通史》第一卷篇首，華東師範大學出
　　　版社，2006年）。由此可見辭章之學在考據學興起中的推動作用。

> 漢儒謂之講經，而今世謂之講道。聖人之經，即聖人之道也。離經
> 而講道，賢者高自標目，務勝前人，而不肖者汪洋自恣，莫可窮詰。
> 儒林與道學分，而古人傳注、箋解、義疏之學轉相講述者，無復遺
> 種。此亦古今經術陞降絕續之大端也。(《新刻十三經注疏序》，《牧
> 齋初學集》卷二十八，四部叢刊影印崇禎本)

錢氏的見解雖從震川轉手而來，卻增加了對「傳注、箋解、義疏之學」的關
注，雖然錢氏終其一生不曾在考據上有所成就，但這樣的觀念卻對閻若璩等
考據學者發生了很大影響〔註 26〕。同樣受到這種傳統影響的費密，也將經典
作爲探求聖人之道的最終根據，並重申了對「離經講道」空疏學風的駁斥：

> 聖人之道，惟經存之，舍經，無所謂聖人之道。鑿空支蔓，儒無是
> 也，歸有光嘗辟之云：「自周至於今，二千年間，先王教化不復見，
> 賴孔氏書存，學者世守以爲家法，講明爲天下國家之具。漢儒謂之
> 講經，後世謂之講道。能明於聖人之經，斯道明矣。世之論紛紛然
> 異說者，皆起於講道也。」有光眞不爲所惑哉。(《道脈譜論》，《弘
> 道書》卷上，民國九年怡瀾堂刻本)

> 後世去聖人日遠，欲聞聖人之道，必以經文爲準，不合於經，虛僻
> 嘵嘩，自鳴有得，其誰信之？經傳則道傳。(同上書)

費氏「舍經，無所謂聖人之道」以及「聖人之道，必以經文爲準」的觀念基
本上爲後世清代考據學者普遍接受。

通過以上三種學術趨向的考察，我們發現，無論是義理之學內部的思想
辨正，還是經世之學的明道救世，抑或從考據與辭章立場出發力闢虛學，都
不得不以「六經」作爲最終極的思想資源和權威根據。雖然「回歸」的動機
不一，但這些思潮都不外乎是爲了在紛紛籍籍的思想環境中重建一個價值世
界。明清之際的「回歸經典」不是要簡單地回到經典的「文本」〔註 27〕，而
是試圖回歸經典文本所承載的「道」。在諸多關於「文」、「經」、「道」等關鍵
詞的論說中，我們能隨處體會到他們所追求的聖人之道的厚重內涵。顧炎武

〔註 26〕 如閻若璩《尚書古文疏證》引錢氏之說多達十一處，並曾稱許錢謙益與黃宗
義、顧炎武同爲「海內三讀書人」。見錢穆《中國近三百年學術史》，第 153
頁，商務印書館，1997 年。

〔註 27〕 林慶彰將明末清初「回歸經典」的現象描述爲「運動」。見氏著《明末清初經
學研究的「回歸原典」運動》，載於《國際孔學會議論文集》，國際孔學會議
組委會編印，1987 年，第 867～882 頁。

說：

> 君子博學於文，自身而至於家國天下，制之爲度數，發之爲音容，
> 莫非文也。(《日知錄》卷七「博學於文」條)

> 文之不可絕於天地間者，曰明道也，紀政事也，察民隱也，樂道人
> 之善也。若此者，有益於天下。(《日知錄》卷十九「文須有益於天
> 下」條)

可見，顧氏所謂「文」絕非後來錢大昕所謂「有文字而後有詁訓，有詁訓而
後有義理」的「文字」〔註28〕，而是經典文字所描繪的「政事」、「度數」等
實行實事中承載的義理。費密對此有更直接的陳述：

> 古經之旨何也？聖人之情見乎辭。惟古經是求而通焉，旨斯不遠
> 矣……《尚書》者，二帝三王之鴻績，而善政遺後之典冊也；《禮》
> 者，四代損益定制，天子、諸侯，以至卿、大夫、士、庶人取正之
> 遺則也……是六經，先王以格上下，通神明，肅典章，施教育，和
> 風俗，而安民生之寶訓。(《古經旨論》，《弘道書》卷上，民國九年
> 怡瀾堂刻本)

「經」並不只是經書中的文辭，更重要的是文辭所記載的「鴻跡」、「典冊」、
「定制」、「遺則」共同構成的意義世界，即「聖人之情」或聖人心志在經驗
世界的實現。因此「通經」的目的並不止於辨辭析義、疏通文句、考據名物，
而是要進而通達作爲文本意義之支撐物的價值世界。顧炎武認爲：

> 後之君子，因句讀以辨其文，因文以實其義，因其義以通製作之
> 原，則夫子所謂以承天之道而治人之情者，可以追三代之英，而
> 辛有之歎不發於伊川矣。(《儀禮鄭注句讀序》，《顧亭林文集》卷
> 二)

顧氏的學問路徑在這段文字中得到了最清晰的表述：「辨其文」──「實其義」
──「通製作之原」──「承天之道、治人之情」，或者說，通過辨析經典字
義，明確文字所指的名物、度數、遺則，力圖理解這些「製作」背後的意義
根源，即「製作之原」。這種「製作之原」便是「天道」，便是「治人之情」
的根據。這樣的學問路徑正是顧氏提到的由「篤志經史」以期「明道」、「救
世」的路徑，即試圖在經典所描述的經驗世界中尋獲經典創制時的原始境域，

〔註28〕錢大昕：《經籍纂詁序》，《潛研堂文集》卷二十四，清嘉慶十一年刻本。

達到對「製作之原」的理解。

　　儘管由於經典文本在歷代詮釋中累積起來的權威效應在此後的兩百年中被不斷強調，以致於這場「回歸經典運動」逐漸演變成乾嘉學者文本主義式的小學研究，但不得不說，明清之際「回歸經典」的時代風氣確實曾經指出了一條從六經出發重建價值世界的道路。這種以經典爲基礎在經驗事實中探尋普遍價值的努力在戴震的思想中得到了強烈回應。

三、問學歷程：考據、辭章、義理的貫通

　　如本文第一章所述，從戴震的著述情況來看，其學問規模在徽州求學期間已初步形成，但由於關乎戴震早年學術交遊的材料保存較少，我們很難了解東原的問學歷程，這也嚴重影響到我們對其思想的準確理解。所幸在他對自己學行的回顧中，我們仍能把梳出一些線索。戴震多次在給友人的書信中提到義理、考據、辭章之間的關聯〔註29〕，並稱「天下有義理之源，有考覈之源，有文章之源，吾三者皆庶得其源」〔註30〕，段玉裁亦稱戴震「合義理、考覈、文章爲一事」〔註31〕，從考據、辭章與義理三者關聯的角度，我們或許可以勾勒出戴震的學問基礎的形成過程。

　　戴震在其短暫的一生中曾多次回顧自己的爲學經歷：

　　　　僕自少時家貧，不獲親師……求所謂字，考諸篆書，得許氏《說文解字》，三年知其節目，漸睹古聖人製作本始。又疑許氏於故訓未能盡，從友人假《十三經注疏》讀之，則知一字之義當貫群經，本六書，然後爲定。至若經之難明，尚有若干事……僕欲究其本始，爲之又十年，漸於經有所會通，然後知聖人之道如懸繩樹臬，豪釐不可有差。(《與是仲明論學書》，《全書》第六冊，第370頁)

　　　　僕自十七歲時有志聞道，謂非求之六經、孔、孟不得，非從事於字義、制度、名物，無由以通其語言……爲之卅餘年，灼然知古今治亂之源在是。(《與段茂堂第九箚》，同上書，第541頁)

前一段文字出自他在乾隆十五年庚午28歲時所作的《與是仲明論學書》(以

〔註29〕戴震：《與方希原書》、《答鄭丈用牧書》、《題惠定宇先生授經圖》，《全書》第六冊。

〔註30〕段玉裁：《戴東原先生年譜》，《全書》第六冊，第708頁。

〔註31〕同上書，第709頁。

下簡稱《與是書》）〔註32〕，而後一段文字出自他逝世前百餘天（乾隆四十二年丁酉正月）給段玉裁的書信〔註33〕。這一早一晚的兩段文字表明，戴震始終將自己的學問路徑歸結爲：以六經爲依據，通過對六經中字義、制度、名物的考據以求理解聖人之道。這一學問路徑正印證了戴震早年的問學歷程。

戴震在學問上的最初關注是字義訓詁。他開始「字義」探究的時間正好可以從以上兩則材料中推斷得出：東原是在二十八歲時寫作《與是書》，那麼，根據文中「三年知其節目」與「爲之又十年」的記載向前推算，他研讀《說文解字》考究字義就應始於十五歲左右。這一推論與程瑤田所稱的戴震「十五始力學」正好相合〔註34〕。在研究《說文解字》三年，並「知其節目」後，東原開始研習《十三經注疏》。面對卷帙浩繁的經典注疏，東原日漸意識到「載籍極博，統之不外文字，文字雖廣，統之不外六書」〔註35〕，既然經典所承載的意義完全由文字來表現，而文字對意義的表現功能以文字自身的結構爲依託，那麼，只有研究文字結構才有可能疏通文義，進而探入經典所承載的意義世界。在這樣的思路下，乾隆十年乙丑，戴震完成了《六書論》三卷（已佚），探究指事、象形、會意、形聲、轉注、假借等六類文字構造方式。此後的兩年中，戴震有見於「六書依聲託事」這種字義與字音的密切關聯，在乾隆十二年丁卯完成了《轉語二十章》（已佚），希望通過此書揭示其中的規律，「俾疑於義者以聲求之，疑於聲者以義正之」〔註36〕，使得學者在經典考證中可以「因音求義」、「以義證音」。當然，與歷代研究上古經典的學者一樣，東原不得不反覆將《十三經》中的字義與作爲「六經之通釋」的《爾雅》相對照。以此爲基礎，他於乾隆十四年己巳（27歲）創作了《爾

〔註32〕 在孔繼涵於乾隆四十三年（1778）最初刊行的《戴氏遺書》中，《與是書》一文並沒有任何時間標注，但段玉裁在乾隆五十七年（1792）刊行《東原文集》（即後世「經韻樓本」）時，於此文標題下列有「癸酉」（即乾隆十八年）二字。錢穆對照《舜山是仲明先生年譜》，認爲「癸酉」二字爲誤加，此文當作於乾隆十五年庚午。見錢穆《中國近三百年學術史》，第344頁。

〔註33〕 戴震於乾隆四十九年五月二十七日（1777年7月1日）逝世。見段玉裁：《戴東原先生年譜》，《全書》第六冊，第699頁。

〔註34〕 （清）程瑤田：《五友記》，《通藝錄・修辭餘抄》，民國二十二年（1933），《安徽叢書》本。

〔註35〕 （清）戴震：《六書論序》，《全書》第六冊，第295頁。

〔註36〕 （清）戴震：《轉語二十章序》，同上書，第305頁。

雅文字考》（已佚）〔註37〕，其著述方法是「援《爾雅》以釋《詩》、《書》，據《詩》、《書》以證《爾雅》，由是旁及先秦已上，凡古籍之存者，綜覈條貫，而又本之六書、音聲，確然於故訓之原庶幾可與」〔註38〕，而其最終目標則在於「通古今之異言，然後能諷誦乎章句，以求適於至道」〔註39〕。文字訓詁在戴震的經典考證工作中佔據越來越重要的地位，並成為其義理建構的基礎。

　　既然涉獵《十三經》和《爾雅》，戴震自然不得不面對經典中紛繁的名物、儀則與制度。這些政制、儀則、名物鉅細畢至而又相互關聯。經典並非簡單的文字羅列，而是承載著一個真實而複雜的上古經驗世界，理解經典不僅需要對文字訓詁知識的準確把握，還需要對名物和典章制度的精細考證：

> 至若經之難明，尚有若干事。誦《堯典》數行，至「乃命羲和」，不知恒星七政所以運行，則掩卷不能卒業；誦《周南》、《召南》，自《關雎》而往，不知古音，徒強以協韻，則齟齬失讀；誦古《禮經》，先《士冠禮》，不知古者宮室、衣服等制，則迷於其方，莫辨其用；不知古今地名沿革，則《禹貢》職方失其處所，不知少廣、旁要，則《考工》之器不能因文而推其制；不知鳥、獸、蟲、魚、草、木之狀類名號，則比興之意乖。（《與是仲明論學書》，《戴震全書》第六冊，第 371 頁）

他由此得出了「非從事於字義、制度、名物，無由以通其語言」的結論〔註40〕，並切實地從這三方面投身於經典考證。這時的戴震大概十七八歲，也正是《行狀》所說的「有志聞道」之時。乾隆七年壬戌，二十歲的戴震依照《考工記》的體例完成了《嬴旋車記》〔註41〕。乾隆九年甲子，東原又完成《策算》一卷，其目的是「略取經史中資於算者，次成一卷，俾治《九章算術》者首從事焉」〔註42〕。同年完成的還有《準望簡法》、《割圓弧矢補記》、《勾股割圓

〔註37〕（清）段玉裁：《戴東原先生年譜》，同上書，第 659 頁。
〔註38〕（清）戴震：《爾雅文字考序》，同上書，第 275 頁。
〔註39〕同上書，第 276 頁。
〔註40〕（清）戴震：《與段茂堂第九箚》，同上書，第 541 頁。
〔註41〕段玉裁刻「經韻樓本」《東原文集》於此文題下有「壬戌」二字，可知此文作於乾隆七年戴震 20 歲時。魏建功《戴東原年譜》亦取此說，並推斷體式類似的《自轉車記》也作於此時（《魏建功文集》第五冊，第 75 頁，江蘇教育出版社，2001 年）。
〔註42〕（清）戴震：《策算序》，《全書》第五冊，第 5 頁。

全義圖》、《方圓比例數表》〔註43〕，討論的正是直接與經典考證相關的「少廣、旁要」等算學問題。乾隆十一年丙寅，東原完成《考工記圖》。由於《周禮》缺「冬官」一篇，故西漢河間獻王劉德將《考工記》補入《周禮》，以代替「冬官」。此書雖非經典，但所載車制、服制、禮器、天文等名物制度多與經典相合，因此成爲研習經典的重要憑藉。戴震認爲歷代禮圖「於《考工》諸器物尤疏舛」〔註44〕，爲使六經中的「制度禮儀」不至於「荒謬不聞」才作此圖。《考工記圖》爲戴震帶來了較大的聲譽。大概乾隆十二年丁卯左右，東原的同鄉長者程洵將此書推薦給著名學者齊召南，齊氏的評價是「誠奇書也」〔註45〕，此後「江以南北，稍稍知先生名」〔註46〕。乾隆二十年乙亥，戴震與紀昀相識，紀昀也「奇其書」，並爲此書作序，進而付梓〔註47〕。從《考工記圖》的內容來看，戴震在乾隆十九年甲戌入都以前已經在名物、制度考證方面具備了較深的造詣。東原的另一部考證力作是乾隆十五年庚午所作的《詩補傳》〔註48〕。此書「就全詩考其名物字義於各章之下」，內容除《詩》中必然遇到的「鳥獸草木之名」外，還包括天文、曆法、水地、風俗、禮器、禮儀、政制等諸多考證，徵引的文獻包括《易》、《書》、三《禮》、三《傳》、《國語》、《說文解字》、《爾雅》等，並於《詩序》、鄭《箋》、《詩集傳》之外對張載、程頤、呂祖謙、金履祥之說均有所採擇，足見考證之細密。《詩補傳》當時產生了一定影響，以至於作爲當時知名學者的是鏡（字仲明）還曾託學生借閱此書〔註49〕。乾隆十八年癸酉，東原將《詩補傳》中一部分較重要的考證成果進行修訂，完成了《毛鄭詩考正》〔註50〕。此書的影響更在《詩補

〔註43〕 楊應芹：《東原年譜訂補》，《全書》第六冊，第663頁。

〔註44〕 （清）戴震：《考工記圖序》，同上書，第381頁。

〔註45〕 （清）段玉裁：《戴東原先生年譜》，同上書，第659頁。

〔註46〕 （清）洪榜：《戴先生行狀》，同上書，第7頁。

〔註47〕 （清）紀昀：《考工記圖序》，《紀文達公文集》卷八，《紀文達公遺集》，嘉慶十七年河間紀氏刻本，北大圖書館藏。

〔註48〕 《與是仲明論學書》作於乾隆十五年庚午，其中提到「今程某奉其師命來取《詩補傳》。僕此書尚俟改正，未可遽進」。可見，東原《詩補傳》於此年已成初稿，只是「尚俟改正」。

〔註49〕 （清）戴震：《與是仲明論學書》，《全書》第六冊，第370頁。

〔註50〕 戴震在作於乾隆四十一年丙申的《詩比義述序》中稱「昔壬申、癸酉歲，震爲《詩補傳》未成，別錄書內辯證成一袟」（《全書》第六冊，第379頁）。段玉裁《戴東原先生年譜》亦稱「《毛鄭詩考正》初名《詩補傳》」（《全書》第六冊，第715頁）。由此可知，《毛鄭詩考正》完成於癸酉。

傳》之上，甚至於東原「曾見有襲其說以自爲書刊行者」〔註51〕。由以上著述情況來看，三十歲以前的戴東原已經在字義訓詁、典制考證方面做出了突出的成績。

當然，在訓詁考證之外，早年的戴震也在辭章之學上傾注了較多心力。科舉時文的寫作是宋以後學者的重要學習內容。戴震也未能免俗，他對辭章的關注正是始於時文制義的寫作。時文歷來被視爲「俗學」，但明代文風活躍，派系繁多，且將文風帶入八股文寫作中，以至於焦循認爲「有明二百七十年，鏤心刻骨於八股，如胡思泉、金正希、章大力數十家，洵可繼楚騷、漢唐詩、元曲，以立一門戶」〔註52〕。這樣的文風一直影響到清代。戴震早年曾與友人同習時文。據戴震早年學友鄭牧（1714～1792）記載〔註53〕：

> 初，魯池爲諸生，即來館於予邑之隆阜，去余所居之鄉五六里。時余兄奎光亦館於其地，余因得交於魯池。予友戴震東原方年少，好語經學，而適應童子試爲時文，以時下揣摩之習不足學也，聞予與魯池好與人言前輩大家之文，於是東原酷嗜章大力。魯池則嗜羅文止。予沉潛於孟旋十子之間，而大宗則震川也。（《明經張魯池先生傳》，《星源甲道張氏宗譜》，光緒二十四年活字本）〔註54〕

材料中提到的「魯池」即張元汴（1712～1785）。張氏「己未、庚申間館隆阜」〔註55〕，也就是說乾隆四、五年間曾在戴震的家鄉休寧隆阜坐館。由於戴震在乾隆五年庚申，「隨父文林公客南豐，課學童於邵武」〔註56〕，所以，他與鄭牧、張元汴講論時文大概主要在乾隆四年（十七歲）時，也就是戴震在文字訓詁中「漸睹古聖人製作本始」，並開始研讀《十三經注疏》之時，無怪乎鄭牧會印象深刻地提到東原「好語經學」。東原此後對辭章之學的關注具有越

〔註51〕（清）戴震：《詩比義述序》，《全書》第六冊，第379頁。

〔註52〕（清）焦循：《易餘籥錄》，臺灣文海出版社，1967年，第132頁。

〔註53〕提及戴震早年與鄭牧交往的材料主要包括：洪榜《戴先生行狀》、王昶《戴東原先生墓誌銘》、任兆麟《戴東原先生墓表》、淩廷堪《戴東原先生事略狀》等。戴震有《答鄭丈用牧書》，載於《全書》第六冊，第373～374頁。

〔註54〕轉引自江巧珍、孫海峰，《從新發現的資料三則看戴震的少年至交》，載於《黃山學院學報》2008年第六期。所謂「新發現的資料三則」即《星源甲道張氏宗譜》所載戴震《題二課居士兄弟怡怡圖》、鄭牧《張魯池先生文集序》及《明經張魯池先生傳》，原始文獻爲私人收藏，筆者未獲親見。

〔註55〕鄭牧：《張魯池先生文集序》，《星源甲道張氏宗譜》，光緒二十四年活字本（轉引自江巧珍、孫海峰文）。

〔註56〕段玉裁：《戴東原先生年譜》，《戴震全書》第六冊，第653頁。

來越強烈的經學色彩。乾隆十五年庚午，毛奇齡的弟子，主張「以古文為時文」的方楘如講學於紫陽書院〔註57〕，戴震與汪梧鳳、鄭牧、方希原、汪肇龍、程瑤田等人一同從方氏學習時文〔註58〕。洪榜記載了此事：

> 淳安方楘如先生掌教紫陽書院。一見先生文，深折服，謂己所不及。繼而歎曰：「今之徐子卿也。」同學者請曰：「若某某句，其可通耶？」方先生指而示之曰：「是出某經某史，顧若未讀耳。」因言其命意之精。同學者駭歎，由是稍稍知先生之能文。（《戴先生行狀》，《全書》第七冊，第7頁）

方楘如「經史淹洽」，且「以古文雄於東南」，尚且歎服戴震的文章，可見戴震於辭章用功之深，及其辭章與經學考證結合之緊密。乾隆十七年壬申夏，由於汪松岑與程瑤田的介紹，戴震結識了汪梧鳳〔註59〕，開始教授汪氏之子汪灼。此後的一年半〔註60〕，戴震得以在汪氏的不疏園與江永、程瑤田、汪梧鳳、汪肇龍、方希原、鄭牧等諸多師友的切磋問學〔註61〕。在這段時間中，辭章之學是不疏園內的主要學術興趣之一。戴震的《古文時文集》六卷也成於此時〔註62〕。由於此書已佚，所以我們只能通過其它材料間接了解戴震此時在辭章上的造詣。吳定在為鄭牧作的《鄭用牧先生墓誌銘》中提到：

> 休寧與歙境相鄰，而先生產於兩縣人文最盛之日。當是時，以考訂之學名天下者，有戴東原、程易田、金蕊中；以古文名者，有吳蕙

〔註57〕　《鶴徵後錄》對方楘如的記載是：少受業於毛西河太史之門，稱高第弟子，博聞強記，自經史諸子百家無不淹貫，於漢儒箋注尤能指其舛訛，暢發精確（李富孫：《鶴徵後錄》卷三，載《儒林集傳錄存等六種》，臺北明文書局，民國七十四年）。《國朝詩人徵略》記載：方楘如，字文輈，號樸山。浙江淳安人。康熙四十五年進士，官豐潤知縣，有《集虛齋集》……散體之文頗奧勁有筆力，然喜雕琢新句，裒積古辭，遂流為別派……經史淹洽，以古文雄於東南（張維屏《國朝詩人徵略》，卷十九，光緒十年刻本，北大圖書館藏）。

〔註58〕　（清）鄭虎文：《汪明經梧鳳行狀》、《汪明經肇龍家傳》，載於錢儀吉編《碑傳集》第十一冊。

〔註59〕　（清）程瑤田：《五友記》，《通藝錄‧修辭餘抄》，民國二十二年（1933），《安徽叢書》本。

〔註60〕　戴震祖墳被權貴所侵，於乾隆十九年甲戌春避仇入京（詳見〔註11〕），因此，從乾隆十七年壬申夏至此時，戴震在不疏園大約度過了一年半的時光。

〔註61〕　洪榜《戴先生行狀》、凌廷堪《戴東原先生事略狀》、王昶《戴東原先生墓誌銘》、任兆麟《戴東原先生墓表》等文俱載此事，分別見《全書》第七冊，第7、19、31、34頁。

〔註62〕　（清）戴中立：《致段玉裁書》，《全書》第六冊，第547頁。

> 川；以制舉之文名者，則有潘在澗、胡澹中、胡佩生、胡援轂、方
> 雨三、方晞原以逮先生。先生與此數君皆友善，數相過從，各以所
> 長相攻錯。(《紫石泉山房詩文集》卷十，清嘉慶元年〔1796〕京師
> 鮑桂昱刻本，北大圖書館藏)

其中，長於時文的方晞原、鄭牧都與戴震同時在不疏園學習。乾隆二十年乙
亥，身在京城的戴震還先後與這兩人書信來往，一再以「志乎聞道」勉勵舊
日學友，可見戴震曾與這些人共同撰寫制義、錘鍊文章。汪梧鳳《松溪文集》
中《曠然汪公家傳》與《家父六十事略》文後附有戴震關於文法的評語：

> 慷慨激昂，反覆不已，其有所感而云然歟？(《松溪文集》,《四庫未
> 收書輯刊》10 輯 28 冊，第 165 頁，北京大學圖書館藏)

> 藹然仁孝之言，其敘次與幹補處具本《禮》經，故無一毫隙漏。(同
> 上書，第 171 頁)

以「具本《禮》經」稱讚汪梧鳳的文章，這說明戴震此時已經自覺地將辭章
之學與他的經典考據工作結合起來。

儘管戴震早年的學問基礎是通過考據與辭章之學奠定的，但他並沒有自
限於此，而是始終標明自己「志乎聞道」的志向。戴震在總結考據、辭章、
義理三者的關係時說「義理即考覈、文章二者之源也，義理又何源哉」〔註63〕，
可見，戴震始終將義理視作考據與辭章的終極目的，這在戴震早年的問學歷
程中有著明顯的痕跡。鑒於本章集中討論東原的治學門徑，戴震早年的思想
將在下章予以處理，所以這裏僅舉兩例以說明他如何將考據、辭章與義理探
究相結合。

東原在完成於乾隆十七年壬申（三十歲）的《屈原賦注》中稱〔註64〕：

> 說《楚辭》者，既碎義逃難，未能考識精覈，且彌失其所以著書之
> 指。今取屈子書注之，觸事廣類，俾與遺經雅記合致同趣，然後贍
> 涉之士諷誦乎章句，可明其學，睹其心，不受後人皮傅用相眩疑。(《屈
> 原賦注自序》,《全書》第三冊，第 611 頁)

因此，《屈原賦注》的撰述動機很大程度上是希望通過「考識精覈」以明「著
書之旨」，也就是希望通過考證求得書中義理。在其求索過程中，尤為值得注
意的是戴震闡發了關於「氣」的理解。在解釋《天問》中「幹維焉繫？天極

〔註63〕 （清）段玉裁：《戴東原先生年譜》,《全書》第六冊，第 708 頁。
〔註64〕 （清）段玉裁：《戴東原先生年譜》，同上書，第 708 頁。

焉加？八柱何當？東南何虧？」時，戴震提出，天地的運行是因爲：

> 地在天之中央，水附於地而行，皆氣之鼓蕩。（同上書，第 582 頁）

同時，他又引《尚書》「璿機玉衡」來說明寒暑交替現象的產生，並認爲：

> 地爲大氣所舉，日之正照，氣直下行，故暑；非正照之方，氣不易
> 到，則寒。（同上書，第 650 頁）

而在解釋「天式縱橫，陽離爰死」時，他認爲：

> 人者，陰陽合而成體，陽離則盡爲陰，所以喪厥體而死。此陰陽交
> 錯之常道。（同上書，第 590 頁）

此外，書中還有類似「陰陽循環」、「氣化充滿盛作」的表述﹝註 65﹞。儘管作爲一部注解，《屈原賦注》不能容納注解者太多的義理發揮，但我們還是能從中窺見東原對「氣」、「氣化」等問題的獨立思考，這與他後來在《法象論》中所描述的「盈天地之間，道，其體也；陰陽，其徙也……生生者，化之源；生生而條理者，化之流」有很密切的關聯﹝註 66﹞，而《原善》、《孟子字義疏證》、《答彭進士允初書》等著作中一再闡發的「人物生生本五行陰陽」、「血氣心知本乎陰陽五行者性也」、「道即陰陽氣化」等觀點亦大多可以在這些早期論「氣」的思考中得到印證﹝註 67﹞。

東原的義理創獲不僅與其考據工作相關，還與他對辭章的研習關聯頗深。前文提到戴震在十七歲左右練習時文時「酷嗜章大力」，章大力即明末文學家章世純（1575～1644）。章氏不僅長於時文，而且在思想上多有創見。《四庫全書總目提要》記載：

> 章世純，字大力，臨川人，天啓辛酉舉人……世純與艾南英、羅萬
> 藻、陳際泰號臨川四家，悉以制義名一時，而世純運思尤銳。其詁
> 釋《四書》，往往於文字之外標舉精義，發前人所未發，不規規於訓
> 詁，而亦未嘗如講良知者至於溔漾以自恣。（《四庫全書總目提要》
> 卷三十六，經部三十六，乾隆武英殿刻本）

章氏的思想多表現在他對人性的觀點上。他認爲：

> 天命之謂性，何也？歸道於自然也。生而有之，以爲天與之而已。
> 自然者，物之所不得言也。然後知其爲在己，而審其爲同然，於是

﹝註 65﹞　（清）戴震：《屈原賦注》，《全書》第三冊，第 636、645 頁。

﹝註 66﹞　（清）戴震：《法象論》，《全書》第六冊，第 477 頁。

﹝註 67﹞　分別見《全書》第六冊第 345 頁、第 159 頁、第 356 頁。

> 信之而不疑。(《四書留書》卷二,《四庫全書珍本四集‧四書類》,
> 臺灣商務印書館,1969 年)

> 性之所有者,欲而已。欲者,愛也。愛欲之所行自近者始,由其身
> 以及身之屬,遠而至於天下。然惟其能自父母兄弟,遠而至於天下
> 者,則得而指之爲善,其專而私之妻子,盡其用於身者,則不得不
> 指之爲惡。(同上書,卷五)

> 天下之物,自然者常美。不學而知,不慮而能,其事全於天矣……
> 故自然者爲良。夫道之美稱,曰仁與義,言仁義則世以爲不可幾,
> 然其事即在於孩提之愛親、敬長,此二者生而有之,非學慮所至也,
> 生故自然,自然故無不然。(同上書,卷六)

> 性隨身發,有是體矣,順爲其才,動爲嗜欲。苟身所不有,性所無
> 端也……則人無天性,形色天性矣。(同上)

章氏認爲「性」是「生而有之」的「自然」,這與《荀子‧正名》所說的「生
之所以然者謂之性」、「不事而自然之謂性」的自然人性頗爲類似。然而章氏
認爲在人的「自然」之中內在地蘊含著普遍的德性,是「自然故無不然」的
「同然」,這又接近孟子以「理義」爲「心之所同然」的性善論。這種在人性
論中結合孟、荀的嘗試正是戴震後來貫穿《原善》、《孟子字義疏證》的重要
思想傾向,也由此衍生出「善,其必然也;性,其自然也。歸於必然,適完
其自然」的觀點〔註68〕。此外,章氏關於「性之所有者,欲而已矣」和「形
色天性」的觀點也與戴震後來將性界定爲「血氣心知」的觀點有很明顯的關
聯。由此可以看出,戴震「酷嗜章大力」,不僅是在錘鍊辭章,而且深受其思
想影響,並將這種影響帶入了自己的思想建構中。

四、治學門徑:「通經以明道」如何可能

　　戴震將自己的學問旨趣歸納爲「由字以通其詞,由詞以通其道」〔註69〕;
章學誠也認爲「戴君所學,深通訓詁,究於名物、制度而得其所以然,將以
明道也」〔註70〕。可見,東原的志業大致與明末清初以來的「回歸經典運動」

〔註68〕 (清)戴震:《孟子字義疏證》卷下,《全書》第六冊,第 201 頁。
〔註69〕 (清)戴震:《與是仲明論學書》,同上書,第 370 頁。
〔註70〕 (清)章學誠:《書朱陸篇後》,《文史通義校註》(葉瑛校註),中華書局,2005
　　　　年,第 275 頁。

類似〔註71〕，試圖通過對經典的訓詁與考證通達其中所寓之義理，簡言之，即「通經以明道」。在上一節中，我們可以看到，戴震確實自始就有從考據和辭章之學中尋繹義理的傾向，而且逐步形成了「自得之義理」，並在後來《原善》、《孟子字義疏證》等著作中將其體系化。然而對其問學經歷事實過程的陳述不能代替對「通經以明道」合理性的論證，唯有解釋從經典考證中推求義理的可能性，我們才能達到對「通經以明道」的真正理解。

正是認識到這一問題的艱難，東原的同時代學者對這一學問路徑提出了諸多質疑，其中最有代表性的是章學誠和方東樹的觀點：

> 古今學問大抵二端：一小學、一大學。訓詁、名物、制度，只是小學內事。《大學》直從「明」、「新」說起，《中庸》從性道說起，此程子之教所主，為其已成就向上，非初學之比，如顏子問仁、問為邦，此時自不待與之言小學事矣。子夏固謂草木有區別是也，漢學家昧於小學大學之分，混小學於大學，以為不當歧而二之，非也。（方東樹《漢學商兌》卷中之下）

> 戴氏深通訓詁，長於制數，又得古人之所以然，故因考索而成學問，其言是也。然以此概人，謂必由其所舉，始許誦經……將遂古今無誦經之人，豈不誣乎？……使孟子生後世，戴氏必謂未能誦五經矣。馬、班之史，韓柳之文，其與於道，猶馬、鄭之訓詁，賈孔之疏義也。戴氏則謂彼皆藝而非道，此猶資舟楫以入都，而謂陸程非京路也。（章學誠《又與正甫論文》，《章氏遺書》卷二十九）

方東樹在《漢學商兌》中對戴震「通經以明道」的解經路徑提出了五點反駁，但最為根本的便是便是駁斥東原「誤以小學當大學」。在方氏看來，小學與大學有著明晰的分界，關於「性」、「道」、「明德」、「新民」等義理的理解不能被混同於訓詁、名物、制度等考證性知識。實際上，方氏這一詰難的破壞力不在於他對二者區別的強調，而在於這一區別可能導致對二者關聯的徹底否認，如果「訓詁、名物、制度，只是小學內事」，那麼，對字義的訓詁和對制度的考證就可能只是知識的堆砌，而不能導向對義理的通達。因此，在方氏的疑問中實際上隱含著「通經以明道何以可能」的問題。章學誠認為東原從

〔註71〕林慶彰最先將明末清初重視「六經」的現象描述為「回歸經典運動」。見氏著《明末清初經學研究的「回歸原典」運動》，載於《國際孔學會議論文集》，國際孔學會議組委會編印，1987年，第867～882頁。

「訓詁」、「制數」入手探求義理確實「得古人之所以然」，因此，他對考據與義理之間的關聯度有著一定的認同，但他認為在憑藉考據的方式通達聖人義理的同時，還存在「文」或者「史」等其它「聞道」途徑，或者說，通向義理的道路不是封閉的、唯一的，而是多元的。

方氏與章氏的疑問實際上構成一個問題鏈條：訓詁、考證是否可以通向義理？如果可以通向義理，那麼訓詁與考據是否是求索義理的唯一途徑？回答這些問題之前，我們有必要先回到戴東原自己對「通經以明道」的論證〔註72〕，以便檢查這些對戴震的詰難是否有效，進而做出回應。

（一）「經」的語文學意義

「道」的基本意義是道路、途轍。「聖人之道」則是後世儒者公認的共由之路，其權威性是儒學傳統中理性認同的結果，任何自命為儒家者都以此作為終極的意義根據。聖人之道以「六經」的形式得到具體呈現，作為被承載者與承載者，「道」與「經」密切關聯。

戴震意識到這種關聯，並以「求道」作為自己的學問目標，聲稱「凡僕所以尋求於遺經，懼聖人之緒言暗汶於後世也」〔註73〕。然而，在由經以求道的過程中，戴震特別強調了在時間上聖人之道與後世的斷裂：

> 古聖哲往矣……士生千載後，求道於典章制度，而遺文垂絕，今古懸隔，時之相去殆無異地之相遠，僅僅賴夫經師訓乃通，無異譯言以為之傳導也者。（《古經解鈎沉序》，《全書》第六冊，第377頁）

> 以今之去古既遠，聖人之道在六經也，當其時，不過據夫共聞習知以闡幽而表微，然其名義制度自千百世下遙溯之，至於莫之能通。
> （《沈學子文集序》，同上，第393頁）

聖人所製作的「典章制度」與由此構建起來的意義世界都已隨時間的推移成為歷史陳跡，在過去歷史情境中「共聞習知」的聖人之道變得「莫之能通」。與這種對時間性斷裂的強調相對應，戴震凸顯了「經」的語文學意義：作為

〔註72〕在戴東原的論述和反對者的論述中，辭章和義理的關係並不是關注的重點。這部分是因為乾嘉的時風是漢學與宋學的爭論，即考據與義理之間的爭論，另一方面也是因為辭章之學與語言表達的密切關聯決定了它在考據與義理之間的中間位置，辭章既可以表現為質樸徵實的考據文字，也可以表現為超越玄遠的義理文章。因此，關於「通經以明道」的討論主要關注考據與義理的關聯。

〔註73〕（清）戴震：《與姚孝廉姬傳書》，《全書》第六冊，第272頁。

聖人製作的唯一遺留物，六經文字是聖人義理最直接的體現，而且也是克服這種時間斷裂的唯一有效的憑藉。六經是「道義之宗而神明之府」〔註74〕，要求取聖人之道，必須探究六經的文字與語言。「通經」成為「明道」的必要前提。

東原從兩個側面對「通經以明道」的結構進行了層級化表述：

> 經之至者道也，所以明道者其詞也，所以成詞者字也。由字以通其詞，由詞以通其道，必有漸。（《與是仲明論學書》，同上書，第370頁）

> 凡學始乎離詞，中乎辨言，終乎聞道。離詞，則舍小學故訓無所藉；辨言，則舍其立言之體無從而相接以心。（《沈學子文集序》，同上書，第393頁）

在《與是仲明論學書》中，戴震傾向於從「經」的語文學結構入手，根據研究對象的差異將「求道」的過程區分為「字──詞──道」三個遞進環節；而在《沈學子文集序》中，這一過程則被呈現為由「離詞──辨言──聞道」構成的動態層次。其中，「離詞」之「離」同於《禮記・學記》「離經辨志」之「離」〔註75〕，即在字義訓詁的基礎上解析文辭，相當於《與是書》中「由字以通其詞」的過程；「辨言」是在對字義、詞義有所瞭解的基礎上把握「立言之體」，即把握整體的文義，而最後的目標則是「聞道」，即與聖人「相接以心」，相當於「由詞以通其道」的過程。兩段表述大體一致，其層次劃分的根據都在於「字」、「詞」、「道」在「六經」中不同的語文學地位，而其最初環節則是對「字」的考察。

（二）字：事與形的表徵

戴震認為，造字、用字之法是理解文字的門徑：

> 六書也者，文字之綱領，而治經之津涉也。載籍極博，統之不外文字，文字雖廣，統之不外六書。（《六書論序》，同上，第295頁。）

在由「六書──文字──經」共同構成的意義表述系統中，前者是後者的階梯。換言之，「六書」即指事、象形、形聲、會意、轉注、假借，這六種造字、用字之法使得文字具備了命名和指稱的功能，進而也使得由文字構成的句子

〔註74〕（清）戴震：《古經解鈎沉序》，《全書》第六冊，第377頁。
〔註75〕孫希旦：《禮記集解》卷三十六，中華書局，2007年，第959頁。

具有了意義表徵（representation）的能力，在此基礎上，由文句構成的經典文本才可能成爲「聖人之道」的意義承載者。因此，文字是意義表徵的基本單元。東原進一步解釋了「六書」的意義：

> 大致造字之始無所憑依，宇宙間事與形兩大端而已，指其事之實，曰「指事」，一、二、上、下是也；象其形之大體，曰「象形」，日、月、水、火是也。文字既立，則聲寄於字而字有可調之聲，意寄於字而字有可通之意，是又文字之兩大端也。因而博衍之，取乎聲諧，曰諧聲；聲不諧而會合其意，曰會意。四者，書之體止此矣。由是之於用，數字共一用者……其義轉相爲註，曰轉註；一字具數用者，依於義以引伸，依於聲而旁寄，假此以施於彼，曰假借。所以用文字者，斯其兩大端也。六者之次第出於自然，立法歸於易簡。（《答江慎修先生論小學書》，《全書》第三冊，第333頁）

文字最初的表徵對象只是「事」與「形」，在對具體事態和形態進行表徵的同時，「音」與「意」也被賦予文字，這樣便使得文字所表徵的意義可供言傳和交流。諧聲與會意這兩類文字結構是在「指事」與「象形」基礎上的「博衍」或「旁寄」，也就是說，二者的表徵功能建立在對「事」、「形」進行表徵的基礎上。轉註和假借則主要是文字使用的法則，與文字構造沒有實質性的關聯。在這個意義上，文字是以「六書」爲基本構造的意義表徵單元，而被表徵者則是以「事」與「形」爲主體的實物實事。「六經」一方面是由文字構成的文本，另一方面也是由「事」與「形」，即實物實事構成的意義世界。

然而，東原所謂的「由字以通其詞」是不是說只有理解了文字才能理解詞句，或者說只有理解了「事與形」才能理解更深刻的義理呢？我們在他的著述中很容易發現，「由字以通其詞」並不是這樣一個單向的線性結構，而毋寧說是「從整體到部分，又從部分到整體」的一個詮釋學循環〔註76〕。東原稱：

> 一字之義，當貫群經，本六書，然後爲定。（《與是仲明論學書》，《全書》第六冊，第370頁）

> 《爾雅》，六經之通釋也。援《爾雅》附經而經明，證《爾雅》以經而《爾雅》明。（《爾雅注疏箋補序》，同上書，第276頁）

〔註76〕〔德〕伽達默爾：《論理解的循環》，《眞理與方法》Ⅱ，洪漢鼎譯，商務印書館，2007年，第67頁。

字義固然是理解經典的基本憑藉，但這不意味著字義與經義之間只是「奠基」與「被奠基」的關係。對經典的理解不是先理解所有字義，然後再理解作爲文字「集合體」的六經，而是雙向進行的。理解者既需要理解字義，以便對經義形成貼近文本的意義預期；同時又必須從整部經典（甚至是「六經」這一聖人義理的文獻整體）出發對文字給出定位，以便確認字與字之間以何種方式相互關聯，從而準確地把握字義。這就是「貫群經、本六書」的意義所在，「本六書」是爲了單純的字義理解，而「貫群經」則是爲了在經典所承載的意義整體中對每一個字做出恰當定位。從這樣的觀念出發，戴震並不迷信《爾雅》作爲最早字書的權威性，而是建議將《爾雅》與六經互證，以便接近對經典的正確理解。

　　東原對經典的詮釋中存在很多「由字以通其詞」的實例，對「上、下」的理解具有典型性。在解釋《詩・大雅文王》中「下武維周，世有哲王」時，戴震稱：

> 《箋》云：下，猶後也。震按：自上世數而下，故下有後義。「下武」謂繼承步武，故曰「世有哲王」。《國語》「在下守祀，不替其典」，《注》亦云：下，後也。屈原《離騷》之賦曰「及前王之踵武」。（《毛鄭詩考正》卷三，《全書》第一冊，第 643 頁）

在取證於鄭《箋》、《國語》、屈《賦》之後，東原認爲「下」具有時間上在後的意義。這一理解成爲他後來解釋「形而上」、「形而下」的重要依據：

> 「形」，謂已成形質。「形而上」，猶曰「形以前」；「形而下」，猶曰「形以後」（如言千載而上、千載而下。《詩》「下武維周」，《鄭箋》云：下，猶後也）。陰陽之未成形質，是謂形而上者也，非形而下明矣。器，言乎一成而不變；道，言乎體物而不可遺。不徒陰陽非形而下，如五行水火木金土有質可見，固形而下也，器也，其五行之氣，人物咸稟受於此，則形而上者也……六經、孔、孟之書，不聞理氣之辨，而後儒創言之，遂以陰陽屬形而下，實失道之名義也。（《孟子字義疏證》卷中，《全書》第六冊，第 176 頁）

以前、後的時間性差異來區分「上」、「下」，其理論結果是取消了自程頤以來對「形而上」與「形而下」所作的存在論層次上的二元區分，而將二者轉化爲具體存在形態的區別，從而將形而上之道與形而下之器共同納入到「氣化」這一時間性過程之中，取消了形而上之「理」的實存地位。從「上」、「下」

到「形而上」、「形而下」，東原既考慮了基本字義，也參照了諸經傳的義理傳統，由此，我們大致可以看到，戴震「由字以通詞」的詮釋路徑考慮到了字義與經義之間的複雜關聯，力圖體現出文字背後的意義世界。

（三）詞：立言之體與典章制度

在了解所謂的「離詞」，也就是「由字以通其詞」之後，我們可以進一步討論「辯言」，即「由詞以通其道」的過程。依照東原自己的解釋，「辯言，則舍其立言之體無從而相接以心」〔註77〕，因此，「辯言」的關鍵是明確「立言之體」，即明確經典文本中詞與詞之間穩定的關聯方式，只有這樣才能體認到六經中蘊含的聖人心志。然而，「立言之體」是一個模糊的概念，語辭的關聯方式既有可能是指六經在文辭風格上的特點，也可能是指作為表徵系統的文辭背後所承載的被表徵物之間的穩定的意義關聯。哪一種才是通達「聖人心志」的必由之路呢？東原所謂的「立言之體」是指後者，即經典文辭中記載的「名物」與「典章制度」：

> 是故由六書、九數、制度、名物能通乎其詞，然後以心相遇。（《鄭學齋記》，同上書，第407頁）

> 賢人、聖人之理義非它，存乎典章制度者是也……理義不存乎典章制度，勢必流入異學曲說而不自知。（《題惠定宇先生授經圖》，同上書，第505頁）

只有從六經所記載的名物與典章制度中才能尋獲聖人之理義。

這種以典章制度為「立言之體」，並由此探求「聖人心志」的實例在東原的經典詮釋中比比皆是，而最突出的當屬《詩摽有梅解》〔註78〕。《詩‧召南》中「摽有梅」謂：

> 摽有梅，其實十兮。求我庶士，迨其吉兮。摽有梅，其實三兮。求我庶士，迨其今兮。摽有梅，頃筐塈之。求我庶士，迨其謂之。

按照字義，此詩是以梅落之多少比喻女子婚嫁之早晚。毛《傳》、鄭《箋》與朱熹《詩集傳》都只解釋了這層字面意義，但戴震卻援引《周禮》、《禮記》、

〔註77〕 （清）戴震：《沈學子文集序》，《全書》第六冊，第393頁。

〔註78〕 此文係戴震《杲溪詩經補注》中的一部分（段玉裁《戴東原先生年譜》「乾隆三十一年丙戌」條，稱《杲溪詩經補注》作於此年，見《全書》第六冊，第678頁），後為段玉裁選入《戴東原文集》，並題名「詩摽有梅解」（見《戴東原先生年譜》，第715頁）。

《國語》與《詩》的其它篇章以期探尋作詩之旨：

> 《周官經》：媒氏掌萬民之判，凡男女自成名以上，皆書年月日，名
> 焉。令男三十而娶，女二十而嫁，凡娶判妻入子者，皆書之。中春
> 之月，令會男女，於是時也，奔者不禁，若無故而不用令者，罰之。
> 此舉其終之大限言之也，不使民之後期，而聽其先期，恐至於廢倫
> 也。亦所以順民之性，而民自遠於犯禮之行也……三十之男、二十
> 之女，貧不能婚嫁者，許其殺禮。殺禮則媒妁通言而行，謂之不聘，
> 不聘謂之奔。故曰「於是時也，奔者不禁」……凡婚嫁備六禮者，
> 常也，常則不限其時月；其殺禮不聘者，權也，權則限以時月。夫
> 婚姻，不使之六禮備，則禮教不行，夫婦之道闕，而淫僻之罪繁；
> 不計少長以爲之期，則過其盛壯之年，而失人倫之正；不許其殺禮，
> 則所立之期不行；既殺禮而不限以時月，則男女之訟必生。以是言
> 之，《周禮》三十、二十之期及中春之令昭然矣……古人立中以定制，
> 女子即過二十，亦未遽爲年衰，則知「梅落」非喻年衰也。梅之落，
> 蓋喻女子有離父母之道，及時當嫁耳。首章言十猶餘七，次章言十
> 而餘三，卒章言皆在頃筐，喻待嫁者之先後畢嫁也。《周禮》所言者，
> 實古人相承之治法。此詩所言，即其見之民事者也。錄之《召南》，
> 所以見治法之修明，咸知從令歟？（《杲溪詩經補注》，《全書》第二
> 冊，第34～36頁）

儘管詩的本文似乎只關乎婚嫁早晚，但東原徵引群經，闡明了上古婚嫁禮制
的「常」與「權」，並對「備六禮」、「殺禮」、「奔者不禁」、「限以時月」等種
種制度的製作意圖做出了說明，最終認爲婚嫁中的「備六禮」是爲了維持「人
倫之正」，而種種權變也是爲了不至於「廢倫」，因此，無論「常」還是「權」，
都是爲了達到「順民之性，而民自遠於犯禮之行」的目的。從「順民之性」
到「自遠於犯禮」之間的順承關係來看，東原認爲自然人性和禮制規範之間
的一致性是本然存在的，而「摽有梅」三章所描寫的婚嫁形式雖異卻都自然
有序的狀況，正是「古人」在「性」與「禮」之間「立中以定制」所達到的
「治法修明」。這種制度設計便是聖人經典中的「立言之體」，而其中所蘊含
的義理即是「聖人心志」。對《摽有梅》三章的解析切實表現了戴震通過考證
典章制度以尋求聖人理義的詮經方法。

（四）道：聖人之心、道義之心、天地之心

從論證步驟來看，我們似乎已經完成了對戴東原「離詞——辯言——聞道」解經過程的論證。這一過程表面上看是對六經進行「由字以通其詞，由詞以通其道」的文本理解，但由於「字」與「詞」是進行意義表徵的書面語言，它們的涵義以及關聯方式取決於其表徵對象——作爲「字」的指涉對象的「事與形」和作爲「詞」的指涉對象的「典章制度」——所以，這一解經過程同時是憑藉對名物和典章制度等實體實事的理解以「通道」的過程。因此，「通經以明道」的治學路徑並不是文字語言內部的遊戲，而是直接指向文本之外的意義支撐物，或者說，指向六經中描繪的上古經驗世界。

然而，東原經典詮釋的目標也並不是簡單地要求將字義與文義還原爲文字背後的經驗事實，而是有著更具超越性的關懷。戴震用「聖人之心」、「天地之心」、「道義之心」這組詞彙揭示了「通經以明道」的最終目標：

> 學者大患在自失其心。心全天德、制百行。不見天地之心者，不得己之心；不見聖人之心者，不得天地之心；不求諸前古賢聖之言與事，則無從探其心於千載下。是故由六書、九數、制度、名物能通乎其詞，然後以心相遇。（《鄭學齋記》，《全書》第六冊，第 407 頁）

《鄭學齋記》作於乾隆二十四年己卯（戴震三十七歲）。在這篇文字中，「由字以通其詞，由詞以通其道」的治學路徑被擴充爲由「聖人之事與言（六書、九數、制度、名物）——聖人心志——天地之心——己之心」構成的四個遞進層級。六書、九數、制度、名物與聖人心志的一致性已經在上節有所表述，而「聖人心志」與「天地之心」、「己之心」之間的相關性則在其四十三歲所作的《題惠定宇先生授經圖》中得到了闡釋：

> 故訓明，則古經明；古經明，則賢人聖人之理義明，而我心之所同然者乃因之而明。賢人、聖人之理義非它，存乎典章制度者是也。（《題惠定宇先生授經圖》，同上，第 505 頁）

東原認爲「聖人心志」和「己之心」的內容相同，都以孟子所謂的「人心之所同然」的理義爲內核。這種「理義」也就是聖人在典章制度中寄寓的理義，即「天地之心」：

> 六經者，道義之宗而神明之府也。古聖哲往矣，其心志與天地之心協，而爲斯民道義之心，是之謂道……經之至者，道也；所以明道者，其詞也；所以成詞者，未有能外小學文字者也。由文字以通乎

語言，由語言以通乎古聖賢之心志，譬之適堂壇之必循其階而不可
以躐等。（《古經解鉤沉序》，同上書，第 377 頁）

在戴震看來，無論是「聖人心志」，還是常人本有的「己之心」或「道義之心」
都以「天地之心」作爲共同根源，因此，「聖人心志」、「天地之心」與「道義
之心」（己之心）只是表現形式上有所差異，但在內容上是根本同一的，這種
根本的一致性便是「道」，也就是經典詮釋所指向的最終目標。

在將「道」的內涵明確爲「聖人心志」、「天地之心」與「道義之心」的
一致性之後，戴震「通經以明道」的解經方法也得以擺脫文本主義與歷史客
觀主義的嫌疑，而顯示出其超越性的一面。但要明確「道」的眞正意涵，還
需要對戴震的文本作進一步挖掘。他在《法象論》、《孟子字義疏證》等作品
中曾明確闡述天道與人道的內涵及其一致性，這對我們理解「道」提供了直
接啓示：

> 人道，人倫日用，身之所行皆是也。在天地，則氣化流行，生生不
> 息，是謂道；在人物，則凡生生所有事，亦如氣化之不可已，是謂
> 道。（《疏證》卷下，《全書》第六冊，第 199 頁）

> 生生者化之原，生生而條理者化之流。分者其進，合者其止；進者
> 其生，止者其息。生者動而應求，立乎至博；息者靜而自正，立乎
> 至約。博故與爲條理也，約故與爲統會也。草木之根幹枝葉花實謂
> 之生；果實之白，全其生之性謂之息。君子之學也，如生；存其心
> 以合天地之心，如息。爲息爲生，天地所以成化也，是故生生者仁，
> 條理者禮，斷決者義，藏主者智，智通仁發而秉中和謂之聖。聖合
> 天，是謂無妄……天所以成象，地所以成形，聖人所以立極，一也，
> 道之至也。（《法象論》，同上書，第 477 頁）

> 自人道遡之天道，自人之德性遡之天德，則氣化流行，生生不息，
> 仁也。由其生生，有自然之條理，觀於條理之秩然有序，可以知禮
> 矣；觀於條理之截然不可亂，可以知義矣。在天爲氣化之生生，在
> 人爲其生生之心，是乃仁之爲德也；在天爲氣化推行之條理，在人
> 爲其心知之通乎條理而不紊，是乃智之爲德也。（《孟子字義疏證》
> 卷下，同上書，第 205 頁）

天道是「氣化流行、生生不息」的過程。這一過程是「生生」與「條理」相
互涵攝的統一體。「生生」是對天地生化作用的描摹，「條理」則是指這一過

程呈現出的秩序，二者自然地融合在「生生而條理」的氣化流行中。因此事物的「生生」總是以「條理」的方式呈現，而「條理」是「生生」本然具有因而不可擺脫的內在目的。這種過程和秩序的統一性也就是所謂的「實體實事，罔非自然而歸於必然」〔註79〕。「實體實事」在其「自然」發生中內在地包含有對自身的規約，因此，由實體實事構成的天道也是「自然」和「必然」的一體物〔註80〕，或者說是事實和規範的一體物。與此相應，處在「氣化流行」過程中的人道正是以天道為原型的摹本。人在氣化流行的天道中不僅稟得了形體與諸多自然能力，而且稟得了天地生生之意，即「仁」；同時還稟受了自然而有的「條理」，因此在自身之中便包含了內在的節限，即「禮」；循禮而行，以禮為揀擇裁斷之依據，便可稱之為「義」；禮、義的藏蘊與發動則由「智」來承擔。可見，仁義禮智等德性即內在於因氣化而有的自然人性之中，易言之，人道也是事實與價值的統一體。人道與天道的完全符合需要通過「學」來完成。「學」即「存其心以合天地之心」，即存養人所本有的仁義禮智「道義之心」，使其與「生生而條理」的「天地之心」相合。聖人的心志便是這種「合」的極致狀態，正所謂「聖合天，是謂無妄」。在達到對「天地之心」與「道義之心」的真切體認後，聖人便設立典章制度以垂教後世：

> 禮者，天地之條理也。言乎條理之極，非知天不足以盡之，即儀文度數，亦聖人見於天地之條理，定之以為天下萬世法。禮之設，所以治天下之情，或裁其過，或勉其不及，俾知天地之中而已矣。(《孟子正義疏證》卷下，同上書，第206頁)

正因為典章制度是聖人根據「天地之條理」而作，其目的在於「治天下之情」，使百姓「知天地之中」，所以這些「儀文度數」並非存在於具體歷史時空中的遺跡，而是作為「天地之條理」的承載者，具有超出具體時空限制的規範性意義，足以「為天下萬世法」。可見，戴震所謂的「道」便是「天地之心」，也就是融事實與價值於一體的「天地之條理」，這便是「通經以明道」中「道」的真實涵義。

（五）回應詰難：事實與價值的融會

前此數節致力於回答「通經以明道何以可能」的問題，以表明戴震的經

〔註79〕（清）戴震：《孟子字義疏證》卷上，《全書》第六冊，第164頁。
〔註80〕戴震還認為「故語道於天地，舉其實體實事而道自見」，見《孟子字義疏證》卷下，《全書》第六冊，第200頁。

典詮釋是在將超越性的義理追求一步步落實爲對文本與文本所表徵的具體經驗世界的考證，因此，前文大致否定了方東樹在《漢學商兌》中提出的將小學與大學、考據與義理截然分離的理解。事實上，方氏這一誤解源於對考據的主觀偏見。在他看來不僅「訓詁、名物、制度，只是小學內事」，而且從事小學之人也都「畢生盡力止以名物、訓詁、典章、制度小學之事成名立身，用以當大人之學之究竟，絕不復求明、新、至善之止，痛斥義理性道之教」，字義訓詁的工作也只是「主張門戶，專執《說文》、《廣雅》小學字書穿鑿堅僻，不顧文義之安」〔註81〕。這與其說是在強調考據與義理的區別，不如說是憑著對考據的片面理解人爲地割裂考據與義理的本有關聯。這樣的立場注定了方氏不可能對東原的「通經以明道」抱有同情的理解，對東原「貫群經、本六書」以及在典制考證中探求「聖人心志」的學問方法也自然一筆抹殺。

相比之下，章學誠對戴震的理解較爲深入，其批評也更爲中肯。章氏並不懷疑「通經以明道」的可能性：

> 戴氏深通訓詁，長於制數，又得古人之所以然，故因考索而成學問，其言是也。（《又與正甫論文》，《章氏遺書》卷二十九，民國十一年嘉業堂本，北大圖書館藏）

在他看來，東原由訓詁、考證確乎可以「得古人之所以然」。在《書朱陸篇後》、《書孫淵如觀察原性篇後》等文中，章氏也表達了對《原善》這一「通經以明道」理論成果的讚賞。章學誠對「道」的理解也與東原相近：

> 《易》曰：形而上者謂之道，形而下者謂之器。道不離器，猶影不離形。（《原道·中》，《文史通義校注》，中華書局，2005年，第132頁）

> 道者，非聖人智力之所能爲，皆其事勢自然，漸形漸著，不得已而出之，故曰天也。（《原道·上》，同上書，第119頁）

> 六經皆史也。古人不著書，古人未嘗離事而言理，六經皆先王之政典也。（《易教·上》，同上書，第1頁）

錢穆甚至認爲章氏對「道」的理解是「採諸東原而略變」〔註82〕。章、戴二人都特別強調「道」與「事」的關聯：東原認爲「道」是「實體實事」中「自然而歸於必然」的內在條理，而不是脫離實事的獨立自在之物；章學誠也認

〔註81〕　（清）方東樹：《漢學商兌》卷中之下，清光緒十七年本，北大圖書館藏。
〔註82〕　錢穆：《中國近三百年學術史》，商務印書館，1997年，第422頁。

爲「道」是「事勢自然」，並以「影」與「形」分別比喻「道」與「器」，強調實事在存在論意義上的基礎性地位，而「道」只是實事「漸形漸著」的自然發展。可以說，二人都突出了「道」的經驗性。然而，章氏的不同看法在於：經由訓詁和考據雖然可以「求道」，但不是「求道」的唯一途徑。

對求道途徑的不同理解直接源自二人對「道」之載體的不同理解。戴震認爲「道」是「氣化流行」與「人倫日用」中的「實體實事」〔註83〕，同時也認爲「聖人之道在六經」〔註84〕，只有六經才是「道義之宗、神明之府」，只有理解了經典中的「聖人之理義」才能彰顯作爲「我心之同然」的理義，所以戴震認爲「道」的直接承載者是六經。戴氏主張將六經作爲「道」之載體的實際意義是建立起了「道」的經驗確定性，他曾多次表達對這種經驗確定性的興趣：

> 僕欲究其本始，爲之又十年，漸於經有所會通，然後知聖人之道如懸繩樹臬，豪釐不可有差。(《與是仲明論學書》，《全書》第六冊，第370頁)

> 凡僕所以尋求於遺經，懼聖人之緒言暗汶於後世也。然尋求而獲，有十分之見，有未至十分之見。所謂十分之見，必徵之古而靡不條貫，合諸道而不留餘議，鉅細畢究，本末兼察。(《與姚孝廉姬傳書》，同上書，第272頁)

戴氏認爲「實體實事」可能無法一一窮盡，但其中的條理卻完備地保存在六經所記載的字義、名物、典制之中，因此「於經有所會通」自然就可以明瞭「聖人之道」，明瞭聖人之道也就通達了「天地之條理」。換言之，只要明了「遺經」中的字義、名物、制度，達到「徵之古而彌不條貫」，自然也就達到了對「道」的「十分之見」。以經典考證作爲「求道」的唯一途徑，就賦予了「道」以確定的內容，「道」不再是任何人都可以「空憑胸臆」而「鑿空得之」的形上存在〔註85〕，而是具有「毫釐不可有差」的確定性。這種確定性雖然以六經中記載的名物與典章制度等經驗內容爲基礎，但作爲「天地之條理」的「道」並不局限於具體的經驗性存在，而是超出了具體時空條件的限制，具有普遍性和超越性。相比之下，章學誠並不關注「道」的確定性，而是突

〔註83〕（清）戴震：《孟子字義疏證》卷下，《全書》第六冊，第200頁。
〔註84〕（清）戴震：《與方希原書》，同上書，第377頁。
〔註85〕（清）戴震：《題惠定宇先生授經圖》，同上書，第505頁。

出了「道」的開放性：

> 夫道，備於六經，義蘊之匿於前者，章句訓詁足以發明之，事變之
> 出於後者，六經不能言，固貴約六經之旨，而隨時撰述以究大道也。
> (《原道‧下》，《文史通義校注》，中華書局，2005 年，第 139 頁)

> 《易》曰：形而上者謂之道，形而下者謂之器……先聖先王之道不
> 可見，六經即其器之可見者也……儒家者流守其六籍，以為是特載
> 道之書耳。夫天下豈有離器言道、離形存影者哉？彼舍天下事物、
> 人倫日用而守六籍以言道，則固不可與言夫道矣。(《原道‧中》，同
> 上書，第 132 頁)

「道備於六經」不足以表達章氏對「道」的準確理解，「事勢自然，漸形漸著」
可能更好地描述了章氏眼中的「道」。「道」更像是不斷發展演進的「事勢」，
即歷史本身，而不是某個具體的「實事」或者歷史形態，因此，只要歷史還
在展開，那麼「道」就不可能表現為一個完整形態的意義系統，「道」始終是
在歷史中展開自身。誠如倪德衛（David S. Nivison）所言：「章學誠的『道』
是在歷史進程中發展的，它不是先於歷史而存在又在歷史中展開的形式上的
絕對。對於他來說，承認這種絕對，就意味著承認『道』離『器』而存在」
〔註86〕。所以，章氏認為在具體歷史情境下完成的六經只能記載在那個特定
歷史時空中的「道」，而不能表現「事變之出於後者」，更不可能表現具有開
放性的「道」本身。因此，在「明道」的問題上，章氏似乎比戴震走的更遠，
他認為不僅六經不是「道」的理想承載者，訓詁、考證不是唯一的求道途徑，
而且將求道的途徑局限於六經往往容易導致差謬：

> 馬、班之史，韓、柳之文，其與於道，猶馬、鄭之訓詁，賈、孔之
> 疏義也。戴氏則謂彼皆藝而非道，此猶資舟楫以入都，而謂陸程非
> 京路也。(章學誠《又與正甫論文》，《章氏遺書》卷二十九，民國十
> 一年嘉業堂本，北大圖書館藏)

> 就經傳而作訓故，雖伏、鄭大儒不能無強求失實之弊，以人事有意
> 為攻取也……離經傳而說大義，雖諸子百家未嘗無精微神妙之解，
> 以天機無意而自呈也。(《吳澄野太史歷代詩抄商語》，《校讎通義》
> 外篇，咸豐五年粵雅堂本，北大圖書館藏)

〔註86〕〔美〕倪德衛：《儒家之道》，周熾成譯，鳳凰出版傳媒集團，江蘇人民出版
　　　　社，2006 年，第 313 頁。

章氏雖然提到「文」、「史」等其它補充性的求道途徑，但如果將章學誠對「道」的開放性理解推向極致，那麼，章氏甚至可能會認爲任何具體的「經」、「史」、「文」都不足以描述「道」，最好的求道方法應該是「隨時撰述」。章氏對「道」的這種「開放性」理解無法包含任何確定性追求，因此，其理論的最終結果要麼是將「道」化解爲各種歷史情境中零散的意義片段，從而使得變成複數的「道」喪失整體意義；要麼是將作爲歷史之「大全」的「道」變成歷史進程中永無終結因此也永遠無法作爲整體進行把握的「物自身」。「道」在章氏的「開放性」理解中無法成爲一個意義整體，因此，章學誠對東原的批評並沒有否證「通經以明道」的可能性，也不可能成功地指示出別的「求道」路徑，與此相反，戴氏的思路更具一致性和合理性。

從上文的解析中，我們看到戴震「通經以明道」的學問路徑實際上顯示出他在經典詮釋中彌合超越性和經驗性的努力：一方面，東原始終以「天地之心」、「道義之心」爲自己的學問目標，作爲「天地之條理」，這樣的目標相對獨立於具體時空條件，有著超出具體典章制度與經典字義的普遍性，因此是超越的；另一方面，東原又認爲「陰陽五行，道之實體也」，因此，作爲「天地之條理」的「道」是就由陰陽氣化生成的「實體實事」而言，是指「實體實事」的內在理則，聖人根據這些理則制定典章制度，並載於六經，所以六經中的典章制度等經驗性內容成爲理解聖人之道的最佳途徑，這一經驗性的途徑可以建立起「道」的經驗確定性，並挽救當世學風中的「鑿空之弊」〔註87〕。可以說，這種超越性和經驗性的一致關係既顯示出東原思想內部「天地之心」與「實體實事」之間的內在一致性，也顯示了東原治學路徑中義理目標（「明道」）和考證方法（「通經」）之間的內在一致性。正是因爲對這種一致性的自覺，他並不將經典記載的典章制度視爲歷史的陳跡，而是將其作爲聖人心志的意義承載者與天地「生生之條理」的體現，所以他能夠從中尋繹出普遍而超越的義理，建立起一條「字、詞（聖人之事與言）──聖人心志──天地之心──道義之心」的治學路徑。這一路徑既是學問方法上貫通考據與義理的路徑，也是思想內容上貫通事實與價值的路徑。東原後來在《法象論》、《原善》、《孟子私淑錄》、《緒言》、《孟子字義疏證》等著作

〔註87〕戴震在《古經解鉤沉序》中說「數百年已降，說經之弊，善鑿空而已矣……鑿空之弊有二：其一緣詞生訓也，其一守訛傳謬也。緣詞生訓者，所釋之義非其本義；守訛傳謬者，所據之經並非其本經」（《全書》第六冊，第378頁）。

中反駁宋儒理氣之辯、理欲之辯，並試圖在理氣、理欲之間建立內在一致性的嘗試正是這條道路的自然延伸。

第三章　思想主題：自然與必然

在瞭解東原的學問門徑之後，我們可以逐漸展開對其思想主題的梳理。由於戴震作於乾隆三十一年丙戌（44歲）的《原善》改本（即「擴大本」）通常被認爲是其思想成熟時期的作品〔註1〕，因此，本章將集中關注他於此前完成的《詩補傳》初稿和改本、《法象論》、《原善》初稿、《讀〈繫辭〉論性》、《讀〈孟子〉論性》等早期作品（寫作於二十八歲至四十歲之間），從中考察其思想關注的形成與變化趨向，以及由此導出的思想主題。

一、《詩補傳》初稿與改本：事實與規範的一致

由於《詩經》中多有「鳥獸草木之名」，可與《說文》、《爾雅》等字書相應成爲字義訓詁的憑藉，又因爲「三百篇，詩之祖也，亦韻之祖也」〔註2〕，《詩》中保存的古韻足以成爲後世學者釐清聲韻源流的標本，所以治經學者多自《詩經》入手。戴震也不例外，完成《六書論》、《爾雅文字考》、《轉語二十章》等訓詁、聲韻著作後，他在乾隆十五年庚午（28歲）時完成了《詩補傳》。雖然此書在體例上謹守考據規範，「就全詩考其名物字義於各章之下，不以作詩之意衍其說」，似乎沒有義理關懷，但東原在考證之外，又隨時「以

〔註1〕 段玉裁稱：「始先生作《原善》三篇……玉裁既於癸未抄寫讀熟矣。至丙戌，見先生援據經言，仍以三章者分爲建首，比類合義古聖賢之言理義，舉不外乎是。《孟子字義疏證》亦所以闡明此旨也」（《戴東原先生年譜》所附「著述輯要」，《全書》第六冊，第703頁）。由此可知，《原善》改本作於乾隆三十一年丙戌，在初稿基礎上有所擴大，並成爲以後《疏證》等著作的基礎。

〔註2〕 （清）顧炎武：《音論》卷中「古詩無叶音」條，《音學五書》，文淵閣四庫全書本。

夫子之蔽乎三百者，各推而論之，以附於篇題後」〔註3〕，以便發揮己說。此後兩三年中，即壬申、癸酉年間，戴震彙輯書內考證條目，增損修訂，別成一書，這便是《毛鄭詩考正》〔註4〕。此書在初稿的基礎上考正加詳，略去了部分篇章，但主旨仍然關乎「源流清濁之所處」、「風化芳臭氣澤之所及」。

《詩補傳》與《毛鄭詩考正》不僅是東原的考據之作，也表達了他以「思無邪」之意探尋作詩之志的義理關懷，其中對「情」與「禮」、「物」與「則」兩兩之間內在一致性的思考表現了戴震試圖貫通自然事實與價值規範的努力。

（一）情與禮

《詩序》稱《詩經》之作是「情動於中而形於言」，宋人李育論及賦、比、興時亦稱「敘物以言情謂之賦，情物盡也；索物以託情謂之比，情附物也；觸物以起情謂之興，物動情也」〔註5〕，「情」在《詩經》中的重要性於此可見一斑。但情的發動如果不得其正便易流於淫邪，因此，為了理解「思無邪」的作詩本旨，「禮」對情感的規範性作用在歷來的《詩經》詮釋中都是被強調的因素。情與禮的這種張力在對「鄭風」的解釋上體現得最為明顯。

「鄭風」是指國風中的鄭國之風，屬於「變風」之列。所謂「變風」，是指國風中除《周南》、《召南》之外的其它十三國之風。據鄭玄記載，稱其為「變風」的原因是：

> 懿王始受譖，亨齊哀公；夷身失禮之後，邶不尊賢。自是而下，屬也，幽也，政教尤衰，周室大壞……眾國紛然，刺怨相尋。五霸之末，上無天子，下無方伯，善者誰賞？惡者誰罰？紀綱絕矣。故孔子錄夷王、懿王時詩，訖於陳靈公淫之事，謂之變風。（《詩譜序》，梅鼎祚編《東漢文紀》卷二十四，文淵閣四庫全書本）

也就是說，「變風」多作於政教陵遲、風俗澆漓之時，孔子擇而錄之以為後世之戒。因此，儘管《詩序》稱「變風發乎情，止乎禮義」，後世學者仍多認為「變風」內容與「思無邪」的作詩之意相衝突。由於《論語・衛靈公》中稱「鄭聲淫」，《樂記》中又有「鄭衛之音，亂世之音也」的記載，所以，後世學者普遍認為《鄭風》是「變風」的典型代表，是淫奔之詩。朱子便持這一

〔註3〕（清）戴震：《詩補傳序》，《全書》第一冊，第125至126頁。
〔註4〕關於《詩補傳》與《毛鄭詩考正》的關係參看第二章〔註50〕。
〔註5〕（宋）衛湜：《禮記集說》卷一百二十《孔子閒居》，《通志堂經解》本。

看法。他認為：

> 大《序》亦有未盡，如發乎情止乎禮義，又只是說正詩，變風何嘗
> 止乎禮義。（《朱子語類》卷八十，中華書局，第 2072 頁）

> 《鄭風》只是孔子一言斷了，曰：鄭聲淫。如《將仲子》自是男女
> 相與之辭，卻干祭仲、共叔段甚事？如《褰裳》自是男女相答之辭，
> 卻干忽與突爭國甚事？（同上書，第 2108 頁）

由於朱子將《鄭風》理解為淫奔之詩，其三傳弟子王柏便在《詩疑》中提出
「鄭詩二十一篇而淫奔者十六」，並主張刪掉以《鄭風》為主的三十二篇，於
此足見朱子之說的影響之大〔註6〕。戴震對《鄭風》的態度與朱子正好相反。
在《經考附錄》「鄭衛之音」條中，東原在引述朱子對《鄭風》的看法後附以
按語：

> 夫所謂聲、所謂音者，非謂其詩也，亦非方土音聲之謂也。此靡靡
> 之樂、滌濫之音，作於鄭、衛桑間濮上者耳。他國之人奏之，而皆
> 為淫聲、溺音，雖《南》、《豳》、《雅》、《頌》之章，令奏而歌之，
> 詩章自正，音聲自淫也……《南》、《豳》、《雅》、《頌》用之於樂，
> 是謂樂章也。樂者，笙、龠、琴、瑟、鍾、鼓之屬也。器之所奏者
> 樂也，其發乎器者。樂章固矢於口歌之，而發乎口者音、聲也。樂
> 與音則有辯矣。而詩之與樂與音、聲，斷斷乎不可混淆言之者也……
> 是知夫子之言鄭聲淫，《樂記》之言桑間、濮上之音，不可據以論
> 《詩》辭也。（《經考附錄》，《全書》第二冊，第 391 至 392 頁）

東原認為「鄭聲」或「鄭衛之音」是指鄭衛之地的奏樂方式，而不是指《鄭
風》和《衛風》的詩文，所以，「鄭聲淫」或「鄭衛之音，亂世之音也」都不
是針對《鄭風》而發。伴隨著對《鄭風》的基本肯定，東原從「發乎情止乎
禮義」的角度展開了對《鄭風》中「情」、「禮」關係的理解。

《鄭風・東門之墠》云：

> 東門之墠，茹藘在阪。其室則邇，其人甚遠。東門之栗，有踐家室。
> 豈不爾思？子不我即。

〔註6〕 王柏稱「愚嘗疑今日三百五篇者，豈果為聖人之三百五篇乎？……不然，則
不奈聖人『放鄭聲』之一語終不可磨滅，且又復言其所以放之意曰『鄭聲
淫』，又曰『惡鄭聲之亂雅樂也』。愚是以敢謂『淫奔之詩』，聖人之所必削……
若男女自相悅之詞，如《桑中》、《溱洧》之類，悉削之以遵聖人之至戒，無
可疑者」（《詩疑》卷一《總說》，景山書社，1930 年）。

《詩序》認為此詩「刺亂也，男女有不待禮而相奔者也」。朱子更是認為詩中所記「墠」、「阪」皆是「識其所與淫者之居」〔註7〕，因此是淫奔之詩。戴震的理解獨闢蹊徑，他認為：

> 蓋言男女之際，許嫁有禮，雖室邇不得相親，雖思為室家，必男先於女以禮迎己。託為思不越禮者之言如是，以刺不待禮而相奔之非也。（《毛鄭詩考正》卷七，《全書》第二冊，第 253 頁）

詩中雖言男女相悅之情，但東原認為作詩者是為了凸顯情感對禮制的依循，如果沒有「親迎」之禮，那麼即使雙方「豈不爾思」，也不得相親。在戴震看來，這則被作為淫奔之詩的「東門之墠」恰恰是旨在表現「思不越禮」。

在戴震對《鄭風》的理解中，「止乎禮義」並不意味著禮制對情感的引導和制約總是具有無條件的合理性。《鄭風·豐》四章：

> 子之豐兮，俟我乎巷兮，悔予不送兮。子之昌兮，俟我乎堂兮，悔予不將兮。衣錦褧衣，裳錦褧裳。叔兮伯兮，駕予與行。裳錦褧裳，衣錦褧衣。叔兮伯兮，駕予與歸。

從字面意思看，此詩確乎有似於朱子所謂「婦人所期之男子已俟乎巷，而婦人以有異志不從」〔註8〕，但東原從婚嫁之禮的角度進行了獨特的闡釋：

> 此《坊記》所謂親迎婦猶有不至者是也。蓋言乎俗之衰薄，婚姻而卒有變志，非男女之情，而其父母之惑也。故託而為女子自怨之辭而刺之。或曰：怨則何以言悔予不送？曰：女子固不得而送也。以禮則不得送，以義則當隨……悔也者，用是見男女之情也。情不得徑遂，故託言乎送……凡後世婚姻變志，皆出於父母，不出於女子……使父母知男女之情如此，惑亦可以解矣。凡刺詩，道人之情以救乎俗也，故足錄也。（《毛鄭詩考正》卷七，《全書》第二冊，第 253 頁）

依照《昏義》與《坊記》，「親迎」之禮是婚儀的最後一項，男子拜見女子之父母，女子之父母「承子以授婿」。周末世衰，故而有「親迎婦猶有不至」之事。東原認為《豐》四章便是對這類婚約變故的描述。在這一描述中，「悔」字明確地道出了男女相悅之情，可知婚約之變故出自父母，因此，東原認為女子「以義則當隨」。在這裏，自然之「情」是「義」的基礎，而使得此情「不得徑遂」的禮制和「父母之惑」都理應隨順此情做出變更。這一變更便是東

〔註7〕 （宋）朱熹：《詩集傳》，鳳凰出版社，2007 年，第 63 頁。
〔註8〕 同上書，第 62 頁。

原所謂的「道人之情以救乎俗」。其實質是認爲禮俗不該成爲僵死的儀式，爲「惑」所用，進而扼殺人情，應該恢復禮俗與人情之間的內在關聯，或者說禮俗的建立應該以自然人情爲基礎。對《豐》的這一解詁表明戴震將「情」作爲禮義的基礎；而上文對《東門之墠》的闡釋則說明，他並沒有否認「禮」對「情」的規範作用。當然，在東原作於乾隆三十一年丙戌的《杲溪詩經補注》中，「順民之性，而民自遠於犯禮之行」這一表達更直接地揭示了「情」與「禮」的內在一致性〔註9〕。

（二）物與則

作爲考證著作，《詩補傳》與《毛鄭詩考正》較少專門的義理論說，因此，二書中對「則」的多處詳細辨析便顯得十分突出，而其前後差異也表現出東原對「理」的詮釋經歷了一個轉變過程。

《大雅·烝民》首章：

> 天生烝民，有物有則。民之秉彝，好是懿德。

《毛傳》對此處「物」與「則」的解釋十分簡潔——「物，事；則，法」〔註10〕。朱子在《詩集傳》與《孟子集注》中依照《毛傳》解「物」爲「事」，解「則」爲「法」〔註11〕，在《語類》中卻對「則」的涵義做了很不相同的發揮：

> 天生烝民，有物有則。物乃形氣，則乃理也。（《朱子語類》卷六十
>
> 二，中華書局，第 1487 頁）

在《答江德功》一文中，朱子更從理氣關係與形上、形下的區分中對「物」與「則」做出了明確的定位：

> 夫天生烝民，有物有則。物者，形也；則者，理也。形者，所謂形
>
> 而下者也；理者，所謂形而上者也。（《答江德功》，《朱文公文集》
>
> 卷四十四）

我們不妨比較一下《毛傳》與《朱子語類》在解釋角度上的差異。在《毛傳》所謂的「事」與「法」的關聯中，「事」是主詞，「法」必須與具體的「事」相關，其意義才能得到眞正的充實，否則，一個沒有具體規定性的絕對普適之「法」是無從遵循或效法的；也就是說，脫離了「事」的「法」不可能得

〔註 9〕已詳於上章第三節，茲不贅述。

〔註10〕轉引自《詩補傳》卷二十三，《全書》第一冊，第 502 頁。

〔註11〕（宋）朱熹：《詩集傳》，鳳凰出版社，2007 年，第 249 頁；《四書章句集注》，

中華書局，2005 年，第 329 頁。

到理解，更不可能獲得獨立的存在（哪怕是作爲「形式」的存在），「法」是內在於「事」的。但是，朱子對理氣關係的基本定位是「不離不雜」，理與形氣之物在具體存在者形態上是「不離」的合體，但在存在論層次上卻有著「形而上者」與「形而下者」的「不雜」區分，因此，理與形氣之物「決是二物」，只不過「在物上看，則二物渾淪，不可分開各在一處」，其最終結論是「不害二物之各爲一物」〔註12〕。從《毛傳》中「事」與「法」的角度來理解，那麼，「則」便內在於「物」；如果從《語類》中的理氣關係來解釋，那麼，「物」與「則」只能被認爲是「不離不雜」的「二物」，而非內在地一致。

東原對「則」前後不同的理解分別印證了這兩種對立的解釋模式。在《詩補傳》中，戴震對「有物有則」的解釋是：

> 則者，事物當然之理。天以此生人，而人得之以爲性，故性無不善，
> 而情之所發見亦必歸於善焉。其曰秉彝，以此爲可執，以此爲常也，
> 言理之至精者也。（《詩補傳》卷二十三，《全書》第一冊，第502頁）

在這段文字中，戴震將「則」解爲「當然之理」，將「彝」釋爲「常」，並解析爲爲「理之至精者」，這與朱熹《孟子集注》的解法一致〔註13〕。與此相應，《詩補傳》將《大雅·皇矣》中的「不識不知，順帝之則」也解釋爲「無私智計度，順乎天理之自然」〔註14〕，這與朱子《詩集傳》所謂的「不作聰明，以循天理」表現出相當程度的相似性〔註15〕。東原還將《大雅·下武》「永言思孝，孝思維則」解釋爲「所思皆天下之極則」〔註16〕。雖然這幾處解釋不曾明確引述理學諸家，但在闡釋方向上恐怕都與理學相仿。於此，我們大致可以看到東原作於乾隆十五年庚午（28歲）時的《詩補傳》儘管在處理「情」、「禮」關係時與朱子的思路完全不同，但在對「則」這一規範性概念的理解上隱約受到理學的影像。東原大概對這一問題有過反省，並覺察到這一問題，因此，在同年的《與是仲明論學書》中稱「僕此書尙俟改正」〔註17〕，並在隨後修訂而成的《毛鄭詩考正》（簡稱《考正》）中改變了對「則」的理學化

〔註12〕（宋）朱熹：《答劉叔文》，《朱文公文集》卷四十六：亦可參看《元公周先生濂溪集》卷二，嶽麓書社2006年，第27頁。

〔註13〕（宋）朱熹：《四書章句集注》，中華書局，2005年，第329頁。

〔註14〕（清）戴震：《詩補傳》卷二十一，《全書》第一冊，第459頁。

〔註15〕（宋）朱熹：《詩集傳》，第217頁。

〔註16〕（清）戴震：《詩補傳》卷二十三，《全書》第一冊，第462頁。

〔註17〕（清）戴震：《與是仲明論學書》，《全書》第六冊，第370頁。

解釋：《皇矣》中「無私智計度，順乎天理之自然」被修正爲「無私智計度，惟順乎天道之宜」〔註18〕；《下武》中的「所思皆天下之極則」被更換爲「則者，準則之謂，不越畔，斯適當乎則」；《烝民》一篇沒有再出現在《考正》中。將「則」理解爲「事物當然之理」的觀點在後來的《孟子字義疏證》中得到了徹底的修正：

> 《詩》曰：天生烝民，有物有則；民之秉彝，好是懿德。孔子曰：
> 作此詩者，其知道乎？《孟子》申之曰：故有物必有則，民之秉彝
> 也，故好是懿德。以秉持爲經常曰則，以各如其區分曰理，以實之
> 於言行曰懿德。物者，事也。語其事，不出乎日用飲食而已矣，舍
> 是而言理，非古賢聖所謂理也。（《全書》第六冊，第 153 頁）

東原在《疏證》中明確地貫徹了《毛傳》「物，事；則，法」的解釋路線，將物等同於「事」，同時有意識地將「理」定位在「各如其區分」上，以此解釋「則」。這與《考正》中將「則」理解爲「準則」、「不越畔」和「天道之宜」的路向是一致的。也就是說，東原最終認爲「則」作爲規範性作用依賴於具體事態和物態自身給出的規定性，無論在何種意義上都不是可以脫離事物而存在的超越之理。相比於《詩補傳》中以超越的「天理」理解「則」，《考正》中的解釋顯然更加鮮明地突出了「則」與事物本身的內在一致性。

　　戴震在《詩補傳》及其改本（《毛鄭詩考正》）中對「情──禮」、「物──則」之間一致性的強調表現出東原將「禮」、「則」等具有規範意味的概念建立在「情」、「物」等自然事實中的意圖，而這種對事實與規範內在統一性的思考在後來《原善》、《孟子字義疏證》中得以貫徹，並深化爲對理與氣、理與欲之間一致性的闡釋。

二、《法象論》：「氣化」思想的發端

　　《法象論》連帶序文共七百餘字，博引經傳，文義艱澀。後世少有論及者。在解析此文之前，我們需要明確其寫作時間，以便在戴震的思想發展中清晰地定位此文。

　　儘管《法象論》的創作時間不見於文字記載，但在與《原善》初稿的對照中，我們可以大致確定其時限。根據諸多傳記、年譜的記載，《原善》初稿

〔註18〕　（清）戴震：《毛鄭詩考正》，《全書》第一冊，第 642 頁。

是戴震最早的義理著作,大致完成於乾隆十八年(1753)到二十八年(1763)之間(即戴震 31 至 41 歲間)〔註 19〕。《原善》初稿分為上、中、下三篇:上篇的末尾全引了《法象論》中「生生者,化之原」至「歸於無妄則聖人之事」一段,共百餘字,且對《法象論》簡古的文字進行了連貫與修飾;中篇末尾又引用並擴充了《法象論》中關於「魂」、「魄」、「血氣」、「心知」與「天德」等概念的討論;下篇討論的「私」、「蔽」以及去私、去蔽的問題則超出《法象論》的範圍,而在後來的《原善》擴大本、《孟子私淑錄》、《緒言》、《疏證》等著作中得到了拓展。與此相反,《法象論》中提到的日月、水火、燥濕等討論「氣化」之具體表現的問題沒有出現在《原善》初稿中,並且再也沒有出現在戴震以後的所有義理論著中。從這些痕跡看,《法象論》與《原善》初稿具有內容上的交叉性:二書共有的內容在日後的著作中得到了保留和發展;《法象論》無而《原善》初稿有的內容在此後的著作中得到了擴充;《法象論》有而《原善》初稿無的內容則沒有得到繼續發展。也就是說,《原善》初稿的全部內容都在後來的《原善》擴大本和《緒言》、《孟子字義疏證》等著作中得以發揮,但《法象論》的內容則只有在《原善》初稿中得以保留的部分才繼續出現在後來的文本中,其餘部分沒有得到發展。據此,我們大致可以推斷:二者的創作時間相當接近,而《法象論》當在《原善》初稿之前完成,或者說《原善》初稿是在對《法象論》進行承襲與裁擇的基礎上成稿的。也許是有見於此,孔繼涵於戴震逝世次年(1778)刊刻的《戴氏遺書》與段玉

〔註 19〕段玉裁稱「先生大製作若《原善》上、中、下三篇,若《尚書今文古文考》,若《春秋改元即位考》三篇,皆癸未以前,癸酉、甲戌以後十年內作也。玉裁於癸未皆嘗抄謄」(《戴東原先生年譜》「乾隆二十八年癸未」條,《全書》第六冊,第 674 頁)。陳徽認為《原善》初稿的上限可推遲至乾隆二十五年庚辰(1760),其理由是:(一)戴震在乾隆二十二年丁丑(1757)所作的《經考》、《經考附錄》中有維護理學之說,後在乾隆二十四年己卯(1759)所作之《鄭學齋記》中流露出與《原善》初稿一致的譏議宋儒之見,可知《原善》初稿作於《鄭學齋記》之後;(二)戴氏作於乾隆二十五年庚辰(1760)的《古經解鉤沉序》表述了與《原善》一致的關於「私」、「蔽」的觀點,因此,《原善》初稿應在此文之後完成(陳徽:《性與天道——戴東原哲學研究》,中國文史出版社,2005 年,第 36~42 頁)。戴震《經考》與《經考附錄》「扶翼理學」之說實不可據,拙作《戴震思想分期說評議》已辯其非;另外,《古經解鉤沉序》與《原善》初稿並無大段的互相引用,我們很難斷定它們的寫作時間是否臨近,故關於《原善》初稿的成書時間,本文不取陳徽之說,而逕從段玉裁《年譜》。

裁後來刊刻的《東原文集》都將《法象論》置於《原善》初稿之前。因此，我們可以認爲《法象論》的創作時間稍早於《原善》初稿，是戴震最早的義理著述。

《法象論》序文稱：

> 《易》曰：法象莫大乎天地。又曰：成象之謂乾，效法之謂坤。又曰：仰則觀象於天，俯則觀法於地。夫道無遠邇，能以盡於人倫者反身求之，則靡不盡也。作論以詒好學治經者。（《戴震全書》第六冊，第 475 頁）

「法」、「象」取自《繫辭》。「法」即朱子所謂「造化之詳密可見者」〔註20〕，「象」即造化之至微無形者〔註21〕，合而言之，便是指稱世間種種物態與事態。以「法象」名篇，可見此文旨在通論天地之道。當然，對人道、人性的討論也涵括於其中，而貫穿其間的線索則是「氣化」。

（一）氣化與天地之道

在完成於乾隆十七年壬申（1752）的《屈原賦注》中〔註22〕，三十歲的戴震已經表現出對「氣化」問題的關注，書中多處言及「陰陽」、「氣化」〔註23〕，但限於注疏文體，沒有做過多的義理發揮。《法象論》則集中表現了從「氣化」角度對天地之道的詮釋。

《法象論》中的「陰陽」、「法象」等概念與「氣化」密切相關：

> 觀象於天，觀法於地，三極之道，參之者人也。天垂日月，地竅於山川，人之倫類肇自男女夫婦。是故陰陽發見，天成其象，日月以精分；地成其形，山川以勢會。日月者，成象之男女也；山川者，成形之男女也。陰陽者，氣化之男女也；言陰陽於一人之身，血氣之男女也……立於一曰道，成而兩曰陰陽，名其合曰男女，著其分曰天地，效其能曰鬼神。（《全書》第六冊，第 475 頁）

戴震認爲，在天的日月之象、在地的山川之形與人的男女夫婦等種種「法象」皆是「陰陽發見」，即都呈現爲兩兩相對的狀態。在這裏，「陰」與「陽」不

〔註20〕（宋）朱熹：《周易本義》，中華書局 2009 年，第 229 頁。

〔註21〕對「象」的相關理解可參照楊立華所著《氣本與神化》第 31～34 頁（北京大學出版社，2008 年）。

〔註22〕段玉裁《戴東原先生譜》「乾隆十七年壬申」條稱「是年注屈原賦成」（《全書》第六冊，第 708 頁）。

〔註23〕（清）戴震：《屈原賦注》，《全書》第三冊，第 582、590、636、645 頁。

能被理解爲創生的實體，而只能被理解爲「氣化」這一創生過程的具體呈現，即所謂「陰陽者，氣化之男女也」。或者說，「氣化」、「陰陽」與「法象」展現爲特定的邏輯層次：「氣化」是所有存在物存在的最終根源與依據，因此說「立於一日道」；「氣化」是氣自身的運作，但表現爲陰陽相對的狀態，所以有「成而兩日陰陽」〔註24〕；陰陽之「分」是指氣化在成就日月五星等在天之象、山川原隰等在地之形，以及人之形氣男女時的生生作用；陰陽之「合」則是氣化在生生的同時，成就具體事物及其兩兩對立形態的化成作用；氣化分合，往來屈伸而化生萬物的過程神妙不測，因此稱之爲「鬼神」。這一過程雖然紛繁複雜，但其統體只是氣化之道。在這一「氣化——陰陽——法象」的結構中，戴震並沒有凸顯孤零零的「氣」作爲創生的本源，而只關注作爲生成過程本身的「氣化」。戴氏所理解的氣化之道儘管可以解釋時空中具體事物的生與化，但他更多地著眼於在存在論意義上描述自然世界，而非從時空源頭上對自然世界給出宇宙生成論的解釋。

戴東原以「分」、「合」這對概念進一步詮釋了「氣化——陰陽——法象」這一氣化之道的運轉過程，並在對天地之道的自然描述中引出了「條理」問題：

> 盈天地之間，道，其體也，陰陽其徒也……生生者化之原，生生而條理者化之流。分者其進，合者其止；進者其生，止者其息。生者動而應求，立乎至博；息者靜而自正，立乎至約。博，故與爲條理也；約，故與爲統會也。（同上書，第477頁）

戴震區分了「生生者」和「生生而條理者」兩個概念，並將二者認定爲源流關係。顯然，「化之原」是指氣化本身而言，而「化之流」是指氣化的具體運行形態〔註25〕。東原進一步從「分」與「合」的角度表述「生生而條理」的氣化生物過程。「分者其進，合者其止」類似於《繫辭》所謂「闔戶謂之坤，

〔註24〕戴震在這裏用「一」與「兩」描述「氣化」與「陰陽」的關係，使人聯想到張載《正蒙‧太和篇》中的「兩不立則一不可見，一不可見則兩之用息」。當然，儘管東原在《孟子字義疏證》等作品中也有正面評價張載氣論的文字，但其「氣化」思想是否受到張載的影響卻很難獲得明證。

〔註25〕值得注意的是，「化之原」與「化之流」的區分雖然在形式上類似於程頤在「陰陽」與「所以陰陽者」之間做出的區分（《二程集》，中華書局，2006年，第162頁），但與後者有實質區別。程子將「陰陽」與「所以一陰一陽者」定位爲理氣之別，是存在論層次上的形上形下之別，而東原將「生生者」與「生生而條理者」定位爲源流之別，則是在同一存在論層次上討論二者。

闢戶謂之乾，一闔一闢謂之變」，也就是說，氣化生物的過程可以從「施生」
與「成化」兩個方面來描述：「分」指施生而言，氣敷施遍佈，猶如闢戶而進，
由微至著，漸至於生物；「合」指成化而言，氣收斂閉藏，猶如闔戶而止，消
歇凝聚，漸至於成象、成形。戴震將「分」與「合」的進路描述爲：「分——
進——生」、「合——止——息」。這裏的「分」與「合」並沒有分別設定兩種
氣作爲主體，其主體只是氣化自身；同時，二者也不是氣化過程中的不同時
間階段，而是同一氣化過程在不同面向上的表述，或者說，氣化的過程不是
先施生而後成化，而是氣在「分」而施生的同時，其自身便在「合」而成化。
分合兩面的融合無間昭示了氣化過程中的某種內在秩序，否則氣化的分而施
生便不可能獲得具體的限度和制約，因而不可能生物；同樣，如果沒有這種
內在秩序，氣化的合而成化便不可能獲得具體的規定性，因而不能成物。意
識到這種內在秩序的存在，戴震認爲：氣化的施生作用成就了物類的廣博雜
多，但可循其「條理」而分，即所謂「博，故與爲條理也」；氣化的成化作用
使得物各各不同，但可循其類次而合，即所謂「約，故與爲統會也」。因此，
在「分」與「合」這對概念中得到解釋的不僅是氣化生生的自然過程，而且
還有蘊涵於氣化之中的內在規定性，即「條理」。氣化之道是「生生」與「條
理」的統一體。

（二）氣化與人倫之紀

戴震不僅以氣化的「分——合」作用來解釋萬物生成的自然過程及其內
在條理，而且以此說明人倫之常的來源：

> 凡天之文、地之義、人之紀，分則得其專，合則得其和。分也者，
> 道之條理也；合也者，道之統會也。條理明，統會舉，而貴賤位矣。
> （同上書，第 476 頁）

既然氣化在自身的分合作用中蘊含其內在規定性，而天、地、人三者都處於
氣化過程之中，那麼，天、地、人三者的規定性——天之文、地之義、人之
紀——也應該被歸結爲分合作用所形成的「條理」。也就是說，天道與人道都
是氣化之道，其規範意義都來自於氣化之道內在的「條理」與「統會」。「貴
賤位」是這種「條理」在人道中的特殊表現形態。人倫秩序的根源必須溯源
至氣化的「分合」作用才能得到理解。這一觀念可以更明確地被表述爲：

> 天地之道，動靜也、清濁也、氣形也、明幽也，外內上下尊卑之紀
> 也，明者施而幽者化也。（同上書，第 476 頁）

在東原看來，天地間事物的動靜營爲、凝聚疏散以及無形之象、有形之器、晝夜時變〔註26〕、親疏遠近尊卑之序，這諸多表象都可以歸根於「明者施而幽者化」。此句出自《大戴禮記・曾子天圓》〔註27〕：

> 明者，吐氣者也，是故外景；幽者，含氣者也，是故內景……吐氣者施，而含氣者化，是以陽施而陰化也。（《大戴禮記彙校集解》，中華書局，2008 年，第 587 頁）

可見，「明者施而幽者化」的過程也就是「吐氣」與「含氣」交互運作，即上文所言的「分」與「合」的交互作用。在這樣的氣化過程中，不僅萬物得以化生，而且在化生中獲得其內在的規定性。人的產生與「外內上下尊卑之紀」等人倫秩序的存在便是這一「分——合」、「施——化」作用的結果。

氣化生物的過程還是仁義禮智等德性的存在論依據：

> 生生者化之原，生生而條理者化之流。分者其進，合者其止；進者其生，止者其息。生者動而應求，立乎至博；息者靜而自正，立乎至約。博，故與爲條理也；約，故與爲統會也……是故生生者仁，條理者禮，斷決者義，藏主者智，智通仁發而秉中和謂之聖。（《全書》第六冊，第 477 頁）

自然人性是氣化生生之意的體現，對自然人性的順遂便是仁；人由氣化而生，因此於自身之中便包含了內在的節限與條理，這種「條理」便是禮；循禮而行，以禮爲揀擇裁斷之依據，便可稱之爲義；仁、禮、義的藏蘊與發動則由智來承擔；智慧通達、仁德流行而時時無過不及便可稱之爲聖。由此看來，仁義禮智的存在和發用始終以「生生而條理」的氣化過程爲存在論依據，而非某種不依賴自然事實而存在的先驗（transcendental）德性。由於「生生而條理」是自然意義和規範意義的統一，因此，仁義禮智本身依存於因氣化而有

〔註26〕朱子於《周易本義》中解釋「通乎晝夜之道而知」時，稱「晝夜即幽明」（見《周易本義》，中華書局，2009 年，第 227 頁）。此處依照朱子，解「明幽」爲「晝夜時變」。但下句「明者施而幽者化」則明顯源自《大戴禮記》，因此據《大戴禮記》解「明幽」爲「陰陽」。前後兩種「明幽」的意義有所區別但又密切關聯，作爲「晝夜」的「明幽」毫無疑問是「陽施而陰化」的具體表象。

〔註27〕戴震約自乾隆十四年己巳二十七歲之前開始校訂《大戴禮記》（見程瑤田《五友記》，《安徽叢書》第二期《通藝錄・修辭餘抄》，民國 21 至 25〔1932～1936〕安徽叢書編印處，北京大學圖書館藏），後又與盧文弨同校，直至逝世當年在四庫館完成此書的校訂，前後持續近三十年。他的很多重要概念取自此書。

的自然人性，同時也不失爲具有普遍規範性的德性。

概言之，如戴震早年在《毛鄭詩考正》中所稱：

> 以物皆得之無妄言謂之命，天道也；以物共睹之不渝言謂之信，人
> 道也……究其實，人道即天道。（《全書》第一冊，第 659 頁）

《法象論》將天地之道、人倫之紀以及仁義禮智均納入「氣化」的視野中進行闡釋，這讓戴震在氣化的基礎上建立起了對天道、人道的通貫理解。

（三）血氣與天德

戴震以「氣化」統合天道與人道，其對人之自然構成的理解也在「氣化」視角中展開：

> 陰陽者，氣化之男女也。言陰陽於一人之身，血氣之男女也。魂魄
> 之合，官乎動靜，精能之至也。魄之謂靈，魂之謂神，靈也者明聰，
> 神也者慧聖，明聰慧聖，天德矣。（《全書》第六冊，第 476 頁）

人由陰陽氣化所生，陰陽相待而有的對應性也在人身上有所體現，這種體現便是「血」與「氣」的對應。從「血」與「氣」的對應關係中，東原發展出了另外三組對應關係，即「魄」與「魂」、「靈」與「神」、「明聰」與「慧聖」。「陰」、「陽」與這四組對應關係間的關聯戴震沒有詳論，但孔穎達卻曾做過清楚的表述：

> 人稟五常以生，感陰陽以靈，有身體之質名之曰形，有噓吸之動謂
> 之爲氣，形氣合而爲用，知力以此而強，故得成爲人也。人之生也，
> 始變化爲形，形之靈者名之曰魄也，既生魄矣，魄內自有陽氣，氣
> 之神者名之曰魂也。魂魄神靈之名，本從形氣而有，形氣既殊，魂
> 魄亦異，附形之靈爲魄，附氣之神爲魂也。附形之靈者，謂初生之
> 時耳目心識、手足運動、啼呼爲聲，此則魄之靈也；附氣之神者，
> 謂精神性識漸有所知，此則附氣之神也。（《左傳注疏》卷四十四，
> 昭公七年）

孔氏論述中的「形」與「氣」正與上文中戴震所謂的「血」與「氣」相同：「形」或「血」是指人在陰陽氣化中形成的肌體形質與機能，具有相對穩定的形態，屬陰；「氣」是指人已成形質後，氣化在人身中的繼續流行，即所謂「噓吸之動」，屬陽〔註28〕。從形與氣的區分出發，孔氏準確地定位了魄與魂、靈與神

〔註28〕人與物並非在既成形質後便獨立於氣化過程，而是始終處於這一過程中，並
　　　　接受形體之外流行之氣的影響。戴震將這一現象描述爲「男女之生生不窮，

的兩兩對應關係：「形之靈者名之曰魄」、「氣之神者名之曰魂」，也就是說，魄是指「形」中的精微者，魂是指「氣」中的神妙者；「靈」被用來形容形質的精微功能，「神」則被用於描述「氣」的神妙作用。進一步，孔氏將「附形之靈」解釋爲氣化賦予耳目手足等感官的感知功能〔註29〕，而將「附氣之神」解釋爲可以伴隨著生生不已的氣化過程繼續擴充的「精神性識」。簡言之，孔穎達建立了五組對應關係：陰與陽——形（血）與氣——魂與魄——神與靈——「耳目之知」與「精神性識」，即下圖所示：

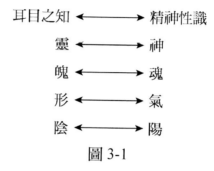

圖 3-1

一方面，從橫向看，每組之中兩兩對應。也就是說，氣化的分合作用產生了陰與陽的兩兩對立，由此才產生以上各組兩兩對應的關係，其它各組內部的對應關係都可以在「陽施而陰化」的基礎上得以理解；另一方面，從縱向看，組與組之間又相互貫穿。人稟受陰陽氣化而生，陰主受，因此人得以在氣化中凝成形質，繼而爲「魄」，又有魄的精微之功用，即耳目等感官的知覺運動；陽主施，因此人雖成既定之形，而仍有「氣」周流於身，從而可以與氣化之道貫通，於是有「魂」，有魂的神妙功用，即「精神性識」的不斷擴充。孔穎達的論說完全可以用於解釋戴震的上一段文字，孔氏之說中的五組對應關係無一例外都已經在戴震的上文中得以表達，只是在對「靈」與「神」

以内之生氣通乎外之生氣，人在生氣之中，如魚在水之中」（《緒言》卷下，《全書》第六冊，第 137 頁）；「夫資於飲食，能爲身之營衛血氣者，所資以養者之氣與其身本受之氣原於天地，非二也」（《疏證》卷中，《全書》第六冊，第 188 頁）。

〔註29〕原文所言「附形之靈者，初生之時耳目心識、手足運動、啼呼爲聲，此則魄之靈也」中，「耳目心識」一詞與「手足運動」、「啼呼爲聲」並列，因此只能將「耳目心識」合併，理解爲耳目感官之知，而不應當對照《孟子・告子上》中的「耳目之官不思」與「心之官則思」，將此處的「心識」與「耳目」區分開，理解爲相互對立的致思方式。

的解釋上稍有文字差異：孔穎達解釋爲「耳目心識手足運動啼呼爲聲」和「精神性識漸有所知」，而東原解釋爲「明聰」與「慧聖」。「明聰慧聖」取自《尙書・洪範》〔註30〕：

> 視曰明，聽曰聰，思曰睿……明作哲，聰做謀，睿作聖。(孫星衍《尙書今古文注疏》，中華書局，2004 年，第 298 至 299 頁)

東原以「明」、「聰」並舉是以耳目之能藉以指代人之形體的感知運動能力，其所謂「慧聖」則是指人從「陰陽氣化」中稟得的超乎感知運動等自然能力的「精神性識」。因此，在東原看來，人對氣化的稟受可以歸納爲這五種對應關係：陰與陽──血與氣──魂與魄──神與靈──「明聰」與「慧聖」，而人從氣化中稟受而有的「明聰」與「慧聖」兩類能力被稱爲「天德」。如圖所示：

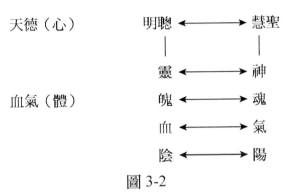

圖 3-2

「明聰」對應於「血」，是與形體對應的感知能力，屬陰；「慧聖」對應於「氣」，既然「氣」是形體之中「氣化」的繼續流行，那麼人就不只是具有形體感官之知，而且具有超出感知而直接與「氣化」相通的「慧聖」之知，這種知屬陽。橫向地看，「明聰」與「慧聖」之間的關係與陰陽之間的關係對應，即「陽施陰受」，感官之知必然順從慧聖之知的引導，或者說只有在與「氣化」相通的慧聖之知的參與下，形體才超越了軀殼的意義而能與物感通，並形成感官之知，進而有所好惡取捨，因此，二者是施與受的關係，「慧聖」主施而「明聰」主受。縱向地看，如果說「血」與「氣」、「魂」與「魄」只是在事實層面對人的自然構成進行描述的話，那麼，明聰與慧聖則同屬於能力的範疇，

〔註30〕依《尙書》原文，「慧」當做「睿」，因此，戴震後來在《原善》初稿中將「明聰慧聖」修改爲「明聰睿聖」。見《戴震全書》第六冊，第 346 頁。

也就是說它們雖然奠基於「血氣」之上，與「血氣」屬於同一個存在論層次，但又以另一種類型存在，可以合稱為「天德」。人之「血氣」與「天德」都稟自陰陽氣化，「血氣」是事實，而「天德」便是基於事實而有的能力。《法象論》中描寫的人性可以說是由「血氣」與「天德」共同構成。

「血氣」作為對人的自然結構的事實描述，雖然是由「血」和「氣」——即形體與形體之中周流的「氣」——共同構成，但二者畢竟都在形體的運動營為中得到表現，因此可以說都以形體作為其承載者。與此對應，「天德」也有其具體承載者，這個承載者便是「心」：

> 心得其正，百體從令則君臣。故心也者，含天德，君百體者也。（《法象論》，《全書》第六冊，第 476 頁）

在這裏，「心」與「百體」被明確為君臣關係〔註31〕。這種君臣關係的確立是因為「心含天德」，構成「天德」的「明聰」與「慧聖」兩種不同的智識能力對由「血氣」構成的形體具有統攝和宰製作用。所以，「天德」實際上是自然人性中本有的內在規範能力。這種規範能力的內容在後來的《原善》改本中被進一步確定為：

> 是故謂之天德者三，曰仁，曰禮，曰義，善之大目也，行之所節中也。（同上書，第 23 頁。）

將仁、義、禮確定為天德的內容，實際上肯定了基於「氣化」的天德是人性之善的根源。

《法象論》對人性的理解是：人稟受陰陽氣化而有形體（即「血」），但並不因為形體既成而與氣化隔絕，而是在形體中保有「噓吸之動」（即「氣」），形體與形體中周流的氣共同構成「血氣」，即人的自然結構；與「形」對應而有耳目口鼻的感官知覺能力（即「明聰」），與「氣」對應則有超出具體感官能力而通於氣化的精神性識能力（即「慧聖」），二者共同構成「天德」，即人的能力結構，其實質內容是仁、義、禮等道德傾向。值得注意的是，「天德」與「血氣」的關係完全不同於宋儒所謂的「天命之性」與「氣質之性」的關係，即「天德」絕不是屬於形上之理的自在實體，而是即「血氣」而有的統攝形體的能力，二者共同構成人性的全副內容。《法象論》中的人性既是自然

〔註31〕將心與形體的關係定位為君臣關係類似於《荀子·解蔽》中所說的「心者，形之君也，而神明之主也」。王先謙：《荀子集解》，中華書局，2007 年，第 397 頁。

的，也內在地具有向善的必然傾向，在這樣的意義上，戴震在後來的《孟子字義疏證》中稱：

> 由血氣之自然，而審察之以知其必然，是之謂理義。自然之與必然，非二事也。（《全書》第六冊，第 171 頁）

又稱「理者存乎欲者也」，「歸於必然適完其自然」〔註 32〕。戴震所理解的人性是基於「氣化」自然而善的。

《法象論》從氣化的角度立論，用「生生而條理」解釋了萬物的生化過程以及蘊涵於這一生成過程中的內在規定性，並且認爲人也處在這一陰陽氣化過程中，因此人倫之紀和人性也應該在氣化中得以理解。戴震認爲人性是「血氣」與「天德」的統一體，即自然事實與道德規範的內在統一體。這種事實與規範、自然與必然的內在一致性都建基在他對「氣化」所作的類似於「內在目的論」的理解：「氣化」生生的過程不是毫無價值規定的物理過程，而是以「條理」作爲自身的內在目的，從而使得種種在地之「法」與在天之「象」呈現出自然的秩序；人處於「氣化」之中，人性的自然事實「血氣」以「天德」作爲自身的內在目的，即自然人性之中內在地包含有以倫常與德性爲內容的向善傾向。

基於這一具有「內在目的論」色彩的「氣化」觀念，戴震得以在「條理」與「生生」、「天德」與「血氣」之間建立起內在一致性，很大程度上衝擊了理學在「理——氣」和「天命之性——氣質之性」上的二元對立模式。

三、《原善》初稿：體系的雛形

《原善》初稿完成於《法象論》之後不久，文中涉及對善的根源、善在人性中的表現、惡的發生及其省察克治之方的明確闡釋，表現出鮮明的理論系統性。正因爲其系統性，戴震此後所作的《原善》改本（擴大本）與《孟子字義疏證》在基本思路上都與此文同條共貫。段玉裁稱：

> 始先生作《原善》三篇……至丙戌，見先生援據經言疏通證明之，仍以三章者分爲建首，比類合義，古賢聖之言理義舉不外乎是，《孟子字義疏證》亦所以闡明此旨也。（《全書》第六冊，第 703 頁）

可見，這篇兩千餘字的短文基本勾勒了戴震思想體系的框架。

〔註 32〕　（清）戴震：《孟子字義疏證》，《全書》第六冊，第 159、201 頁。

（一）善的根源與存在狀態

戴震以「原善」名篇，意在對「善」進行溯源式的闡釋：

> 善，曰仁、曰禮、曰義。斯三者，天下之大本也。顯之爲天明謂之命，實之爲化之順謂之道，循之而分治有常謂之理。命，言乎天地之中昭明以信也；道，言乎化之不已也；理，言乎其詳至也；善，言乎無清雜也。（《全書》第六冊，第343頁）

將「善」的內容明確爲仁、禮、義，顯然有取於孟子。《孟子》在《公孫丑上》與《盡心上》兩處直接論及「性善」的文字中都提到了仁、禮、義，而且意在表明仁、禮、義作爲內在本有的德性便是性善的內容。然而，東原此處雖然也以仁、禮、義作爲善的內容，但將仁、禮、義作爲「天下之大本」（後在《原善》擴大本中改爲「天下之大衡」）則表明此處所謂的「善」已經不只是在討論道德上的善，而是將「善」定位爲最具普遍性的價值。「本」的原義是草木之根〔註33〕，引申爲事物的本源或根據。以仁、禮、義作爲「天下之大本」意味著：三者的存在具有普遍性，如同天之所賦，因此可稱之爲「命」〔註34〕；同時三者又實實在在地存在於氣化生物的過程之中，參與這一生化的過程，可以稱之爲「道」；並且三者在具體事物之中展現爲殊異的存在形態，成爲規定各種物態和事態的具體的「理」。命、道、理是仁、禮、義的三種存在樣態，同時也是作爲普遍價值的「善」的存在樣態。

「善」的三種樣態約略言之則爲「顯之謂命」、「實之謂道」、「循之謂理」。其中，只有「實之謂道」是對仁、禮、義內容（即「善」的內容）的眞正充實，或者說，只有當仁、禮、義在氣化流行不已的過程中切實地貫徹於四時萬物時，仁、禮、義才眞正體現出自身存在的普遍性，因此可以被認爲是天之所「命」；也只有在此基礎上，我們才能發現個別事物中本有的仁、禮、義的殊異形態，並稱之爲「理」，進而依循此理做到「分治有常」。可見，儘管「命」和「理」作爲「善」的表現形態可以幫助我們完善對善的界定，但「善」在根本的意義上應該被理解爲氣化之道自身的內在規定性。氣化之道是善的存在論根據。

〔註33〕《說文解字》稱「木下曰本」。見段玉裁：《說文解字注》，浙江古籍出版社，2007年，第248頁。

〔註34〕「天明」同於《尚書・大誥》中「寧王遺我大寶龜，紹天明，即命」中的「天明」，即「天命」之意。

　　戴震在《原善》初稿中繼續從「氣化」的角度明確討論了「善」的根源問題：

> 生生者，仁乎；生生而條理者，禮與義乎。何謂禮？條理之秩然有序，其著也；何謂義？條理之截然不可亂，其著也。（同上書，第344頁）

「生生者，仁乎；生生而條理者，禮與義乎」直接將「生生」作爲仁的依據，將「生生之條理」作爲禮與義的依據，從而明確了氣化之道作爲仁、禮、義之存在論根據的地位。

　　在《原善》初稿中，「善」的具體內容被理解爲仁、禮、義，而其根源則在於「生生而條理」的氣化之道：氣化的生生之意是仁的根源，而氣化自然呈現出的內在規定性則成爲禮與義的根源。仁、禮、義根源於氣化之道，其存在表現出普遍性，如同天之所「命」，並在各個事物中呈現出相對差異性，即「理」。根源於氣化之道，表現爲命與理的仁、禮、義便是「善」。

（二）性：善與材

　　既然氣化之道內在地蘊含仁、禮、義等價值規定，那麼，作爲氣化之造物的人亦自然稟得了仁、禮、義的德性：

> 得乎生生者謂之仁，得乎條理者謂之智……是故生生者仁，條理者禮，斷決者義，藏主者智，仁智中和曰聖人，聖合天是謂無妄。（同上書，第344頁）

氣化的「生生」之意及其內在「條理」是仁、禮、義等德性的來源，而諸德性的藏蘊與發動便是智。

　　然而，人在氣化中不僅稟得德性，而且凝成了形質：

> 人物生生本五行陰陽，徵爲形色，其得之也，偏全厚薄，勝負雜糅，能否精粗，清濁昏明，煩煩魂魂，氣衍類滋，廣博襲僢，閎巨瑣微，形以是形，色以是色。（同上）

氣化的分合作用凝成種種物類，但其分合止息的作用內在地蘊含有自身的規定性，因此，事物所稟之氣亦有「偏全」不同而顯現爲不同類別，並且因爲「厚薄」不同而在同一類別中表現出個體差異性，其所受之氣的「精粗」與「清濁」的不同則決定了事物形體與能力的差別。人作爲物類之一，其稟氣成形的過程也一樣在氣化之中完成，其結果便是形成「形色」，即後文中的「血氣心知之性」。

　　以上的討論似乎表明人性是形質與德性的復合，但這並不意味著二者是有著不同的來源的相互獨立的存在者。正如作爲普遍價値的善以氣化之道作爲存在論根源一樣，人性之「善」也奠基於以「血氣心知」爲內容的「材」：

　　　　得化育之正以爲形氣，而秀發於神，材也；善，則其中正無邪也。
　　　　材一於善，不貳其德也……血氣心知之性主乎材，天之性全乎善。
　　　　主乎材者成於化，全乎善者通於命。成於化者道，通於命者德。
　　　　性，言乎本於天，徵爲事能也。言乎其同謂之善，言乎其異謂之材，
　　　　因材而善之謂之教。（同上）

人稟得氣之正者而成其「形氣」。如同上節所論，「形氣」應該從「形」與「氣」兩方面來理解，即人不僅具有既定形體，而且仍有「氣」周流於身，與氣化之道貫通。與「形」對應的能力是耳目口鼻的知覺能力；而「形氣」之「氣」的存在使得我們的能力並不局限於形體感知，而是具有更高的可能性，這種可能性便是「心知」，即心的知覺能力，也就是上節所言的「精神性識」或者「睿聖」。正如荀子所言「天職既立，天功既成，形具而神生」〔註35〕，以此「形氣」爲依託，人便能運用形氣，做到「秀發於神」。人稟受氣化而具有的形體感知能力與心靈知覺能力及其運用便是「材」。「善」則意指材的正確發揮。二者都自氣化而有，只是「材」更凸顯因稟氣而具有的個體差異性，因此可稱之爲「血氣心知之性」；而「善」則是人作爲一個物類共同稟受的普遍德性，因其普遍性，我們可以稱之爲「天之性」。儘管「材」與「善」表現形態有所差異，但二者同樣源自「氣化」之道。「善」並不脫離「材」獨立存在，而是以「材」作爲其承擔者和顯現載體。二者共同構成人性。

　　即使初步明確了「材」與「善」的奠基與被奠基關係，我們仍然需要更清晰地展現「材」的內部結構，以便理解這種奠基關係如何可能；否則，我們難以理解側重於個體殊異性的「材」與作爲普遍德性的「善」之間的一致性。

　　戴震稱：

　　　　人有天德之知，有耳目百體之欲，皆生而見乎材者也，天也，是故
　　　　謂之性。耳知聲也，目知色也，鼻知臭也，口知味也，與夫天德之
　　　　根於心也，成性然也。（《全書》第六冊，第 344 頁）

東原認爲「天德之知」與「百體之欲」構成「性」的內容，並都以「材」的

────────────

〔註35〕見《荀子・天論》，（清）王先謙：《荀子集解》，2007 年，第 309 頁。

形式呈現。其中，「知」即「天德之根於心」，也就是「心知」；「欲」即耳目口鼻諸官能，即「血氣」，合而言之便是「血氣心知之性主乎材」。作為「材」的內容，「血氣」與「心知」有一個共同的特徵，即都從氣化中稟受了自身的規定性：

> 天德之知，人之秉節於內以與天地化育侔者也；耳目百體之欲，所受中而不可踰也。（同上）

「秉節於內」有取於《禮記・樂記》中所謂「好惡無節於內，知誘於外，不能反躬，天理滅矣」，以示心知在天地化育「生生而條理」的過程中便稟得了內在的好惡之節，並以此作為道德意識的根據。「所受中不可踰」轉引自《左傳・成公十三年》「民受天地之中以生，所謂命也，是以有動作禮義威儀之則以定命也」，以此表明人之形體受天地中和之氣而生，並由此稟受了不可逾越的內在規定性。血氣與心知的內在規定性的來源都在於「生生而條理」的氣化之道，因此在根本上是一致的。這一規定性引導著血氣與心知的正確發揮，也就是說，引導著「材」的正確發揮：

> 心之恭見於貌，心之從見於言，心之明見於視，心之聰見於聽，心之睿見於思，此之謂能盡其材。名其無妄謂之誠，名其不渝謂之信……言乎信之謂德……歸於無妄則聖人之事。（《全書》第 344頁）

恭、從、明、聰、睿「見於」貌、言、視、聽、思，並不意味著這些它們先驗地存在於「心」中，而貌、言、視、聽、思等形體活動消極地迎合併表現這些「天德」的內容；而毋寧說這些「天德」既以「知」的形式存在於心中（在第五章中我們將看到，這種存在並非先天完備的存在），同時也作為行為能力存在於形體之中，二者的協和讓「材」得以充分發揮。「盡其材」意味著通過對形體能力的修治，使其發揮臻於中正無邪。這一過程既是形體能力的完善，也是德性的逐步擴充，即「善」的逐步實現。

約言之，我們可以用下圖表示戴震在《原善》初稿中對性的理解：

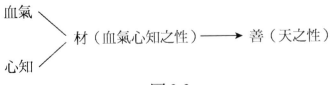

圖 3-3

戴氏認為性可以從「材」和「善」兩個側面加以描述。「材」的內容是血氣與心知，即由形體能力與心的知覺能力構成，是人性的實質內容。血氣與心知都在氣化中稟受了自身的內在規定性，其發用受到這種規定性的引導，當二者協和一致時，「材」便得以正確地發揮，這種「正確」的狀態便是「善」。因此，「善」是人所本具的，但並非以完備的形態先驗地存在於人性中，而是作為自然事實與自然能力存在於人的形體能力與心之知覺（即「材」）中，且只有在「材」的擴充中才能逐漸得到實現。

與戴震對「材」與「善」的討論相似，程頤也曾專門論及「才」與「善」〔註36〕：

> 性無不善，而有不善者，才也。……才稟於氣，氣有清濁，稟其清者為賢，稟其濁者為愚。（《二程遺書》卷十八）

> 性即理也……天下之理，原其所自，未有不善。（《二程遺書》卷二十二）

二人的觀念存在根本分歧。伊川認為「善」源自「理」，「才」源自氣，二者分屬不同的存在論層次；而且「才」是「不善」的根源，它與「善」在倫理意義上相互衝突，人性的本然只是屬「理」的「善」。東原認為人之「性」雖然分別表現為「善」與「材」，但二者以氣化作為共同的根源，而且「善」只是「材」之「中正無邪」，即「材」的正確而自然的發揮，因此，「善」以「材」作為承載者，而並不獨立存在。可見，戴震與程頤在善的來源與人性的構成上有著根本的歧義。戴氏認為「善」的德性即內在於人的形體感官與心知能力等自然事實之中，並認定程頤割裂德性與形體能力的觀點是「分性與才為二本」〔註37〕、「以性為別於人」〔註38〕，因此必然戕賊人性。與程氏乃至整個理學傳統相比，戴震的特殊之處恐怕在於他為「材性何以為善」的問題提供了一種可能性論證〔註39〕。

〔註36〕「才」、「材」多通用，如《荀子》中《修身篇》言「才性」，《榮辱篇》則稱「材性」，皆指材質能力而言。戴震也通用二字，如《原善》初稿中用「材」，在此後的《孟子字義疏證》中則用「才」。

〔註37〕（清）戴震：《孟子字義疏證》，《全書》第六冊，第198頁。

〔註38〕（清）戴震：同上書，第172頁。

〔註39〕牟宗三認為以氣作為性的根源無法保證人性必然為善，本文第五章將專門討論這一問題。牟氏觀點見氏著《材性與玄理》，廣西師範大學出版社，2006年，第1～7頁。

（三）「不善」的發生及其修治

以「善」和「材」的奠基與被奠基關係為基礎，戴震認為「盡其材」便是「善」，「善」必須在「材」的不斷發揮擴展中逐步實現。與此相應，戴氏將「不善」的產生歸結於「不盡其材」〔註40〕：

> 人之不盡其材，患二：曰私、曰蔽。私也者，其生於心為溺，發於政為黨，成於行為慝，見於事為悖、為欺，其究為私己〔註41〕。蔽也者，其生於心為惑，發於政為偏，成於行為謬，見於事為鑿、為愚，其究為蔽己。鑿者，其失為誣；愚者，其失為固；誣而罔省，施之事亦為固。悖者，在事為寇虐，在心為不畏天明；欺者，在事為詭隨，在心為無良。私之在下愚也為自暴，蔽之在下愚也為自棄，自暴自棄，夫然後難與言善，是以卒之為不善，非材之罪也。（《全書第六冊，第345頁》）

戴震認為「材」不能得到充分而正確的發揮有兩種表現：私與蔽。借用《孟子‧公孫丑上》中「生於其心，害於其政；發於其政，害於其事」的結構，戴震認為私與蔽最初都從「心」中發出，進而導致行為的偏失。「私」最初在心中的狀態是陷溺其心、專注於一己之好惡，以此行事則有失公正，甚至

〔註40〕 在討論道德意義上的「不善」之前，我們需要對「不善的發生」與「不善的根源」作出區分。「不善的發生」關注不善的意識或行為的發生機制，至於此類意識或行為是否具有一人性論根源則可置之不論；「不善的根源」關注不善的意識或行為是否在人性中有其根據。毋庸置疑，當我們將某一意識或行為在道德上判定為「不善」時，必然預設了一個具有自由意志的行為主體為此意識或行為負責，而不可能將其理解為按照自然因果律發生的無主體參與的事態，因此，儘管「不善的發生」或許有助於我們理解不善的種種表象和發生論原理，但「不善的根源」是更為重要的道德哲學問題。在探討這一問題的過程中，儒家，尤其是主張「性本善」的儒家面臨特殊的理論困難：本然為善的人性何以可能會做出「不善」的言行並為「不善」負責？下文的分析將表明，由於戴震並不將「善」理解為一個現成的存在狀態，而是理解為人的形體能力與心之知覺的擴充過程，因此，「不善」也並非一種與「善」對立的狀態，而只是「善」的不完備狀態，因此，在他的理論中，沒有人自覺選擇「不善」，而只是放棄了對「善」的選擇，並進而導致了「不善」的後果，儘管「不善」真實地發生，但「不善的根源」並不存在。戴震以「盡其材」與「不盡其材」來界定「善」與「不善」，成功地迴避了這一困難。

〔註41〕 由於古籍版刻中「己」、「已」、「巳」混用，因此，某些整理本將此處「私己」、「蔽己」之「己」描正為「已」，如《戴震全書》第六冊所刊《原善》三篇既如此處理。但此句主幹為「私也者……其究為私己；蔽也者……其究為蔽己」，若改為「已」，則變成同語反覆，於文義頗不曉暢，故本文依何文光整理本作「己」。

滋生過惡，非毀禮義，寇虐他人，其根本在於自任一己之私；「蔽」在心中的最初狀態是暗昧昏亂，以此行事則不合事宜，並往往造成臆斷和固執，其根本在於自蔽於理義。「私」意味著在放任自己的好惡的同時也殘害了自身本有的德性，即孟子所言的「自暴」；「蔽」是陷於一曲，置內心本有的理義於不顧，即「自棄」，因此，「自暴」與「自棄」都是道德主體在具有自由意志的前提下對「不善」的自主選擇，更準確地說，都是道德主體對「善」的主動放棄。由於「善」只是「材」的正確發揮和充分實現，而人的「材」本質上並無區別，因此，對「善」的主動放棄並不意味著人性中存在「不善」的根苗，而只是沒有「盡其材」，即處在善的欠缺或不完滿狀態中。

　　既然人性本然地具有「材」作為行善的基礎，那又如何可能自願地放棄「善」，而形成私與蔽呢？戴震在下文中這樣解釋「私」與「蔽」的形成：

　　　　得乎生生者仁，反於是而害仁之謂私；得乎條理者智，隔於是而病
　　　　智之謂蔽。（同上）

「私」與「蔽」被分別界定為「仁」與「智」的反面。仁的根源在於天地生生之意；局限於一己之好惡，以此範圍他者，必然戕賊他人，悖逆天地生生之仁，這便是「私」。智的根源在於對氣化生生之條理的體認，囿於一己之見，無視天地之事理公義，必然行事顛倒錯亂，這便是「蔽」。作為人之材性的血氣與心知在氣化的「生生而條理」中獲得仁、義、禮等價值規定性，材性自身的運用發揮也處於氣化之中，並內在地被這些規定性引導而趨向於「善」，因此，若與「生生而條理」的天道保持通暢，便能將「材」所具有的形體能力與心之知覺逐漸擴充，逐步實現人性之「善」；反之，將自己與「生生而條理」的天道隔絕，便不能「盡其材」，並表現出「私」與「蔽」：

　　　　君子克己之為貴也。獨而不成之謂己，以己蔽之者隔於善，隔於善，

　　　　隔於天下矣，無隔於善者，仁至、義盡、知天。（同上）

「私」、「蔽」的發生源於「隔」，即隔於氣化，隔於天地之道：

　　　　氣不與天地隔者生；道不與天地隔者聖。（同上）

與氣化之道保持通貫便不會墮入「私」、「蔽」之中，因此可以擴充其材性以達到至善。

　　對於已然有私有蔽的境況，戴震提出了修治的方法：

　　　　去私莫如強恕，解蔽莫如學。（同上）

　　　　是故謂之天德者三：曰仁，曰禮，曰義，至善之目也，行之所節中

也……所以力於德行者三：曰忠，曰信，曰恕。竭所能之謂忠，履
所明之謂信，平所施之謂恕。忠則可進之以仁，信則可進之以義，
恕則可進之以禮。（同上）

總的來說，戴震修治私蔽之法是「強恕」與「學」。「強恕」源自孟子，意指
勉力推己及人，不囿於一己之好惡〔註42〕；與「解蔽」相關聯的「學」則源
自荀子，意爲學以明善，不滯於一己之所知〔註43〕。「恕」既然是推己及人，
自然以「忠」爲前提，即只有完善自身材性的基礎上才能進一步推及到對他
人的眞實關切，只有「竭所能」才能「平所施」；忠與恕的踐履必然包含了道
德判斷在其中，因此「學以明善」作爲道德認知的培養和拓展必然有助於在
道德行爲上推己及人，所以，踐行忠恕之道同時就是「履所明」。「竭所能」
與「平所施」可對應於「強恕」，「履所明」對應於「學」，前兩者對治私意，
並達成仁與禮的德行，後者直接對治心知的暗蔽，並達成「義」的德行，三
者構成袪除「私」、「蔽」的具體途徑。正面地講，強恕與學便是在既有「私」、
「蔽」的情況下，「盡其材」以改過遷善的途徑。

　　《原善》初稿以性爲中心對「善」、「不善」等問題的思考已經呈現出一
定的系統性，此後完成的兩篇論性的文字更鮮明地表達出戴氏思想的獨特
性，並逐漸勾勒出其思想主題。

四、「論性」兩篇：「自然」與「必然」的問題化

　　在考察《讀易繫辭論性》與《讀孟子論性》的內容之前，我們仍然需要
明確其創作時間，這並非基於文獻學的興趣要將文本定格在具體的「時間點」
上，而是基於思想研究的需要力求探明文本之間的「時序」，以便在文本中呈
現思想發展的蹤跡。與《法象論》一樣，《讀易繫辭論性》和《讀孟子論性》
均未注明寫作時間。我們曾通過比照《法象論》與《原善》初稿、《原善》改
本的關係將《法象論》的創作時間確定在《原善》初稿之前，同樣的「文本
對照法」也適用於這兩篇文字。

　　「論性」兩篇簡短曉暢，分別以《繫辭》「繼善成性」和《孟子》「心之
同然」一句起首進行破釋與闡發，文體類於科場制義〔註44〕，但多有創見。

─────────────

〔註42〕《孟子·盡心上》有「反身而誠，樂莫大焉；強恕而行，求仁莫近焉」。
〔註43〕參看《荀子·解蔽》。
〔註44〕任兆麟稱「歲丙申，余甄綜近世名人制義爲一集……休寧戴君東原文稿在焉。

文中著重討論的「性之事」、「性之能」、性之「自然」、「必然」、「本然」都是《原善》初稿所不曾涉及的〔註45〕；而兩篇文字後來被全文保存在《原善》改本中，並在《緒言》、《疏證》中得到引用和擴展。這表明其寫作時間處於《原善》初稿和改本之間〔註46〕。明確這一點後，我們可以進一步考察這兩篇文字在何種意義上推進了《原善》初稿中的思想。

（一）《讀易繫辭論性》：性之自然、必然、本然

王國維曾稱「戴氏之學說，詳於《原善》及《孟子字義疏證》，然其說之系統，具於《讀易繫辭論性》一篇」〔註47〕，其說雖略，但足以喚起我們對這篇文字的重視。

（1）「繼善成性」的時間性結構

《讀繫辭論性》通篇闡釋「一陰一陽之謂道，繼之者善也，成之者性也」。理學諸家對此三句有諸多論述，而朱子尤爲詳備〔註48〕。在展現戴震的觀點之前，我們有必要回顧朱子的解釋。

在程頤對「陰陽」與「所以一陰一陽」做出區分之後〔註49〕，朱子進一步將這一區分界定爲理與氣的分別：

> 陰陽，氣也，形而下者也；所以一陰一陽者，理也，形而上者也。道即理之謂也。繼之者，氣之方出而未有所成之謂也，善則理之方行而未有所立之名也，陽之屬也，誠之源也。成則物之已成，性則

君於學靡所不通，爲世儒宗。制義抑其末也，顧識趣體格並臻極致。言性諸篇，與所著《原善》相表裏……他日有傳其別集者宜採焉」（任兆麟：《戴東原制義敘》，《全書》第七冊，第219頁）。

〔註45〕《原善》初稿簡略地談及「性，言乎本於天，徵爲事能」，但沒有對「事」與「能」分別展開論述。見《全書》第六冊，第343頁。

〔註46〕由於《原善》初稿的時間只能被確定在乾隆十八年（1753）到二十八年（1763）中（本章第二節），而段玉裁認爲《原善》改本完成於乾隆三十一年（1766），所以，「論性」兩篇大致寫作於1753至1766年之間。錢穆亦認爲這兩篇論性的文字作於《原善》初稿與《原善》改本之間，見氏著《中國近三百年學術史》，第360～361頁。

〔註47〕王國維：《王國維遺書》第5冊《靜庵文集》，上海古籍出版社，1983年，第75頁。

〔註48〕朱子於《周易本義》中解釋「一陰一陽之謂道」時，亦稱「周子、程子之書言之備矣」。見《周易本義》，中華書局，2009年，第228頁。

〔註49〕程頤稱：「一陰一陽之謂道。道非陰陽也，所以一陰一陽，道也。」見《河南程氏遺書》卷三，《二程集》，中華書局，2004年，第67頁。

理之已立者也，陰之屬也，誠之立也。(《通書解》，《元公周先生濂溪集》卷四)

如果在「一陰一陽之謂道」中區分出「陰陽」和「所以一陰一陽」兩個層次，即理與氣兩個層次，則道應被理解為理隨氣之運行而周貫萬物並主宰氣之運行的過程〔註50〕。朱子將「理」視為「無情意、無計度、無造作」、「無形跡」的「潔淨空闊的世界」，而認為「氣則能醖釀凝結生物」〔註51〕，二者的區別是存在論層次上的區別，即「氣」具有時間性，且其存在只能在時間中得以展開；「理」則是非時間性的〔註52〕，其存在完全不具備時間性特徵，即使山河大地等時間中的具體存在者都消逝了，「畢竟理卻只在這裏」〔註53〕。理氣在時間性上的不同結構注定了以「理氣模式」闡釋「繼善成性」的雙重困境。

第一處困難在於如何用這一模式理解「繼之」與「成之」。「繼」作為承接或紹續、「成」作為生成或完成都在描述一個事態的發生。朱子直面這一事實，從氣之運行的角度將「繼」解釋為「氣之方出而未有所成」、「陽之屬」，將「成」解釋為「物之已成」、「陰之屬」。與此相對，朱子卻在理之「運行」上理解「善」與「性」，將「善」理解為「理之方行而未有所立」、「誠之源」，將「性」理解為「理之已立者」、「誠之立」。這一理氣對立的分析模式顯然為我們將「繼之者善」或「成之者性」理解為統一事態設置了困難。在這一模式下，繼承或承接的過程被理解為「氣」具有時間性的運行，而這一過程所生成的則是不具有時間性的「理」。朱子對這一理氣二分的分析模式有更明確的表達，並為其弟子陳淳所繼承：

問：繼之者善，成之者性，是道是器？曰：繼之、成之是器，善與性是道。(《朱子語類》卷七十四，人傑錄)

繼、成與「陰」、「陽」字相應，是指氣而言；「善」、「性」字與「道」字相應，是指理而言。(《北溪字義》卷上，中華書局，2009年，第8頁)

〔註50〕朱子這裏的「道即理」不應被理解為對道與理同一性的表述，而應該被理解為「道」是理對氣的主宰。因為，直接將道等同於理，便過分強調了「所以一陰一陽者」在「道」中的地位，而將「陰陽」本身（即氣）從「道」中剝離了出來。

〔註51〕（宋）黎靖德編：《朱子語類》卷一，僩錄，中華書局，2004年，第3頁。

〔註52〕學界多用「理氣先後」、「理氣動靜」、「理氣同異」表達理氣的差異和關聯，內涵十分豐富，本文此處只是凸顯理氣在存在論層次上的差異，故僅從「時間性」一點上切入。

〔註53〕（宋）黎靖德編：《朱子語類》卷一，胡泳錄，中華書局，2004年，第4頁。

即使依照「理有動靜」的看法〔註54〕，認爲理作爲「本然之妙」掛搭在氣上，以氣之動靜爲「所乘之機」而運行〔註55〕，我們仍然難以理解一個時間性的事態如何將非時間性的存在包含於自身之中。

以理氣模式解釋「繼善成性」的困境在理解「性」的涵義時更明確地凸現出來。既然以「一陰一陽」的道來說明性的生成，這「性」便已與氣稟關涉，應該被理解爲現實的人性，即氣質之性，而不能被視作純粹的「理」。朱子意識到這一點，因此也傾向於將「成之者性」理解爲現實人性的生成：

> 繼之者善，方是天理流行之初人物所資以始；成之者性，則此理各自有個安頓處，故爲人爲物或昏或明方是定。若是未有形質，則此性是天地之理，如何把做人物之性得。（《朱子語類》卷七十四　端蒙錄）

所謂「成之者性」是指人物之形質漸成，天理在其中有所安頓，成就人物之性的過程。既是形質之中的人物之性，便不得不有清濁昏明的殊異，此「性」便不再是純然天理。因此，朱子在是否將「性」與「善」一起歸屬於「理」的問題上有所猶豫：

> 問：「繼之者善，成之者性」，何以分繼、善、成、性爲四截？曰：繼、成屬氣，善、性屬理。性已兼理氣，善則專指理。（《朱子語類》卷九十四，植錄）

既然認定「善」與「性」屬理而與屬氣的「繼」、「承」相對，卻又在「善」與「性」中做出區別，認爲前者是純粹的理，後者是「兼理氣」，這種猶豫表明，朱子如果將「一陰一陽之謂道」理解爲理隨氣動而周貫萬物並主宰氣之運行的過程，那麼就必須將承接道而形成的「性」理解爲「兼理氣」，而不是專屬於理。由此，我們在前文解釋「繼之」、「成之」時提到的「非時間性存在如何進入時間性事態」的困難就轉化出另一形態──現實的「性」如何「兼理氣」，即非時間性的理與具有時間性的氣以何種形態共同存在於現實人性中？

與理學諸家不同，戴震在理解「一陰一陽之謂道」時並不採取理氣二分的立場，不僅沒有區分出作爲「理」的「所以一陰一陽者」，且根本不曾在「陰陽」與「一陰一陽」之間作出分別，而是直言：

〔註54〕　（宋）朱熹：《答鄭子上十四》，《朱文公文集》卷五十六。
〔註55〕　（宋）黎靖德編：《朱子語類》卷九十四，賀孫錄，中華書局，2004 年，第 2370 頁。

一陰一陽，蓋言天地之化不已也，道也。（《全書》第六冊，第 348
頁）

陰陽並不是具有不同性質的實體化的存在者，而是氣化過程中呈現出的對立
狀態。接下來的討論承襲了他在《法象論》與《原善》初稿中一再提及的「生
生而條理」：

一陰一陽，其生生乎，其生生而條理乎！以是見天地之順，故曰「一
陰一陽之謂道」。生生，仁也。未有生生而不條理者。條理之秩然，
禮至著也；條理之截然，義至著也，以是見天地之常。三者咸得，
天下之至善也，人物之常也，故曰繼之者善也。言乎人物之生，其
善則與天地不隔者也……有天地，然後有人物，有人物，於是有人
物之性……此之謂本陰陽五行以成性，故曰成之者性也。（《全書》
第六冊，第 348～349 頁）

「生生而條理」的意義在於闡明了「理」如何以條理的形態內在於氣化生生
的過程之中（見本章第二節），也就是說，「理」沒有被理解為一個先天完具
的脫離時間性的存在，而是在氣化的分與合中內在包含著的規定性。「條理」
不屬於「潔淨空闊的世界」，而是就在這個「一陰一陽」生成變化的世界之中。
體現在人身上的氣化生生之意便是「仁」，而人的內在條理便是「義」與「禮」，
三者的協和便是「善」。雖然由於稟氣差異而成就了人物類別的不同，以及同
類之中的個體差異，但個體只要處在氣化之中便稟有其中的內在條理，即個
體內在的善。在東原看來，氣化中生成的物自然具有內在條理，由氣化而成
就的人自然地具有仁、禮、義的德性，這便是「一陰一陽之謂道，繼之者善，
成之者性也」的涵義。

　　歷來對「繼善成性」的論述很大程度上都是為解釋「善」的來源〔註56〕。
朱子通過將「一陰一陽之謂道」解釋為形而上之理對形而下之氣的主宰，進
而論證「繼之」與「成之」屬氣，而「善」與「性」屬理，雖然為善建構了
一個不受經驗影響的必然根據，卻犧牲了這個必然世界與經驗世界的溝通。
戴震將「一陰一陽之謂道」理解為「生生而條理」的氣化，進而認為個體的

─────────────

〔註56〕如陳淳稱：「孟子道性善從何而來？孔子《繫辭》曰，一陰一陽之謂道，繼之
　　　者善也，成之者性也……言此性之純粹至善耳。其實由造化原頭處有是「繼
　　　之者善」，然後「成之者性」時方能如是之善。則孟子之所謂善實淵源於夫子
　　　所謂善者而來，而非有二本也。」（《北溪字義》，中華書局，2009 年，第 8～
　　　9 頁）。

「善」就是從氣化中稟受的內在條理,並將「善」闡釋爲內在於現實人性與經驗世界的普遍價值。這一解釋沒有明確地針對程朱理學,但確實迴避了理學的理氣模式在解釋「善的來源」這一問題時面臨的困境。

（2）性之「自然」、「必然」、「本然」

《讀繫辭論性》從「氣化」出發對「繼善成性」的思考是對《法象論》和《原善》初稿的合理延續。在下文中,戴震從「事」、「能」、「德」三個側面來解析「性」：

> 有天地,然後有人物,有人物,於是有人物之性。人與物同有欲,欲也者,性之事也;人與物同有覺,覺也者性之能也;事能無有失,則協於天地之德,協於天地之德,理至正也,理也者,性之德也。言乎自然之謂順,言乎必然之謂常,言乎本然之謂德。天下之道盡於順,天下之教一於常,天下之性同之於德。性之事配五行陰陽,性之能配鬼神,性之德配天地之德。所謂血氣心知之性,發於事能者是也;所謂天之性者,事能之無有失是也,爲夫不知德者別言之也。（《全書》第六冊,第 349 頁）

所謂人物同有之「欲」,即《原善》初稿中的「耳目百體之欲」。《說文》稱「事,職也」〔註 57〕,「性之事」即性之職守。因此,「欲也者,性之事也」可以被理解爲形體感官的自然能力便是性的職守〔註 58〕。當然,由於「欲」作爲意向性行爲必然包含認知能力的參與或許可,所以「性之事」也包含心的知覺能力（詳見第五章）。「覺」意爲領悟、察知,即《原善》初稿中所謂：

> 心之所喻則仁也。心之仁,耳目百體莫不喻,則自心至於耳目百體胥仁也。心得其常,於其有覺,君子以觀仁焉。（《全書》第六冊,第 346 頁）

可見,文中的「覺」雖然也是就心的知覺能力而言,但主要是指道德意識對形體感官的引導能力,這便是「性之能」。人性中的欲或者說「性之事」,偏重於形體能力與心的認知能力;覺或者說「性之能」偏重於心的道德判斷能力及其對行爲的規範力。二者並不對立,而是有著共同的來源,即「有天地,

---

〔註 57〕 （清）段玉裁：《說文解字注》,浙江古籍出版社,2007 年,第 116 頁。
〔註 58〕 戴震後來在《孟子私淑錄》中更直接地以「職」形容感官能力──「血氣各資以養,而開竅於耳目鼻口以通之,既於是通,故各成其能而分職司之」（《孟子私淑錄》卷中,《全書》第六冊,第 57 頁）。

然後有人物；有人物，於是有人物之性」，這一共同來源便是造就天地人物的「氣化」。基於這種同源性，東原稱「性之事配五行陰陽，性之能配鬼神」〔註59〕。陰陽是氣在分合作用中形成的普遍對立形態；五行取「爲天行氣」之意〔註60〕，是指氣化在形成具體事物之前的流行與展開；鬼神則是進一步描述「陰陽五行」在具體事物中的運轉，如王充所謂「陰氣逆物而歸，故謂之鬼，陽氣導物而生，故謂之神」〔註61〕，又如朱子所言「以一氣言，則至而伸者爲神，反而歸者爲鬼，其實一物而已」〔註62〕，即陰陽五行在具體事物間的屈伸往來。「陰陽五行」側重於「生生」的一面，「鬼神」與具體事物關聯，因此更直接地與「條理」相關聯。如果與前文的「天地之順」、「天地之常」相對比，則「陰陽五行」側重言「天地之順」，「鬼神」側重言「天地之常」。質言之，「陰陽五行」與「鬼神」共同構成了「氣化」。與此對應，「性之事」與「性之能」共同構成了人物之性的內容。形體能力與心的知覺能力若能在道德意識的導引下正確發揮，無所偏失，便能展現出人性從氣化中稟有的仁、義、禮等德性，從而讓人性顯現出「德」的一面，這便是「協於天地之德，理至正也，理也者，性之德也」。「性之德」作爲「事能之無有失」並不是「性之事」與「性之能」之外的另一種構成性的因素，而是後二者的理想狀態〔註63〕。戴震用《原善》初稿中的「血氣心知之性」和「天之性」分別指稱「性之事、能」與「性之德」，很明確地在「性之事、能──性之德」與《法象論》中的「血氣──天德」、《原善》初稿中的「材──善」之間建立起對應關係，因此，我們可以得出結論：「性之事、能」是「性之德」的基礎，後者不獨立存在，而是對前兩者理想狀態的摹狀。

考慮到戴震在氣化與人性之間建立的緊密關聯，我們在分析性的「事」、「能」與「德」之後，可以將氣化的結構與人性的結構作簡明的對比：

〔註59〕 （清）戴震：《讀易繫辭論性》，《全書》第六冊，第349頁。
〔註60〕 （清）陳立：《白虎通疏證》，中華書局，2007年，第166頁。
〔註61〕 （漢）王充：《論衡·論死》，中華書局，2006年，第872頁。
〔註62〕 （宋）黎靖德編：《朱子語類》卷六十三，謨錄，中華書局，2004年，第1548頁。
〔註63〕 「性之德」並非人性的構成性因素。這一點戴震後來在《原善》擴大本中明確表達爲──「人與物同有欲，欲也者，性之事也；人與物同有覺，覺也者性之能也。欲不失之私則仁，覺不失之蔽則智，仁且智，非有所加於事能也，性之德也」（《全書》第六冊，第9頁）。

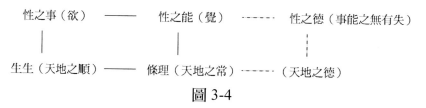

圖 3-4

在氣化與人性的關聯中，處於基礎地位的是「生生而條理」的氣化。「生生」
即陰陽五行的運行，於此可見「天地之順」；「條理」即氣在屈伸往來中依照
內在規定性造就了具體事物的生成、持存、轉變與消逝，於此可見「天地之
常」；「生生而條理」的和諧展現為「天地之德」。與之對應，氣化基礎上的人
性表現為「事」、「能」與「德」的結合：人在氣化的生生作用中凝成形質，
進而具備了形體官能與心的知覺能力，並集中表現在「欲」中，是為「性之
事」〔註64〕；氣化中的「條理」為人所稟受，因而具有禮、義等德性，德性
為心所知覺，成為對言行具有規範作用的道德意識，是為「性之能」；形體官
能與心的知覺能力如能順從道德意識的引導，便能無失，這種協和狀態叫做
「性之德」。如同「天地之德」只是對氣化和諧狀態的描摹而並非氣化的實質
構成因素一樣，「性之德」也並非人性的構成性因素。

在區分人性之「事」、「能」與「德」的基礎上，東原創造性地以「自然」、
「必然」、「本然」來描述「性」：

（……協於天地之德，理至正也，理也者，性之德也。）言乎自然
之謂順，言乎必然之謂常，言乎本然之謂德。天下之道盡於順，天
下之教一於常，天下之性同之於德。（《全書》第六冊，第349頁）

東原將此三項分別對應於天地之順、天地之常與天地之德，這一對應確定了
它們與氣化結構及人性結構的關係：

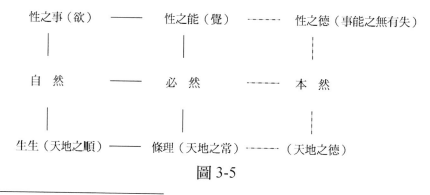

圖 3-5

〔註64〕關於「欲」、「情」、「知」的關係，將在第五章進一步展開。

關於「自然」與「必然」的準確涵義，孟子與荀子的思想提供了很好的參照。在儒學傳統中，最早明確使用「自然」一詞的是荀子〔註65〕，且直接與人性相關。荀子對人之「性」的看法之一是「生之所以然者謂之性」〔註66〕，即認爲「性」是指人作爲一個獨立個體生而具有的全副特徵。在同一段文字中，荀子對人性有另一界定——「不事而自然謂之性」，即「性」是人在免於任何刻意干擾時自發呈現的趨勢。這兩種界定有著密切的關聯。「生之所以然」表達的是人與生俱來的特徵，即成就其「自身」的特徵；「不事而自然」則是指這種自身特徵可以在排除外界因素影響時自發形成特定的發展趨勢，即「自然而然」的趨勢。由此看來，以「自然」來理解人性至少包含著兩層涵義：首先是「自」，即人具有成其爲自身的「自身性」；其次是「自然而然」，即人的「自身性」不應該被理解爲靜態的屬性（attribute），而應該被理解爲現實的傾向（tendency），這種傾向可以在不受外力影響時恒常地出現並一直持續，是一種自發的（spontaneous）傾向。至於「必然」，《說文》謂「必，分極也」，段玉裁解爲「凡高處謂之極，立表爲分判之準，故云『分極』，引伸爲詞之『必然』」〔註67〕，因此，「必」有標準、目標之意。「然」常作爲副詞後綴表示某種狀態，如「浩然」、「油然」等。在「必然」一詞中，由於「必」引入了「標準」的意義，所以「必然」是指朝向標準發展的狀態，即不可避免或逆轉的傾向。孟子雖未直接以「必然」談論人性，但其所謂「人無有不善，水無有不下」及「今人乍見孺子將入於井，皆有怵惕惻隱之心」都表明人性具有善的必然趨向〔註68〕。戴震所言「言乎自然之謂順」是指「性之事」（即包括人

〔註65〕池田知久認爲，「自然」的觀念源自道家，並最先明確地出現在《老子》中（池田知久：《中國思想史中「自然」的誕生》，載於《中國的思維世界》，江蘇人民出版社，2006 年）。儘管如此，荀子對「自然」的使用顯然與道家「因任自然」的立場截然不同。

〔註66〕（清）王先謙：《荀子集解》，中華書局，2007 年，第 412 頁。唐代楊倞對此句的注解是「人生善惡，故有必然之理，是所受於天之性也」。楊氏將「所以然者」解釋爲「必然之理」，即人先天具有的種種恒常的行爲傾向。此處的「所以然者」或「理」宜解爲「條理」，而不表示任何類似於「本質主義」的意義。牟宗三在論及劉宗周「氣質之本然，乃所以爲性」時，曾提出「所以」既具有「內在義」，又具有「超越義」（牟宗三《陸王一系之心性之學（三）——劉蕺山誠意之學》，《自由學人》第一卷第三期（1956 年），第 22 頁）。此處「生之所以然者謂之性」正是牟氏所謂的「內在義」。

〔註67〕（清）段玉裁：《說文解字注》，浙江古籍出版社，2007 年，第 49 頁。

〔註68〕見《孟子·告子上》、《孟子·公孫丑上》。

之形體官能與心之感知能力在內的「欲」）稟自氣化，生而具有，並且能自發地「感物而動」，從中我們可以窺見「天地之順」；「言乎必然之謂常」是指人性自氣化中稟得禮、義等條理，心能把握這種條理並形成道德意識，以此引導我們的「欲」朝向善，這便是「性之能」，於此可見「天地之常」；「性之事」與「性之能」的協和狀態便是「性之德」，這一協和以氣化自身的協和爲基礎，由此可見「天地之德」。需要說明的是，這兩處的「德」不宜理解爲具體德性（具體的德性包含在「性之能」中），而宜依照《禮記‧樂記》所謂「德者，得也」的解法理解爲「獲得」，即人性中「自然」與「必然」的內在一致本於氣化中「生生」與「條理」的協和，即「天地之德」，故稱「言乎本然之謂德」。

「天地之德」並不作爲「生生」和「條理」之外的因素參與氣化的實際構成，「性之德」亦非人性的實質性結構，與此對應，「本然」也不是人性的實際構成部分，「自然」與「必然」才是人性不可或缺的要素。在《讀易繫辭論性》中，「自然」與「必然」主要被用於描述「性」，但值得注意的是，這一對概念與氣化結構、人性結構都具有對應關係，而且描述了二者共同的內涵，因此可以作爲表述二者的統合性概念。

（二）《讀孟子論性》：「自然」與「必然」的主題化

戴震在《讀易繫辭論性》中通過闡發《繫辭》「繼善成性」引出了性之「自然」與「必然」的問題，進而，其《讀孟子論性》則在發揮孟子人性觀點的同時逐步將性之「自然」與「必然」的問題引申爲其思想主題。

戴震首先引述了孟子以理義爲「心之同然」的觀點，並將其歸結爲「以理義爲性」：

> 孟子曰：心之所同然者，何也？謂理也、義也。聖人先得我心之所同然耳。（《全書》第六冊，第 350 頁）

> 蓋孟子道性善……明理義之爲性，所以正不知理義之爲性者也，是故理義，性也。（同上）

以理義爲「心之同然」表明：人普遍地具有關於「善」的知識，這一知識構成我們的價值評判標準〔註69〕，並引導我們的行爲傾向善。戴震認爲，對這一標準和傾向的違逆便足以讓我們的行爲失去引導而陷於無序，以致「亂先

〔註69〕這裏的「價值標準」不是理學意義上「先天完具」的義理之性，而是指普遍存在於心中的價值選擇傾向。

王之法」，所以孟子要明言理義爲「心之同然」；而且這種作爲「心之同然」的理義便是孟子所謂「性善」的內涵〔註70〕，以理義爲「心之同然」即意味著以理義爲性。

引述孟子以理義爲性的觀點後，戴震轉引了孟子與告子的論辯，並導出了性之材質的問題：

> （孟子）詰告子「生之謂性」則曰：犬之性猶牛之性，牛之性猶人之性歟？蓋孟子道性善，非言性於同也；人之性相近，胥善也。明理義之爲性，所以正不知理義之爲性者也，是故理義，性也……古人言性，不離乎材質而不遺理義。（同上）

戴震認爲孟子以犬、牛、人之性不同詰責告子是在論證人物之性在材質上本自有異，人與人之間也各各不同，只是在「性相近」的意義上才說人性普遍地具有理義，即「理義，性也」。所以，東原認爲孟子所言之性不僅是作爲「同然」的理義之性，而且在根本上還是材質之性，不能脫離性之材質而空言理義，後世學者「求其說而不得，則舉性之名而曰理義」是錯解了孟子〔註71〕。這一理解立場一方面與戴震以氣化論性的觀點一致：既然「人物生生本五行陰陽」，由於氣化分合作用，在凝成形質時自然會有「偏全厚薄」、「能否精粗」、「清濁昏明」的材質差異〔註72〕，性善只是材質內具傾向的正確發揮（見本章第三節）；另一方面也得到《孟子》文本的佐證：孟子在論及口之同嗜、耳之同聽、目之同美等關乎材質的問題後才提出理義爲「心之同然」，前後文中又屢屢提及「才」或「材」，例如「以爲未嘗有材焉，是豈山之性也哉」、「以爲未嘗有才也，是豈人之情也哉」、「非天之降才爾殊」、「若夫爲不善，非才之罪也」、「仁義禮智……或相倍蓰而無算，不能盡其才者也」等等〔註73〕，可見，孟子確實是即材質而言理義〔註74〕。

〔註70〕 信廣來認爲孟子將「性」理解爲內在於心中的道德傾向，見 Kwong-loi Shun, Mencius and early Chinese Thought（Stanford: Stanford University Press, 1997），p.188。

〔註71〕 （清）戴震：《讀孟子論性》，《全書》第六冊，第350頁。此處批評顯然是針對程朱理學而發。

〔註72〕 （清）戴震：《原善》初稿，同上書，第345頁。

〔註73〕 引文均出自《孟子·告子上》。

〔註74〕 朱熹明確地意識到了孟子所言之「才」與理學所理解的「才」並不一致。他在注解程頤「性即理也，理則堯舜至於塗人一也；才稟於氣，氣有清濁，稟其清者爲賢，稟其濁者爲愚」一段時，稱「程子此說才字與孟子本文小異。

　　戴震借《孟子》文本討論了「理義為性」與性之材質的問題，並認為「惟不離材質以為言，始確然可以斷人之性善」〔註75〕。進一步，性中的理義與材質被引入到東原頗具獨創性的「自然」與「必然」概念中：

> 物不足以知天地之中正，是故無節於內，各遂其自然，斯已矣。人有天德之知，能踐乎中正，其自然則協天地之順，其必然則協天地之常，莫非自然也。物之自然不足語於此。孟子道性善，察乎人之材質所自然有節於內之謂善也。（同上）

人與物稟氣而生，各具材質。物之材質不含有對「天地中正」的把握能力，因此只能順材質而行，無法節限自身。人則在材質之中包含有「天德之知」作為內在規範（見本章第二節），並以此引導自身的行為符合「天地之常」。這種「必然」規範與「自然」材質的內在一致便是「自然有節於內」，人不僅能順應材質中的自發傾向而行為，而且能把握這種傾向中內在的節度，即「理義」，並使行為順應這一節度的引導，這就是「性善」的涵義。

　　在「自然」與「必然」的視角下，參照《讀易繫辭論性》中的「性之事」（欲）與「性之能」（覺），戴震審視了歷來三類對「性」的歧解，以此區別於孔孟之道：

> 凡遠乎《易》、《論語》、《孟子》之書者，性之說大致有三：以耳目百體之欲為說，謂理義從而治之者也；以心之有覺為說，謂其神獨先，沖虛自然，理欲皆後也；以理為說，謂有欲、有覺，人之私也。三者之於性也，非其所去，貴其所取。彼自貴其神，以為先形而立者，是不見於精氣為物，秀發乎神也；惡斂束於理義，是不見於理義者本然之德，去其本然而苟語自然也；以欲為亂其靜者，不見於性之欲其本然中正，動靜胥得，神自寧也。自孟子時，以欲為說、以覺為說紛如矣，孟子正其外理義而已矣。……專以性屬之理，而

蓋孟子專指其發於性者言之，故以為才無不善；程子專指其稟於氣者言之，則人之才固有昏明強弱之不同矣，張子所謂氣質之性是也」。朱子很清楚，在《孟子》文本中「性」中的材質與理義是一致的，理義在材質中得到全面的體現，但他仍然偏向了程頤，並認為「二說雖殊，各有所當，然以事理考之，程子為密」（見《四書章句集注》，第329頁）。程朱在存在論上嚴分理氣，相應地，在人性論上區別出義理之性與氣質之性，並分別以理氣作為其根源，在戴震看來這種觀點就是「分性與才為二本」，割裂了人性中材質與理義的內在一致性。

〔註75〕　（清）戴震：《讀孟子論性》，《全書》第六冊，第350頁。

謂壞於形氣，是不見於理之所由名也；以有欲有覺爲私者，荀子之

所謂性惡在是也，是見於失其中正之爲私，不見於得其中正。（同上）

「以欲爲性」指的是楊朱之學〔註76〕。《淮南子》稱「全性保眞，不以物累形，楊子之所立也」〔註77〕，可見楊朱對自身形體的珍視。如果依據馮友蘭的推斷，我們可以用《呂氏春秋》佐證楊朱之學的思想特點〔註78〕，那麼，「所謂全生者，六欲皆得其宜也」正應和了「以欲爲性」之說〔註79〕；而「天生人而使其有貪有欲，欲有情，情有節。聖人修節以止欲，故不過行其情也」等節欲的觀點則與「謂理義從而治之者」的說法對應〔註80〕。「以覺言性」是指告子而言。戴震似乎將告子理解爲道家的同路人〔註81〕，認爲：

告子謂「性無善無不善」，不辨人之大遠乎物，概之以自然也。告子所謂無善無不善也者，靜而自然，其神沖虛，以是爲至道，及其動而之善之不善，咸目爲失於至道，故其言曰「生之謂性」。（同上）

告子以上焉者無欲而靜，全其無善無不善，是爲至矣；下焉者理義以梏之，使不爲不善（同上）

「神」作爲材質之功能本不在材質之外，告子專任神識，認爲性之本來狀態是「其神沖虛」，既無形質之累，亦無理義之梏，因此「性」中沒有任何關於善惡的先在傾向，理義都是人爲造作，有違至道。戴震認爲孟子的「理義爲性」便是對「以欲爲說」與「以覺爲說」的直接批評，因爲，這兩種觀念

〔註76〕「以欲爲說」究竟何指，在戴震的文本中似不明確。有學者認爲「以欲爲說」指荀子而言（見陳徽：《性與天道——戴東原哲學研究》，中國文史出版社，2005年，第48頁）。然而，根據下文「自孟子時，以欲爲說，以覺爲說，紛如也，孟子正其外理義而已」，則「以欲爲說」當指早於孟子或與孟子同時之人，而絕非荀子。況且，戴震明言「以理爲說」的特點是「謂有欲、有覺，人之私也」，在下文中又稱「以有欲有覺爲私者，荀子之所謂性惡在是也」，可見，戴震將荀子歸結爲「以理爲說」一類，儘管「以耳目百體之欲爲說，謂理義從而治之者」很接近荀子思想的特徵。戴震的這種分類很大程度上是爲了論證荀子與程朱理學在人性論上的共同缺陷（詳見下文解析）。

〔註77〕何寧：《淮南子集釋》卷十三《氾論訓》，中華書局，1998年，第940頁。

〔註78〕馮友蘭：《中國哲學史》（上冊），華東師範大學出版社，2006年，第105～111頁。

〔註79〕許維遹：《呂氏春秋集釋》卷第二，中華書局，2009年。第41頁

〔註80〕同上書，第42頁。

〔註81〕徐復觀亦將告子理解爲道家，見徐復觀：《中國人性論史》（先秦卷），華東師範大學出版社，2005年，第115頁。當然，告子思想的原義與歸屬問題超出本文的關注範圍。

都源於「外理義」，即將理義看做人性之外的規範準則，而未能正確地意識到道德原則在人性中的內在根源。從「謂有欲、有覺，人之私也」和下文中「專以性屬之理，而謂壞於形氣」的特點來看，「以理爲說」顯指程朱理學而言，但戴震沒有明言，反而將這一觀點歸屬於荀子〔註82〕，稱「以有欲有覺爲私者，荀子之所謂性惡在是也」。荀子區分性與僞，認爲「不可學、不可事而在人者謂之性；可學而能、可事而成之在人者謂之僞」，因此，性是指「目好色，耳好聲，口好味，心好利，骨體膚理好愉佚，是皆生於人之情性者也，感而自然，不待事而後生之者也」，僞是指「禮義者，聖人之所生也，人之所學而能，所事而成者也」〔註83〕，即性之內容是耳目口體之欲，理義雖是必要的道德原則，但其規範性外在於性之材質。對於這三種論性觀點，戴震整體的評價是「荀子二理義於性之事能，儒者之未聞道也；告子貴性而外理義，異說之害道者也」〔註84〕，即以欲言性、以覺言性均屬異端，而以理言性尚在儒者之列。之所以將這三種觀點視爲有別於儒者正道，原因在於它們都不合乎孟子所言的「理義爲性」，即違背了材質與理義、自然與必然的內在一致性。

這段從「自然」與「必然」的角度評價性之諸說的文字經過戴震在《孟子私淑錄》與《緒言》中的逐步修訂，最終成爲《孟子字義疏證》卷上的結論：

> 欲者，血氣之自然；其好是懿德也，心知之自然，此孟子所以言性善。心知之自然未有不悦理義者，未能盡得理合義耳。由血氣之自然而審察之，以知其必然，是之謂理義。自然之與必然非二事也。……故歸於必然，適完其自然。夫人之生也，血氣心知而已矣。老、莊、釋氏見常人任其血氣之自然之不可，而靜以養其心知之自然，於心知之自然謂之性，血氣之自然謂之欲，説雖巧變，要不過分血氣心知爲二本：荀子見常人之心知，而以禮義爲

〔註82〕 在人性論問題上，荀子與程朱理學均強調道德原則與人之自然人性的差異性，理學在「天命之性」與「氣質之性」上做出的區別類似於荀子在「性」與「僞」之間的區分。這一共同點爲明清之際的很多學者所發揮，如明末孫慎行在言理學「氣質之性」時稱「荀子矯性爲善，最深最辨。唐宋人雖未嘗明述，而變化氣質之説頗陰類之」（《氣質篇》，《玄晏齋困思抄》卷一，轉引自《明儒學案》卷五十九）。

〔註83〕 （清）王先謙：《荀子集解》，中華書局，2007年，第434～439頁。

〔註84〕 （清）戴震：《讀孟子論性》，《全書》第六冊，第351頁。

聖心，見常人任其血氣心知之自然之不可，而進以禮義之必然，
於血氣心知之自然謂之性，於禮義之必然謂之教，合血氣心知爲
一本矣，而不得禮義之本；程子、朱子見常人任其血氣心知之自
然之不可，而進以理之必然，於血氣心知之自然謂之氣質，於理
之必然謂之性，亦合血氣心知爲一本矣，而更增一本……蓋程子、
朱子之學，借階於老、莊、釋氏，……其學非出於荀子，而偶與
荀子合，……天下惟一本，無所外……苟岐而二之，未有不外其
一者。六經孔孟而下有荀子矣，有老、莊、釋氏矣，然六經孔孟
之道猶在也，自宋儒雜荀子及老、莊、釋氏以入六經孔孟之書，
學者莫知其非，而六經孔孟之道亡矣。（《疏證》卷上，《全書》第
六冊，第 171～172 頁）

這段文字的理論基點是「自然與必然非二事也」、「歸於必然適完其自然」，
從孟子所謂的「理義爲性」出發，戴震認爲血氣心知之性與理義是內在一致
的，這種一致便是自然與必然的一致性，他以這種一致性審視歷來對「性」
的理解，並進而對老、莊、釋氏、荀子、程、朱之學說做出總體性的評騭。
戴震認爲他們沒能理解血氣心知與理義之間的「一本」關係（即自然與必然
的以氣化爲基礎的同源性），誤以爲它們具有不同根源，從而歧血氣與心知
爲「二本」或者歧血氣心知與理義爲「二本」。如同孟子評價夷之爲「二本」
以批評他與儒者的根本歧異一樣（見《孟子·滕文公上》），戴震認爲老、莊、
釋氏、荀子、程、朱之學說也因其視性爲「二本」而嚴重悖離了孔孟之道。
更有甚者，理學援異端之說以釋六經孔孟之書，使得聖人之道有隱沒不彰的
危險：

在老、莊、釋氏既守己自足矣，因毀訾仁義以伸其說。荀子謂常
人之性，學然後知禮義，其說亦足以伸。陸子靜、王文成諸人同
於老、莊、釋氏……程子、朱子尊理而以爲天與我，猶荀子尊禮
義以爲聖人與我也；謂理爲形氣所污壞，是聖人而下形氣皆大不
美，即荀子性惡之說也；而其所謂理，別爲湊泊附著之一物，猶
老、莊、釋氏所謂眞宰眞空之湊泊附著於形體也，理即完全自足，
難於言學以明理，故不得不分理氣爲二本，而咎形氣。蓋其說雜
糅傳合而成，令學者眩惑其中，雖六經、孔、孟之言俱在，咸習
非勝是，不復求通。嗚呼，吾何敢默而息乎！（同上書，第 167

～168 頁）

其中，尤其是程朱理學對「性」的歧解喚起了戴震的危機意識，他意識到，這一歧解的危害性遠不止是羼雜異端思想破壞六經的文本原義，更重要的是，一旦將「理義」作爲脫離血氣心知等具體人性的道德必然性過分強調，就很可能得出類似荀子的「性惡」結論，並將「形氣」——即人之情、欲——作爲矯治對象，最終使得原本與形氣「一本」的「理義」成爲戕賊人性的「忍而殘殺之具」〔註 85〕，更何況「言之謬，非終於言也，將轉移人心；心受其蔽，必害於事，害於政」〔註 86〕，一種不以欲望、情感等具體人性作爲基礎的嚴酷的道德主義很可能在各方面成爲壓制人的工具。基於此，戴震開始了《孟子字義疏證》的寫作。可以說，在《讀孟子論性》中從「自然」與「必然」一致性的角度對「性」之諸說的反省構成了戴震後來寫作《孟子私淑錄》、《緒言》、《孟子字義疏證》等義理著作的理論動力，而這種理論批評的目的便在於正本清源，以回復到對人性之自然與必然一致性的正確認識。

在本章前幾節的討論中，我們看到戴震在《詩補傳》初稿與改本中從「情」與「禮」、「物」與「則」的角度力圖描述經驗事實中內在的價值規定；《法象論》則詳細討論了「氣化」的觀念，爲探討天道、人倫、人性等貫穿事實與價值領域的問題提供了共同的存在論基礎；《原善》初稿集中討論「性」的問題，從氣化的角度探討了「善」（即仁、禮、義）的根源，將「性」理解爲材與善的內在統一，以「不盡其材」（即私與蔽）作爲不善之所以發生的原因，並提出「因材而善之謂之教」的工夫進路；《讀易繫辭論性》從「繼善成性」的問題出發引出了「自然」與「必然」的問題，並以此將氣化「生生——條理」的結構與人性「性之事——性之能」的結構關聯在一起，從而使得對氣化等天道問題的討論和對人性問題的討論得以統合到這一對概念之中；《讀孟子論性》進一步以「自然」與「必然」的內在一致性爲線索檢討了歷來對人性的誤解。「自然」與「必然」的一致性成爲戴震後來在《孟子私淑錄》、《緒言》、《疏證》等著作中批評老、莊、釋氏、荀子、程、朱、陸、王的主要依據，同時也成爲戴震思想的特立之處。以「自然」與「必然」的一致性爲主題，戴震對理氣關係、理欲關係、工夫進路等問題的探討雖未超出傳統理學的問題範圍，但很鮮明地引入了不同於程朱理學的立場，並發展爲獨具特色

〔註85〕 （清）戴震：《孟子字義疏證》，《全書》第六冊，第 216 頁。
〔註86〕 同上書，第 147 頁。

的概念體系。

　　以《原善》初稿和「論性」兩篇爲基礎，戴震於乾隆三十一年丙戌（1766）完成《原善》擴大本後，其思想框架基本確定。此後所作的《孟子私淑錄》、《緒言》、《孟子字義疏證》、《答彭進士允初書》都是在此基礎上的補充性論證，因此，下文不再分述這些著作間的差異，而將其視爲一個系統來處理〔註87〕。

〔註87〕錢穆認爲戴震在乾隆二十二年（1757）結識惠棟後，經歷了從程朱理學到「反程朱理學」的思想轉型；並且，其《原善》、《緒言》、《疏證》之間的内容也經歷了變化，集中體現爲對理學義理由弱漸強的批評（錢穆：《中國近三百年學術史》，第 391 頁）。錢穆之説影響深遠，余英時、周兆茂、陳徽等人的著作皆承此説。對此論前半部分的辨析已詳於本文第一章第二節。本文第三章已從戴震早年文本中梳理了其貫通自然與必然的思想傾向，此傾向内在地蘊含了對理氣二分、理欲對立等理學觀點的批評，故《原善》、《緒言》、《疏證》等著作中對理學的批評是否日趨強烈並不重要，要在這一傾向早已在東原的思想中有其根基，其論證日趨細密和深入亦是情理中事，並不構成思想轉變的例證。因此，本文將《原善》、《私淑錄》、《緒言》與《疏證》視作同一思想系統。

第四章　天道：氣化與條理

　　「道」在《說文解字》中的解釋是「所行道也」，即道路、途轍，或行走，其引申義爲「道理」〔註1〕。任何思想派別都可以將自己所遵從的原則稱爲「道」，因此，這一概念具有很大的開放性和包容性。

　　理學諸家討論的「道」，往往著重其作爲「路」的名詞性意義。如朱子稱「道猶路也，人物各循其性之自然，則其日用事物之間莫不各有當行之路，是則所謂道也」〔註2〕；陳淳在《北溪字義》中稱「道猶路也，當初命此字是從路上起意。人所通行方謂之路，一人獨行不得謂之路。道之大綱只是日用間人倫事物所當行之理」〔註3〕。這類觀點在偏重「道」的靜態意義時，有意無意地將其與形上之「理」等同。與此相反，戴震在對道進行基本界定時，對比了「路」與「行」兩種意義，並偏向於以「行」釋「道」，強調其動詞性意義。他認爲：

> 古人稱名，道也，行也，路也，其義交互相同，惟路字專屬塗路。《詩》三百篇多以行字當道字。大致道之名義於行猶近。謂之氣者，指其實體之名；謂之道者，指其流行之名。道有天道、人道。天道以天地氣化言也，人道以人倫日用言也。是故在天地，則氣化流行，生生不息，是謂道；在人物，則人倫日用，凡生生所有事，亦如氣化之不可已，是爲道。《易》曰「一陰一陽之謂道」，此言天道也；《中庸》曰「率性之謂道」，此言人道也。（《孟子私淑錄》卷上，《全書》第六冊，第37～38頁）

〔註1〕　（清）段玉裁：《說文解字注》，浙江古籍出版社，2007年，第75頁。
〔註2〕　（宋）朱熹：《四書章句集注》，中華書局，2005年，第7頁。
〔註3〕　（宋）陳淳：《北溪字義》卷下，中華書局，2009年，第38頁。

> 語道於天地，道之實體即理之精微，……語道於人，人倫日用爲道
> 之實事。（同上，第 42 頁）

在他看來，包含天道與人道在內的「道」不是靜態的，而是「氣化流行」的過程本身，正所謂「道猶行也，氣化流行，生生不息，是故謂之道」〔註4〕。氣化之道在天地生物與人倫日用的過程中展開自身：天地生物的過程是道之「實體」，而人倫日用之常行便是其「實事」。基於這種動態的天道觀念，戴震對天地事物與人性的理解都從「氣化」的視角得以展開。「氣化」構成理解戴震思想的邏輯起點〔註5〕。

一、氣化之道：生生而條理

明末清初的思想家多關注「氣」，相較於此，戴震更注重動態意義較強的「氣化」。在《法象論》中，戴震闡明了氣化的生成論意義，即陰陽在分合作用中化生萬物的過程（第三章第二節），但在此後的各種著作中，東原凸顯了氣化的存在論意義，著重探討與具體事物相即不離的氣化之道。

戴震對《中庸》中鬼神之德「體物而不可遺」的解釋是：

> 陰陽五行，氣化之實也。鬼神即以名其精氣，爲品物流形之本，故
> 曰體物而不可遺。未有能遺之以生者也。（《中庸補注》，《全書》第
> 二冊，第 63 頁）

「體物而不可遺」表明了具體事物與氣化之間本然的存在論關聯：氣化是事物存在的依據；並且，氣化本身就是「體物不遺」的過程，而非脫離「體物」過程的實體。這正與戴震對道的理解對應：

> 「立天之道，曰陰與陽」，不聞辨別「所以陰陽」而始可當道之稱……
> 一陰一陽，流行不已，夫是之謂道而已。（《私淑錄》卷上，《全書》
> 第六冊，第 38 頁）

「流行不已」的氣化之道只是陰陽的運行，即氣化流行的過程本身，在這一過程之外不存在任何形式的創生實體。由於這種氣化之道只有在「品物流形」中才獲得具體展現，因此，我們不妨通過「品物」來理解氣化。

〔註 4〕 （清）戴震：《疏證》卷中，《全書》第六冊，第 175 頁。
〔註 5〕 戴震思想中的「氣」早已爲學界所重視，但明確提出以「氣化」作爲其思想
　　　　的邏輯起點似始於陳徽所著的《性與天道——戴東原哲學研究》。關於「氣化」
　　　　在戴震思想中的基礎性意義，本文第三章做了更詳細的闡述。

（一）分與限：品物之性及其條理

　　戴震在《法象論》中用氣化的「分」與「合」描述事物的生成，稱「生生者化之原，生生而條理者化之流。分者其進，合者其止；進者其生，止者其息」〔註6〕。可能是由於長期校訂《大戴禮記》的緣故〔註7〕，東原在後來的著作中越來越多地借用《大戴禮記・本命》中「分於道謂之命，形於一謂之性」一語，以詮釋品物之性在氣化中的形成〔註8〕。爲闡明戴震的氣化思想，我們有必要先了解此語的文義：

　　　　分於道謂之命，形於一謂之性，化於陰陽，象形而發謂之生，化窮
　　　　數盡謂之死。故命者，性之終也。（《大戴禮記・本命》）

從字面來看，文中「道──命──性」的結構與《中庸》所謂「天命之謂性，率性之謂道」，以及郭店楚簡《性自命出》中「性自命出，命白天降」有近似之處。不過，「分於道謂之命，形於一謂之性」這一命題具有以下幾種獨特意涵：（一）指明了道的含義是陰陽氣化，並直接將道作爲論述命、性的起點，從而確定了以氣言命、以氣言性的立場；（二）將道與命之間的關聯確定爲「分」。「分」的原義是「別」〔註9〕，即從天道氣化流行的過程中散殊而來。這既說明命是對氣化之道的稟受，同時也意味著事物從氣化流行過程中稟受的命是各各不同的；（三）將命與性的關聯界定爲「形」，這意味著命所稟受之氣既成形質後的形態便是性，二者在內容上具有一致性。這也表明，從「化於陰陽」到「形於一」，品物之性的形成過程不僅是從氣化中獲得形軀的過程，同時也是獲得具體規定性與局限性的過程。（四）性在「形於一」時便已受命，因此命是性之始；同時，氣化所成之性必有「化窮數盡」之時，這也在命的規定之中，所以，命又是性之終。可以說，此處的命與性都是具有時間性的概念，這與理學用形上之「理」界定命與性有著根本的不同〔註10〕，命雖然「分於道」，但並不是從氣化中分離出來的靜態物，其本身只是氣化生成具體

〔註6〕　（清）戴震：《法象論》，《全書》第六冊，第477頁。
〔註7〕　東原對《大戴禮記》的校訂前後歷經近三十年，詳見第三章〔註27〕。
〔註8〕　戴震在《原善》初稿中稱「由天道以有人物……形以是形，色以是色，性以是性，咸分於道」（《全書》第六冊，第345頁）；在《私淑錄》、《緒言》、《疏證》及《答彭進士允初書》中更是一再明引此文。
〔註9〕　（清）段玉裁：《說文解字注》，第48頁。
〔註10〕如針對《中庸》「天命之謂性」一句，朱熹在《集注》中稱「性，即理也」；陳淳認爲「如『天命之謂性』、『五十知天命』、『窮理盡性至於命』，此等命字，皆是專指理而言」（《北溪字義》，中華書局，2009年，第1頁）。

事物的過程，仍處在氣化流行之中；性因為受命而獲得規定性，但此規定性
並非既成不變，而是以所受之命作為自身發展的起點，並朝向自身的命展開
自身，事物之性的發展就是實現自身之命的過程。在《大戴禮記》此語中，
性側重言事物發展的能力，命側重言事物發展的內在限度，但能力與限度的
來源都是「分於道──形於一」的過程，即氣化之道生成具體事物的過程。
事物生成時，稟受氣化而有的能力必定受到形質的限定，而這一限度貫穿形
質能力發展的始終，因此，並不表現為既成不變的規定性，而是作為一種傾
向不斷獲得充實。在這段表述中，命與性都是動態概念，二者並無實質區別。

　　戴震借「分於道謂之命，形於一謂之性」一語詮釋了事物之性：

> 僕愛《大戴禮記》曰「分於道謂之命」。道即陰陽氣化，故可言分；
> 惟分也，故成性不同。（《答彭進士允初書》，《全書》第六冊，第 356
> 頁）

> 《大戴禮記》曰：分於道謂之命，形於一謂之性。言分於陰陽五行
> 以有人物，而人物各限於所分以成其性。陰陽五行，道之實體也……
> 有實體，故可分；惟分也，故不齊。古人言性，惟本於天道如是。（《疏
> 證》卷中，《全書》第六冊，第 175 頁）

「分」是理解此處「道──命──性」結構的關鍵概念之一。由於天道是氣
化流行的實體，所以有分化和散殊，並得以在這一過程中生成具體的事物；
而由於其流變性，事物之性也必然呈現出差異性，即「惟分也，故不齊」。但
物性的差異並不妨礙同類事物本性的「相近」：

> 在氣化，曰陰陽，曰五行，而陰陽五行之成化也雜糅萬變，是以及
> 其流形不特品物不同，雖一類之中又復不同……《大戴禮記》曰：
> 分於道謂之命，形於一謂之性。分於道者，分於陰陽五行也。一言
> 乎分，則其限之於始有偏全、厚薄、清濁、昏明之不齊，各隨所分
> 而形於一，各成其性也。然性雖不同，大致以類為之區別，故《論
> 語》曰性相近也，此就人與人相近言之也。（同上，第 180 頁）

> 舉凡品物之性，皆就其氣類別之。人物分於陰陽五行以成性，舍氣
> 類更無性之名……其不同類者各殊也，其同類者相似也。（《緒言》
> 卷上，同上書，第 94～95 頁）

事物之性以氣化為存在論基礎，在稟氣而生的過程中必然有偏全、厚薄、清
濁、昏明的差異，因此，不可能有完全相同的事物存在，但依照近似的程度，

事物會在氣化中形成一定的類別。這種「氣類」，或這種「不齊」中的「相近」便是氣化內在規定性的具體表現，或者說是氣化之條理。

關於氣化中的條理，戴震曾在《法象論》中以類似於陰陽闔闢的「分——合」作用予以揭示（見本文第三章第二節）。在《原善》改本之後的著作中，受《大戴禮記》的影響，戴震論述條理的關鍵詞也從「分——合」轉變爲「分——限」：「分於道」直接解釋了事物之性的氣化根源，「形於一」則意味著事物受限於形質而獲得其內在規定性。「分於道」到「形於一」的過程既是事物的形成過程，也是其獲得內在條理的過程。在《原善》中，他以「限於所分曰命，成其氣類曰性」來說明氣化對事物之性的限定〔註11〕，並進一步解釋爲：

> 論氣數，論理義，命皆爲限制之名〔註12〕。譬天地於大樹，有華有實有葉之不同，而華、實、葉皆分於樹，形之鉅細，色臭之濃淡，味之厚薄，又華與華不同，實與實不同，葉與葉不同。一言乎分，則各限於所分。取水於川，盈罍，盈瓶，盈缶，凝而成冰，其大如罍，如瓶，如缶，或不盈而各如其淺深。水雖取諸一川，隨時與地味殊而清濁亦異，由分於川，則各限於所分。（《答彭進士允初書》，《全書》第六冊，第357頁）

如同樹木在生長過程中會呈現出花、果、葉等不同物類，同類之中又表現出鉅細、濃淡、厚薄的形質差異一樣，氣化在分而施生，成就不同物類的同時，也將事物局限在偏全、厚薄、清濁、昏明等不同形質之中，從而顯現爲不同物性。這種內在於氣化生物過程中的限制就是前文所稱的「限之於始」或「限於所分以成性」（作爲名詞的「分」念去聲，本身就具有規定性的意義）。物性的「不齊」與「相近」都是「分——限」的結果。因此，「限」是事物與生俱來的內在規定性，即：

> 在物之質，曰肌理、曰腠理、曰文理，得其分則有條而不紊，謂之

〔註11〕（清）戴震：《原善》卷上，《全書》第六冊，第7頁。
〔註12〕此處以「氣數」、「理義」論命與東原以氣化言命的立場似乎不合，故需特別說明。陳淳《北溪字義》曾稱「命一字有兩義：有以理言者，有以氣言者，其實裏不外乎氣」。戴震此文是對彭紹升的回信，文中「論氣數」、「論理義」很可能是順著彭學立場而發，並不意味著戴氏本人將命理解爲「氣數之命」與「理義之命」。因此，此句後半部分才是戴震要突出的重點，即強調命是「限制之名」。

條理。(《疏證》卷上,《全書》第六冊,第 151 頁)

作爲「自然之分理」的條理並非具體事物材質之外的獨立實體〔註 13〕,而是即事物本身而存在的屬性,是氣化流行自身呈現出來的文理。

戴震以「分於道謂之命,形於一謂之性」詮釋氣化與條理的思路與《法象論》中所謂的「生生而條理」相通:「氣」分而施生與合而成化的過程生成了事物之形質,而條理正是其形質本身具有的內在規定性,是氣化生生的結果。由此看來,東原所論之理可以視之爲事中之理或氣中之理。

(二)自然而歸於必然:理氣關係的「內在目的論」結構

程朱理學在理氣先後、理氣動靜、理氣同異、理一分殊等問題上留下了許多理論困難,如何建立理氣之間的內在一致性一直是此後儒學的重要課題。後世儒學家在這一課題上的努力被稱爲「去實體化傾向」〔註14〕。當然,這一努力很難說已經取得成功。例如,吳澄既認爲「理在氣中,同時俱有」〔註15〕,但同時又聲稱「氣之所以能如此者,何也?以理爲之主宰也」〔註16〕,其「所以能」之理和「主宰」之理都帶有明顯的實體色彩。羅欽順認爲「理只是氣之理,當與氣之轉折處觀之」〔註17〕,但仍不免以理一分殊論人性之本然與實然,稱「分殊,故各私其身;理一,故皆備於我」〔註18〕,其中,「理」仍被視爲實體,以便爲道德意識確立一個普遍必然性基礎。此後,理在氣中的觀念在王廷相、顏元等人的思想中亦有表達,但理究竟以何種方式「內在」於氣(或內在於事物)仍未得到清晰的闡明。下文將表明,戴震對品物之性的進一步闡釋向我們揭示了一種「理內在於氣」的可能性,其「自然歸於必然」的觀念爲我們理解「理在氣中」或「理在事中」提供了一種類似於「內在目的論」(immanent teleology)的視角〔註 19〕。

〔註13〕 (清)戴震:《疏證》卷上,《全書》第六冊,第 152 頁。

〔註14〕 關於「去實體化」傾向,可參看陳來教授《元明理學的「去實體化」傾向及其理論後果——重回哲學史詮釋的一個例子》,載《詮釋與重建——王船山的哲學精神》,北京大學出版社 2004 年,第 394~419 頁。

〔註15〕 (元)吳澄:《答田副使第三書》,《吳文正公集》卷三,臺灣商務印書館影印文淵閣《四庫全書》本,第 40 頁。

〔註16〕 (元)吳澄:《答人問性理》,《吳文正公集》卷二,同上,第 14 頁。

〔註17〕 (明)羅欽順:《困知記》,中華書局,1990 年,第 68 頁。

〔註18〕 同上書,第 2 頁。

〔註19〕 「內在目的論」在亞里士多德研究中有較多討論。可參閱 Martha C. Nussbaum, Aristotle's De motu animalium (Princeton: Princeton University Press, 1978);

戴震以氣化作為品物之性的存在論基礎，這是否意味著氣化之性與王充所謂「用氣為性，性成命定」相似，意味著事物的存在與發展都限定在其本性中，以至於「形不可變化，性不可減加」呢〔註20〕？或者同於荀子所謂「凡性者，天之就也，不可學，不可事」呢〔註21〕？並非如此。東原認為性不僅是氣化生生的結果，而且始終處在氣化生生的過程之中，因此是一個動態概念：

> 人物之生，分於陰陽氣化，據其限以所分謂之命，據其為人物之本始謂之性。(《私淑錄》卷上，《全書》第六冊，第 37 頁)

> 限於生初，所謂命也；而皆可以擴而充之，則人之性也。(《疏證》卷中，同上書，第 193 頁)

儘管命與性在內容上並無二致，但與命的限制意義對應，性更多地表達了「行為傾向」的意義。無論是以「本始」言人物之性，還是以「可以擴而充之」言人性，都表明戴震所謂氣化之性具有時間性特點，是特定行為傾向的集合體，而非現成規定性的集合體。戴震稱：

> 凡有生，即不隔於天地之氣化。陰陽五行之運而不已，天地之氣化也。人物之生生本乎是，由其分而有之不齊，是以成性各殊。知覺運動者，統乎生之全言之也，由其成性各殊，是以本之以生，見乎知覺運動也亦殊。氣之自然潛運，飛潛動植皆同，此生生之機肖乎天地者也，而其本受之氣，與所資以養者之氣則不同。所資以養者之氣，雖由外而入，大致以本受之氣召之。五行有生剋，遇其克之者則傷，甚則死，此可知性之各殊矣。本受之氣及所資以養者之氣必相得而不相逆，斯外內為一，其分於天地之氣化以生，本相得，不相逆也。氣運而形不動者，卉木是也；凡有血氣者，皆形能動者也。由其成性各殊，故形質各殊，則其形質之動而為百體之用者，利用不利用亦殊……無非性使然也。(《疏證》卷中，同上書，第 182～183 頁)

「凡有生，不隔於天地之氣化」與《中庸補注》中的「陰陽五行，氣化之實

Monte R. Johnson, Aristotle on teleology (Oxford: Clarendon Press. Oxford, 2005)。本文借用「內在目的」這一概念來闡述戴震對理氣內在一致性的理解。

〔註20〕黃暉：《論衡校釋》，中華書局，2006 年，第 59 頁。

〔註21〕（清）王先謙：《荀子集解》，2007 年，第 436 頁。

也，鬼神即以名其精氣，爲品物流形之本，故曰體物而不可遺」相互補充。後者表明氣化之道不在品物之外，而前者說明品物也始終處在陰陽五行的流轉中。所以，源自氣化的人物之性並非既成不變，而是自然稟有「生生之機」，呈現爲知覺運動。知覺運動的過程就是品物借本受之氣不斷感召資養之氣，以發展自身的過程。本受之氣是事物在「分於道──形於一」時稟受的氣，即形質初成時所具有的性；資養之氣與本受之氣同源於一氣，且二者的性質有相生或者相得的關係，所以易相互結合，而「外內爲一」。這種結合的實質是「利用」（利即順遂之意），即事物順應其形質而展開自身，因此是事物之內在傾向的拓展。從目的來看，事物的知覺運動不追求任何外在目的，因此不受外在目的的支配，只是本受之氣對資養之氣的感召，而感召的原則是二氣之間內在的五行生剋關係；從動力來看，這種過程也不受外物的推動，只是事物內在「生生之機」的作用，而生生之機爲任何「不隔於天地之氣化」的事物內在地具有。可以說，事物的運動、變化及其持存都是「無非性使之然」。事物之性是一種自發的內在趨向。既然這種趨向不服從外在目的，則其規定性必然來自內部。這一規定便是貫穿性之始終的「命」。自成形之始，性就「限於所分」，所以，本受之氣總是能感召與己身「相得而不相逆」的資養之氣，表現出各各不同的知覺運動。因此，事物之性是朝向內在目的（intrinsic end）的傾向，是自發性與限定性的一體物。

　　上一章的分析指出，戴震在「論性」兩篇中提出的「自然」與「必然」概念不僅描述了氣化之道「生生而條理」的結構，而且表達了人性中材質與理義的內在一致性。基於此，戴震有理由在更一般的意義上用這組概念描述自發性與限定性的一致關係：

> 陰陽流行，其自然也。精言之，期於無憾，所謂理也。理非他，蓋其必然也。（《緒言》卷上，同上，第 87 頁）

> 天地、人物、事爲，不聞無可言之理者也。《詩》曰「有物有則」是也。物者，指其實體實事之名；則者，稱其純粹中正之名。實體實事，固非自然而歸於必然，天地、人物、事爲之理得矣。（《疏證》卷上，同上，第 164 頁）

準確地說，在戴震思想中，事物之性不是從氣化中產生出來的現成物，而是氣化的構成者與參與者，並且其稟氣成形的過程也意味著自身內在規定性的建立。事物的存在與變化是自己而然，但並非無目的的自發性過程，而是對

自身規定性的充實，也就是「自然而歸於必然」的過程。

在諸多概念分析之後，我們大致可以建立起一個關係圖示：

圖 4-1

氣化通過分合作用生成事物，同時賦予事物以內在條理。這一過程可借用《大戴禮記》中「分於道——形於一」的「分——限」結構來表達。事物之性是在氣化之道的散殊中形成的，而一成形質也就意味著限定在形質之中，因此，事物之性同時也是其命。事物之性「不隔於天地氣化」，必定憑藉本受之氣與外界的資養之氣發生關聯，自然而然地展開自身，而這一過程循著其內在規定性展開，同時也是對其內在規定性的充實，即「自然而歸於必然」。「理」是作為條理存在於氣化過程之中，即作為事物的「內在目的」或內在規定性存在於事物之中。

二、理氣一本：駁理氣二分

在正面論證「生生而條理」的同時，戴震詮釋氣化之道的另一重要側面是對程朱理學理氣二分觀念的批駁。這一批駁集中於「形而上——形而下」、「所以一陰一陽者」、「太極——兩儀」等理學引徵的經典論據及其「推而上之」的思想方法。

（一）理氣二分的原典依據：以「形而上／形而下」為中心

理氣的二分是程朱理學最重要的理論基礎。如朱子所言：

> 天地之間有理有氣。理也者，形而上之道也，生物之本也。氣也者，

形而下之器也，生物之具也。是以人物之生必稟此理然後有性，必
稟此氣然後有形。(《晦庵先生朱文公文集》卷五十八,《答黃道夫一》)

從理學立場上看，理與氣在存在論上處於相互獨立的地位，二者不可相互化約。理為本，是事物生成與持存的根據，為事物確立基本的規定性；氣為具，是事物在形體上的來源。理氣的分別既是在存在論上解釋道器之別的基礎，也是人性論上區分天命之性與氣質之性，進而嚴辯「天理」與「人欲」的前提。這一區別雖然是二程兄弟「自家體貼出來」〔註22〕，但其意義結構卻是在對「形而上——形而下」、「所以一陰一陽者」、「太極——兩儀」等經典文句的詮釋中逐步建立的。

程頤對「形而上」與「形而下」的表述奠定了理氣二分的基調：

《繫辭》曰：形而上者謂之道，形而下者謂之器。又曰：立天之道，曰陰與陽；立地之道，曰柔與剛；立人之道，曰仁與義。又曰：一陰一陽之謂道。陰陽亦形而下者也，而曰道者，惟此語截得上下最分明。(《河南程氏遺書》卷十一)

所謂「截得上下分明」是指將「形而上」與「形而下」截得分明。這一分別在朱子看來便是理氣的分別，即「形而上者謂之理，形而下者謂之氣」〔註23〕。

至於「形」以及「上」、「下」的具體涵義，程、朱多有論及：

且如造化周流，未著形質便是形而上者，屬陽；才麗於形質，為人物，為金木水火土，便轉動不得，便是形而下者，屬陰。(《語類》卷九十四)

形而上、形而下只就形處離合分別，此正是界至處。若止說在上、在下，便成兩截矣。(同上書，可學錄)

問：形而上下如何以形言？曰：此言最的當。設若以有形、無形言之，便是物與理相間斷了，所以謂「截得分明」者，只是上下之間分別得一個界止分明。(《語類》卷七十五,謨錄)

問：如何分形器？曰：形而上者是理，才有作用便是形而下者。(同上書，祖道錄)

〔註22〕 （宋）程顥、程頤：《河南程氏外書》卷十二，《二程集》，中華書局，2005年，第424頁。

〔註23〕 （宋）朱熹：《論語或問》卷十九，載《四書或問》，安徽教育出版社，2001年，第337頁。

問：先有理抑先有氣？曰：理未嘗離乎氣。然理形而上者，氣形而
下者，自形而上下言，豈無先後。理無形，氣便粗有渣滓。（同上，
卷一，陳淳錄）

理也者，形而上之道也，生物之本也。氣也者，形而下之器也，生
物之具也。其性其形，雖不外乎一身，然其道器之間分際甚明，不
可亂也……今不審此……則是指氣爲理而索性於形矣，豈不誤
哉！……此義理之原，學者不可不察。（《文集》卷五十八，《答黃道
夫一》）

離了陰陽更無道，所以陰陽者是道也。陰陽，氣也。氣是形而下者，
道是形而上者，形而上者則是密也。（《二程遺書》卷十五）

朱子認爲「未著形質」便是形而上者，「麗於形質」便是形而下者，顯然將「形」
理解爲形質。但「上」、「下」的意義有含混之處：（1）二者含有「無形」、「有
形」之義。朱子在這一理解角度上有所閃爍。一方面，將「上」、「下」之別
理解爲有形與無形會過度強化二者的區分，會使得形上之理與形下之氣（物）
「相間斷」，成爲「兩截」，無法建立起有效的存在論關聯，因此朱子認爲二
者不可「以有形、無形言之」；另一方面，二者畢竟不是一物，必須「截的分
明」，而且，形上者與形下者確實「只就形處離合分別」，有形、無形的確是
區分二者的重要標誌，所以朱子自己也稱「形而上者，無形無影，是此理；
形而下者，有情有狀，是此器」〔註24〕。這種用詞的閃爍源自朱子沒有最終
解決「就形處離合分別」是一種怎樣的狀態，即無法解釋無形的「形而上者」
究竟以何種方式「著於」或「麗於」有形的「形而下者」。對應於此處「形而
上者」與「形而下者」若即若離的關係，朱子哲學也沒有最終解釋理氣「不
離不雜」的困難，即不雜的「二物」如何可能「不離」。（2）二者含有時間上
的先後之義。在這一理解角度上，朱子同樣有所猶豫。如果說「自形而上下
言，豈無先後」可以被理解爲「邏輯上的先後」的話，那麼，從「造化周流，
未著形質便是形而上者，屬陽；才麗於形質，爲人物，爲金木水火土，便轉
動不得，便是形而下者，屬陰」這一區分看，朱子似乎將形而上與形而下理
解爲「造化」的不同發生階段，因此具有時間上的先後關係。既然是從「未
著」（著，讀若附著之著）到「麗於」，那麼，「造化」就不僅是形質生成的過

〔註24〕　（宋）黎靖德編：《朱子語類》卷九十五。

程，而且是某種處於形質之外者與形質相結合的過程〔註25〕。這意味著無論「造化」的主體是什麼，「造化周流」這一過程至少需要對三個問題作出解釋──形質的生成、異於形質者的存在論基礎，以及異於形質者對形質的依著與附麗如何可能；也就是說，「造化」需要同時為兩種異質者提供存在論基礎，並進而解釋二者的相容性。朱子意識到了這一困難，並在後來徹底推翻了這一觀點，他稱「昨晚說造化為性不是，造化已是形而下，所以造化之理是形而上」〔註26〕。前文以「未著形質」和「麗於形質」作為「造化」的不同階段是將造化置於根源的位置以解釋「形而上」與「形而下」，但此處稱「造化是形而下，所以造化之理是形而上」則是預先設定「形而上」與「形而下」的區分，以此區分將「造化」離析為「造化之理」與「造化」自身，從而消解「造化」的根源性地位。朱子這一「倒果為因」的改變，其實質是放棄從時間性角度理解「形而上」與「形而下」的融貫性，不再將其視為「造化周流」的不同階段，轉而保留二者相互獨立的地位。這也表明，作為「理」的形而上者所具有的超時間性必然要求其與具有時間性的形而下之氣和具體事物處於「相離」的地位。（3）二者具有本末之義。形而上者是「生物之本」或「所以陰陽者」，形而下者則是「生物之具」或陰陽自身。前者是事物生成與存在的根據，是事物之性；後者則只是構成事物的形質或資材，是事物之性的承載者，而非事物之性的構成部分。二者既為本末之分，那麼任何即氣言理或即形言性的觀念都有混淆本末的嫌疑，這使得理氣的分際越發明朗，而要在兩者之間建立有效關聯也越發困難。在理學話語中，無論是從「有形──無形」、「先──後」還是「本──末」的角度來理解「形而上」與「形而下」的關係，二者「終是二物」。

程子與朱子在對《繫辭》中「形而上」與「形而下」進行二分的同時，進一步從《繫辭》「一陰一陽之謂道」中創造出「所以陰陽者」的概念以與「陰陽」相區別，並強調了「易有太極，是生兩儀」中「太極」與「兩儀」的對立，將「形而上者」、「所以陰陽者」與「太極」歸屬於理，將「形而下者」、「陰陽」與「兩儀」歸屬於氣，從而充實了理氣二分的經典依據。但這種二

〔註25〕 當然，朱子並不認為自己關於形上、形下的這一區分導致了二者的截然分離。他稱「謂此器，則有此理，有此理，則有此器，未嘗相離，卻不是於形器之外別有所謂理」（《朱子語類》卷九十五，賀孫錄，中華書局，2004年，第2421頁），儘管二者如何「未嘗相離」始終沒有得到說明。

〔註26〕 （宋）黎靖德編：《朱子語類》卷四，可學錄，同上書，第63頁。

分帶來了「理氣論」的諸多困難：（1）理作為「生物之本」需要為事物的生成提供解釋，於是有「理生氣」之說。儘管此說多被解為理對氣的「邏輯先在性」，而非「時間先在性」，但究其實質，朱子此說的目的不在討論二者之先後，而是討論在事物的生成過程中理與氣何者處於本原地位〔註27〕。因此，當朱子以「理」解釋「生物」的最終依據時，本不具有時間性的理被人為地賦予了時間性，從而被迫與「氣」、「陰陽」等「形而下者」處於同一時間序列中，從而產生了「理氣先後」的問題，並演化出「理生氣」、「太極生陰陽」等論斷，而與理「無情意、無造作、無計度」的基本特徵相矛盾〔註28〕。（2）理作為「所以陰陽者」需要為陰陽的運行提供解釋，於是有了「理有動靜」之說。朱子一方面認為「理有動靜，故氣有動靜，若理無動靜，則氣何自而有動靜乎」〔註29〕，強調氣之動靜完全以理之動靜為依據；另一方面又稱「氣既有動靜，則所載之理亦安得謂之無動靜」，「理搭於氣而行」〔註30〕，認為理憑藉氣而有動靜。兩個論斷似乎構成相互歸因的「惡循環」。當然，朱子有一個迂曲的辯護，即理自身「靜而無靜、動而無動」，作為「本然之妙」使得陰陽之氣有動有靜；同時，由於理「附著」於氣，而氣的動靜也以理為依據，所以我們也可以說「理有動靜」〔註31〕。然而，問題顯然不在於我們能不能說「理有動靜」，而在於理究竟如何使得氣動靜。（3）由於「人物必稟此理然後有性」，所以理需要為事物之性的同異提供解釋，於是有「氣異理異」之說。與絕大多數本原學說一樣，程、朱認為只有一個本原，那就是理。朱子繼承了程頤「天下之事歸於一是，是乃理也」和「萬理歸於一理」的觀點〔註32〕，稱「論萬物之一原，則理同而氣異，觀萬物之異體，則氣猶相近而理絕不同」〔註33〕，即事物在稟受天命時，所稟之理都源自「天命流行」這一規定性總體，並無差別，只是所受之氣有清濁純駁的差別，但在既成形質後，則雖然

〔註27〕　參看陳來：《朱子哲學研究》，華東師範大學出版社，2008 年，第 96～99 頁。

〔註28〕　（宋）黎靖德編：《朱子語類》卷一，第 3 頁，僩錄。

〔註29〕　（宋）朱熹：《文集》卷五十六，《答鄭子上十四》。

〔註30〕　分別見《朱子語類》卷五，第 84 頁，賀孫錄：卷九十四，第 2376 頁，可學錄。

〔註31〕　朱子在《語類》卷九十四中論「太極者本然之妙，動靜者所乘之機」（第 2370 頁，賀孫錄），以及「人跨馬」的比喻（第 2374 頁，謨錄）正是從這一角度做出辯護。

〔註32〕　（宋）程顥、程頤：《二程外書》第一、《二程遺書》卷十八。分別見《二程集》第 351 頁、第 1267 頁。

〔註33〕　《朱子語類》卷四，第 57 頁，僩錄。

在知覺運動方面表現出相似性，其理（內在規定性）卻因氣稟的遮蔽而相去甚遠。朱子以「鏡子」爲例發揮了這種「遮蔽說」。他認爲這種氣稟對理的遮蔽「恰似鏡子，其它處都暗了，中間只有一兩點子光，大凡事物稟得一邊重，便佔了其它底」〔註 34〕。鏡子的任何部分本來可以照見事物，其實際所照範圍的差異不是鏡子本身造成的，也不是塵跡或鏽跡造成的，而是塵跡或鏽跡「遮蔽」鏡子才造成了這種差異。與此對應，事物之性所稟之理形同，其差異不是事物之理本身稟受有別，也不是事物所受之氣造就這種差別，而是氣稟在「偏全」、「通塞」、「清濁」、「厚薄」等方面的不同程度地「遮蔽」了本然之理，所以形成事物的差異。但問題在於，如果塵跡或鏽跡本身不具備遮蔽鏡子的性質，就不可能造成鏡子所照範圍的差異。同樣，如果氣自身不具備各種具體性質，也就不可能「遮蔽」理，從而使事物呈現出殊異性。所以，朱子不得不承認「惟其所受之氣只有許多，故其理亦只有許多，如犬馬，他這形氣如此，故只會得如此事」〔註 35〕。這種「氣異理異」的論斷以氣作爲解釋事物性質的依據，自然與「人物必稟此理然後有性」的立場相矛盾。

理之所以在解釋氣或具體事物的生成、運動和性質差異時陷入困境，歸根結底源自理學「理氣二分」的基本立場。當程朱理學盡力將事物的規定性描述爲「無形跡」、「無情意」、「無計度」、「無造作」的理，試圖將其與氣及具體事物「截得分明」時，也就將其歸入了「潔淨空闊的世界」，成爲了與現實經驗世界相分離的存在者。正如亞里士多德評價柏拉圖說「分離是理念產生困難的原因」一樣〔註 36〕，程朱理學堅持理對於氣、物的獨立性，卻又以理作爲支配事物生成、運動的實體和解釋所有事物之性的根據，不可避免地要面對矛盾。

與程、朱的理解不同，戴震對「形而上——形而下」、「一陰一陽之謂道」、「太極——兩儀」等原典文句提出了自己的詮釋，並以此批駁程朱理學理氣二分的思想立場。

關於「形而上」與「形而下」，戴震並不認同程、朱的解釋。他認爲：

〔註 34〕 同上。

〔註 35〕 《朱子語類》卷四，第 57 頁，廣錄。

〔註 36〕 亞里士多德：《形而上學》1086b 6，李真譯，上海世紀出版集團，2006 年，第 421 頁。關於亞里士多德對柏拉圖理念論的批評可參看 Gail Fine, On ideas: Aristotle's criticism of Plato's theory of forms (Oxford: Oxford University Press, 2004)。

　　　　氣化之於品物，則形而上下之分也。形乃品物之謂，非氣化之謂。……
　　　　形謂已成形質，形而上猶曰形以前，形而下猶曰形以後〔原注：如
　　　　言千載而上、千載而下。《詩》「下武維周」，《鄭箋》云：下，猶後
　　　　也〕。陰陽之未成形質，是謂形而上者也，非形而下明矣。器言乎一
　　　　成而不變，道言乎體物而不可遺，不徒陰陽非形而下，如五行水火
　　　　木金土，有質可見，固形而下也，器也，其五行之氣，人物咸稟受
　　　　於此，則形而上者也。（《疏證》卷中，《全書》第六冊，第 176 頁）

材料的前半部分旨在表明立場：「形而上」與「形而下」是氣化生成品物的
連貫過程，「形而上」即氣化生成品物之前的狀態，「形而下」即既成品物後
的狀態。儘管程、朱也將「形」解爲品物，但在戴震看來，理學家實際上不
是以「品物」區分形上、形下，而是以「氣化」區分二者，認爲與氣化有關
者便是形而下者，與氣化無關者則爲形而上者，所以，當他說「形乃品物之
謂，非氣化之謂」時，意在批駁程、朱的理氣二分，並表明自己以「氣化」
貫穿形而上與形而下的立場，而不是爲「形乃品物之謂」這一古訓正名。材
料的後半部分，戴震提出了對「上」、「下」的解釋。將「上、下」解爲「前、
後」的觀點直接源自其早年所作的《毛鄭詩考正》（見第二章第三節）。客觀
而言，這一解釋儘管言之有據，但絕非「定詁」。《說文》認爲上、下二字是
因指事而造，稱「上，高也」，「下，底也」。《書・堯典》「格於上下」、《中
庸》「言其上下察也」都是形容空間位置之高低；而由此空間高下，又易衍
生爲尊卑之別，如《書・文侯之命》「昭陟於上，敷聞在下」。可見，單憑几
個用例就斷定「形而上」與「形而下」是表示時間先後，有失允當。但戴震
這一解釋的思想意義超出了其訓詁學意義。它使得形而上者與形而下者不再
處於不同的存在論層次，而是表示同一時間序列中的不同階段。在東原看
來，陰陽五行等氣化的運作過程便是形而上者，由其生成的具體形質則是形
而下者，二者是氣化的不同表現形態。其區分不是行跡、作用的有無之別，
而是是否作爲「形質」表現出來，即是否「有質可見」。在氣化流行之外，
並不存在支配氣化流行的「如有一物」的「理」。以「前、後」解釋「上、
下」，則「形而上」與「形而下」描述的只是氣化的不同階段，而非對立存
在的理與氣。
　　由於「形而上」與「形而下」源自《易・繫辭》所謂「形而上者謂之道，
形而下者謂之器」，因此戴震在解釋「形而上」和「形而下」之後，也對「之

謂」、「謂之」做出了分析：

> 古人言辭，「之謂」、「謂之」有異。凡曰「之謂」，以上所稱解下，
> 如《中庸》「天命之謂性，率性之謂道，修道之謂教」，此為性、道、
> 教言之，若曰「性也者，天命之謂也；道也者，率性之謂也；教也
> 者，修道之謂也」，《易》「一陽一陰之謂道」則為天道言之，若曰「道
> 也者，一陰一陽之謂也」。凡曰「謂之」者，以下所稱之名辨上之實，
> 如《中庸》「自誠明謂之性，自明誠謂之教」，此非為性、教言之，
> 以性、教區別「自誠明」、「自明誠」二者耳，《易》「形而上者謂之
> 道，形而下者謂之器」本非為道、器言之，以道、器區別其「形而
> 上」、「形而下」耳。（同上）

東原對二者的描述可簡化為：「之謂」是「以上所稱解下」，是「為……言之」；
「謂之」是「以下所稱之名辨上之實」，是「區別……耳」。戴震認為，二者
雖同屬命名行為，但其差異突出體現為「為……言之」和「區別……耳」的
分別。「A 之謂 B」是說「A 是為 B 言之」，或者「B 者，A 之謂也」，即 A
是對 B 的不可變更的屬性的描述，或者 B 的不可變更的性質通過 A 得到了
表述，即 A 與 B 的涵義相同。「之謂」用於兩個同義的語詞中間，構成以 A
「解」B 的詮釋結構，其功能接近於「定義」。「A 謂之 B」是為了把 B 與其
它事物區別開，而運用 B 特有的識別標記 A 為它命名，這種表達結構的語法
功能是「辨」或「區別」〔註37〕，而不是確定某一概念的涵義。這如同我們
可以根據馬的不同顏色將其命名為騎、皇、驪、黃以示區別〔註38〕，但它們
不構成對馬的定義。戴震這一區分的目的在於說明「形而上者謂之道，形而
下者謂之器」中所使用的「謂之」表明此句是區分，而非定義，是以「道」
和「器」為「形而上」、「形而下」這兩種特徵命名，而「本非為道器言之」；
同時說明「一陰一陽之謂道」這種「之謂」結構才是「為天道言之」，才是
對天道的定義，因此，道應該被理解為一陰一陽的氣化過程。可以說，與他
對「形而上」與「形而下」的論證類似，他對「之謂」、「謂之」的論證也是
為了強化以氣化論道的立場，並去除理氣二分的原典依據。

〔註37〕戴震在《緒言》中稱「謂之」為「以下所稱解上」，稱「之謂」為「以上所稱
解下」，這使得二者的差別只表現為被釋詞位置的調換；而《疏證》則明確稱
「之謂」為「以上所稱解下」，稱「謂之」為「以下之名辨上之實」，「解」和
「辨」涵義懸殊，二者差異被進一步明晰化。

〔註38〕見《詩・魯頌・駉》。

　　戴震對「之謂」與「謂之」的區分在訓詁學上受到了一些重視，但其訓詁學價值其實大有疑問。這一區分早有淵源。朱子稱「謂之，名之也；之謂，直爲也」〔註39〕。高拱在辨別「修道之謂教」與「自明誠謂之教」時亦稱「之謂云者，原其所以名也；謂之云者，加之名者也」〔註40〕。戴震的區分大致與這些說法類似，都認爲「之謂」承擔定義的功能，而「謂之」只承擔區分的功能。儘管高拱與戴震所舉的用例都佐證了這種論斷，但《孟子·盡心下》所謂「可欲之謂善，有諸己之謂信，充實之謂美，充實而有光輝之謂大，大而化之之謂聖，聖而不可知之之謂神」中對「之謂」的使用顯然都不是出於定義的需要，而是爲了區別道德人格的不同層次，而《易·繫辭》所謂「富有之謂大業，日新之謂盛德。生生之謂易，成象之謂乾，效法之謂坤，極數知來之謂占，通變之謂事，陰陽不測之謂神」中的八個「之謂」恐怕也並非都是「以上所稱解下」。反過來看，「謂之」也不盡然都是爲了「區別」。例如，戴震曾引用《大戴禮記·本命》中「分於道謂之命，形於一謂之性」一語，並稱：

> 《大戴禮記》曰：分於道謂之命，形於一謂之性。分於道者，分於
> 陰陽五行也。一言乎分，則其限之於始有偏全、厚薄、清濁、昏明
> 之不齊，各隨所分而形於一，各成其性也。（《疏證》卷中，同上書，
> 第 175 頁）

從《大戴禮記》的原文看，「謂之命」、「謂之性」應被戴震視爲一種「區別」，是「以下所稱之名辨上之實」，即用「命」與「性」區分「分於道」和「形於一」兩種性質或狀態；但戴震的闡釋顯然是在用「分於道」和「形於一」來解釋「性」，是將這裏的「分於道謂之命，形於一謂之性」看作了「以上所稱解下」的定義行爲。由此可見，「之謂」與「謂之」的區分不僅在考據學上難以成立，而且戴震在自己的著作中也沒有徹底貫徹。可以說，戴震對「之謂／謂之」的區分併不成功〔註41〕，但其出發點仍然是爲了駁斥理學執定「形

〔註39〕（宋）黎靖德編：《朱子語類》，卷一百三十八，第3280頁。

〔註40〕（明）高拱：《高拱論著四種》，中華書局，1993年，第112頁。

〔註41〕有學者已經指出這一點。詳見陳贇《回歸眞實的存在──王船山哲學的闡釋》第二章第一節《「謂之」與「之謂」》（復旦大學出版社，2007年），及李暢然《戴震〈孟子字義疏證〉文獻學考察》（載《中文學刊》第四期，2005年12月）。但本文的著眼點與論證結構與陳、李有較大差異。在筆者的寫作過程中，有學者建議將胡塞爾的「形式化」（formalization）與「總體化」（generalization）概念對應於戴震的「之謂」與「謂之」，但胡塞爾的這對概念直接關乎其「本

而上者謂之道，形而下者謂之器」一語而造成的理氣二分，而且這一理論目的已經在他對「形而上」、「形而下」的解釋中實現，因此，這一論證在訓詁學上的失敗並不能削弱戴震批判理氣二分的思想意義。

除了分析「形而上──形而下」和「之謂──謂之」，戴震還剖析了「所以一陰一陽者道」。在他看來：

> 《易》又有之：立天之道，曰陰與陽。直舉陰陽，不聞辨別所以陰陽而始可當道之稱，豈聖人立言皆辭不備哉？一陰一陽，流行不已，夫是之謂道而已。……《易》言一陰一陽，《洪範》言初一曰五行，舉陰陽，舉五行，即賅鬼神；《中庸》言鬼神之體物而不可遺，即物之不離陰陽五行以成形質也。由人物逆而上之，至是止矣。六經、孔、孟之書不聞理氣之辨，而後儒創言之，遂以陰陽屬形而下，實失道之名義也。（《疏證》卷中，同上書，第 176～177 頁）

這段文字一方面是以常用的考據學方法批評程、朱「道非陰陽也，所一陰一陽，道也」的觀念缺乏經典文本依據，另一方面也是在表明自身立場：陰陽五行之氣的運行就是「道」，也就是事物得以形成的最終依據。

「太極」也是理學論述「理」的重要經典依據。《易・繫辭》稱「易有太極，是生兩儀。兩儀生四象，四象生八卦」。在朱子看來，太極之「極」作為「樞極」，正與作為「生物之本」的理相似：

> 原極之所以得名，蓋取樞極之義。聖人謂之太極者，所以指夫天地萬物之根也。（《文集》卷四十五，《答楊子植方》）

如果對照陳淳所謂「太極之所以至極者，言此理之至中、至明、至精、至粹、至神、至妙，至矣，盡矣，不可以復加矣，故強名之曰極耳」來理解朱熹對「極」的解釋，那麼，理學家顯然是以「理」解釋「太極」，而不是以「太極」為依據來論證「理」〔註42〕。與此相應，兩儀也被解作陰陽之氣，太極與兩儀被納入理氣二分的框架中：

> 太極之義，正謂理之極致耳……有是理即有是氣，氣則無不兩者，故《易》曰太極生兩儀。（《文集》三十七，《答程可久第三》）
>
> 太極只是一個理字〔註43〕。（《語類》卷一，萬人傑錄）

質直觀」思想，這可能為戴震帶來不必要的「本質主義」嫌疑。

〔註42〕（宋）陳淳：《北溪字義》，第 46 頁。

〔註43〕當然，由於太極畢竟涉及到事物生成的具體過程，因此，朱子在將太極界定

兩儀即陰陽。陰陽是氣，五行是質。(《語類》卷九十四，襲蓋卿錄)

太極只是渾淪極至之理，非可以氣形言。《繫辭傳》曰：易有太極。
易只是陰陽變化，其所爲陰陽變化之理則太極也。……外此百家諸
子都說差了，都說屬氣形去。(《北溪字義》卷下)

戴震不同意以理氣二分的立場理解「太極」與「兩儀」。他認爲太極是指氣化
自身，而「兩儀」及其後的「四象」、「八卦」則是「據作《易》而言」，即就
《易》之卦畫而言：「兩儀」是氣之陰陽的象徵符號，即陰爻與陽爻；「四象」
是象徵陰陽消長的太陽、少陰、太陰、少陽四種符號；「八卦」則是爲象徵氣
化流行生成的天、地、山、澤、雷、風、水、火之形而作的乾、坤、艮、兌、
震、巽、坎、離之卦〔註44〕。戴震將「兩儀」與「四象」、「八卦」並列，理
解爲《易》的符號系統，而不是陰陽之氣，這一方面使得三者的意義更加連
貫，另一方面也消解了從理氣二分的立場理解「太極──兩儀」的可能〔註45〕。

　　戴震對「形而上──形而下」、「之謂──謂之」、「所以一陰一陽者」、「太
極──兩儀」等問題的釐清清算了理氣二分的原典依據，以此爲基礎，他進

　　　　爲「理」的同時，有時也以「氣」來界定它，稱「太極只是一個氣，迤邐分
　　　　做兩個氣，裏面動底是陽，靜底是陰，又分做五氣，又散爲萬物」(《語類》
　　　　卷三，潘植錄)，但朱子主要還是以「理」訓太極。
〔註44〕戴震稱：「孔子曰：易有太極，是生兩儀，兩儀生四象，四象生八卦。曰儀，
　　　　曰象，曰卦，皆據作易言之耳，非氣化之陰陽得兩儀、四象之名。……其未
　　　　成卦畫，一奇以儀陽，一偶以儀陰，故稱兩儀。奇而遇奇，陽已長也，以象
　　　　太陽；奇而遇偶，陰始生也，以象少陰；偶而遇偶，陰已長也，以象太陰；
　　　　偶而遇奇，陽始生也，以象少陽。伏羲氏睹於氣化流行，而以奇偶儀之象之。
　　　　孔子贊易，蓋言《易》之爲書起於卦畫，非漫然也，實有見於天道一陰一陽
　　　　爲物之終始會歸，乃畫奇偶兩者從而儀之，故曰易有太極，是生兩儀。既有
　　　　兩儀，而四象，而八卦，以次生矣。孔子以太極指氣化之陰陽，承上文明於
　　　　天之道言之，即所云一陰一陽之謂道，以兩儀、四象、八卦指易畫。後世儒
　　　　者以兩儀爲陰陽，而求太極於陰陽之所由生，豈孔子之言乎！」(《疏證》卷中，
　　　　《全書》第六冊，第177頁)。
〔註45〕朱熹也曾從「畫卦」角度論述「太極──兩儀」。《語類》載：「問易有太極，
　　　　是生兩儀，兩儀生四象，四象生八卦。曰：此太極卻是爲畫卦說。當未畫卦
　　　　前，太極只是一個渾淪底道理，裏面包含陰陽、剛柔、奇耦，無所不有，及
　　　　各畫一奇一耦，便是生兩儀。再於一奇畫上加一耦，此是陽中之陰，又於一
　　　　奇畫上加一奇，此是陽中之陽，又於一耦畫上加一奇，此是陰中之陽，又於
　　　　一耦畫上加一耦，此是陰中之陰，是謂四象。所謂八卦者，一象上有兩卦，
　　　　每象各添一奇一耦，便是八卦」(《語類》卷七十五，周謨錄，第1929頁)。
　　　　但如上文所述，朱子的基本立場仍是以太極爲理，以兩儀爲陰陽之氣。

一步辨析了這一立場的思想來源。

（二）理氣二分的思想來源：借階佛老

戴震將程、朱理氣二分的思想溯源至佛老。他認為：

> 蓋其學借階於老、莊、釋氏，是故失之。凡習於先入之言，往往受其蔽而不自覺。在老、莊、釋氏就一身份言之，有形體，有神識，而以神識為本。推而上之，以神為有天地之本，遂求諸無形無跡者為實有，而視有形有跡為幻。在宋儒，以形氣神識同為己之私，而理得於天。推而上之，於理氣截之分明，以理當有其無形無跡述之實有，而視有形有跡為粗。益就彼之言而轉之，因視氣曰「空氣」，視心曰「性之郭郭」，是彼別形神為二本，而宅於空氣宅於郭郭者為天地之神與人之神。此別理氣為二本，而宅於空氣、宅於郭郭者，為天地之理與人之理。……是以觸於形而上下之云，太極兩儀之稱，頓然有悟，遂創為理氣之辨，不復能詳審文義。其以理為氣之主宰，如彼以神為氣之主宰也。以理能生氣，如彼以神能生氣也。……皆改其所指神識者以指理，徒援彼例此，而實非得之於此。學者轉相傳述，適所以誣聖亂經。善夫韓退之氏曰：「學者必慎所道。道於楊、墨、老、莊、佛之學而欲之聖人之道，猶航斷港絕潢以望至於海也。」此宋儒之謂也。（《疏證》卷中，《全書》第六冊，第178～179頁）

在東原看來，老莊與釋氏關於神形的看法與理學對理氣的觀點適成對應：二氏認為神識為本，而形跡為虛幻，神能生氣，神為氣之主宰；理學則認為理為實有，而氣為「空氣」，理能生氣，理為氣之主宰〔註46〕。戴震對佛老的批

〔註46〕 將程、朱斥為佛、老的觀點，在明清之際的思想界並不鮮見。持此類觀點者有陳確、潘平格、毛奇齡、顏元等人。陳確以程朱理學「主靜」、「無欲」、「觀未發氣象」等語為「禪障」（《陳確集》，中華書局，1979年，第445頁）。潘平格認為「理氣之說始於老、莊。老、莊謂未有天地之先，漠然虛無，虛無生氣，即宰乎氣，氣之運行而錯綜不失其條緒，乃虛無之運行而不失其條緒，故指而名之曰道。……後儒指而名之曰理，所謂虛即是理，理生氣是也。……專指性即理，亦原於老莊」（《潘子求仁錄輯要》，中華書局，2009年，第39頁）。毛奇齡屢辯太極圖之源自道教與禪宗，並稱宋初理學諸家為「篡道教於儒書之間」（《西河集》卷一百二十二）。顏元認為理學「靜坐」及「驗於喜怒哀樂未發之前」的工夫路數是「假佛老之真以亂孔孟之似」（《顏元集》，中華書局，2009年，第70頁）。當然，立場相左者往往指斥對方為異端，因此這種標籤不具實質意義，關鍵在於這種指斥是否切中對方的理論困難。

評是否切中要害並不重要，重要的是，程朱理學所構建的「理」的確受到佛老的啓發，而其理氣二分的思想立場也與此有關。《朱子語類》載：

> 行夫問：萬物各具一理，而萬理同出一源，此所以可推而無不通也。
>
> 曰：近而一身之中，遠而八荒之外，微而一草一木之衆，莫不各具此理。……釋氏云，一月普現一切水，一切水月一月攝。這是那釋氏也窺見得這些道理。濂溪《通書》只是說這一事。（《語類》，道夫錄）

所謂「可推而無不通」，即爲具體事物及其關聯提供通貫的解釋。爲了達到這一理論目的，理學借鑒了禪宗「月印萬川」的思想，將萬物之理「推」至一個共同的來源，希望以此作爲最終的解釋根據。但是，作爲萬理之源的理與具體事物之間不可避免地面臨普遍性與個別性的矛盾。理如何解釋事物的產生、存在，以及事物具體差別？這些理氣二分的根本困難已經蘊含在「萬物各具一理，而萬理同出一源」的表述中。理學對佛老思想的引入的確將自己帶進了理論困難。

在戴震看來，理學與佛、老的共同錯誤在於掏空了「氣」的內在規定性，將其理解爲「空氣」，從而不得不在它之外設定「天地之神」或「天地之理」，以便對事物的規定性做出解釋，即「彼別形神爲二本，而宅於空氣宅於郭郭者爲天地之神與人之神。此別理氣爲二本，而宅於空氣、宅於郭郭者，爲天地之理與人之理」。更明確地說，程朱理學所謂的「理」與「氣」更多地是出於知性分辨的方便而創造出的概念。這一分辨將具體事物中規定性的一面賦予了「理」，使之成爲支配氣的「所以陰陽者」，同時，將事物經驗實在性的一面賦予了「氣」，認爲氣只是「醞釀凝聚生物」，從而造成一種尷尬：二者原本以「有物有則」的方式渾融一體地存在於事物中，卻在知性中被人爲地隔離。爲擺脫這一尷尬，理學一再試圖描述二者的相即不離：

> 有此理，便有此天地；若無此理，便亦無天地，無人，無物，都無該載了。（《語類》，卷一，淳錄）
>
> 須是有此氣，方能承當得此理；若無此氣，則此理如何頓放？（同上書，卷四，必大錄）
>
> 理又非別爲一物，即存乎是氣之中。無是氣，則是理亦無掛搭處。（同上書，卷一，人傑錄）

蓋二氣流行，萬古生生不息，不成只是個空氣，必有主宰之者，曰
理是也。理在氣中爲之樞紐，故大化流行，生生未嘗止息。(《北溪
字義》，卷上)

大抵性只是理，然人之生不成只空得個理，須有個形骸方載得此理。
(同上)

從「該載」、「頓放」、「掛搭」等語來看，這些論證已經預先認定了理與氣的
分離；而從「須是」、「必有」、「須有」的語氣來看，這些對理氣相需關係的
論證更多地是出於對理氣進行知性聯結的需要，而不是對其本然一致性的描
述。

在戴震看來，受到佛、老影響的程朱理學之「理」已經不是客觀的「事
物之理」，而是包含著「以意見爲理」的主觀化危險：

宋儒亦知就事物求理也，特因先入於釋氏，轉其所指爲神識者以指
理，故視理如有物焉，不徒曰事物之理，而曰理散在事物。事物之
理，必就事物剖析至微而後理得；理散在事物，於是冥心求理，謂
一本萬殊，謂放之則彌六合，卷之則退藏於密，實從釋氏所云「遍
見俱該法界，收攝在一微塵」者比類得之，既冥心求理，以爲得其
體之一矣。(《疏證》卷下，《全書》第六冊，第 212 頁)

夫以理爲「如有物焉，得於天而具於心」，未有不以意見當之者也。
(《疏證》卷上，同上書，第 155 頁)

理學家將理作爲事物之外「如有物焉」的獨立實體，認爲理儘管在事物之中
體現，但在根本上「得之於天而具於心」[註47]，其客觀性和必然性依靠「天」
來保證，並借助「心」來展現。在理學系統內來看，「得於天」有助於確保道
德原則的超越性和絕對必然性；「具於心」則是爲了防止學者將格物窮理作爲
單純向外求知的活動，而忽略其道德實踐意義。但站在理學立場外來看，「得
於天」從存在論上隔離了理與事物的關聯，具體事物究竟在何種意義上對理
的客觀必然性起支撐或建構作用很值得懷疑；「具於心」則進一步排除了求理
過程中對事物的參照，並爲「冥心求理」留下了餘地。在東原看來，程朱理
學受到佛、老影響將理氣二分，結果導致了理的主觀化，即「理與事分爲二，

[註47] 如朱子稱「性便是許多道理，得之於天而具於心者」(《語類》，卷九十八，第
2514 頁)，陳淳稱「天理只是人事中之理而具於心者也。天理在中而著見於人
事，人事在外而根於中」(《北溪字義》卷上，第 20 頁)。

而與意見合爲一」〔註48〕，甚至「人人憑在己之意見而執之曰理」〔註49〕。

戴震批駁了理學對「形而上——形而下」、「所以一陰一陽者」、「太極——兩儀」等文句的解釋，從而削弱了理氣二分的原典依據，而且將理氣二分溯源至佛老，並指出了其中包含的主觀主義危險。戴震反對理氣二分的依據在於他對理氣之間（或理物之間）內在一致性的理解：氣化不是「空氣」，而是包含規定性於自身之內的「生氣」，是生生不息、流行不已的創生過程，任何處在氣化中的事物都具有內在限度和目的，並具有朝向其目的發展的傾向；「理」並非氣化或事物之外「如有物焉」的實體，而是作爲氣化或事物內在目的的「條理」。理與氣以「生生而條理」的方式本然地融合在氣化之道中，而戴震對這種內在一致性的獨特表達是「自然歸於必然」，即：

> 陰陽流行，其自然也。精言之，期於無憾，所謂理也。理非他，蓋其必然也（《緒言》卷上，《全書》第六冊，第87頁）

> 實體實事，固非自然而歸於必然，天地、人物、事爲之理得矣。（《疏證》卷上，同上，第164頁）

在戴震看來，陰陽流行的自然之勢中內在地包含了具有必然性的條理，具有規範性意義的必然之理並不獨立於經驗事實，而使內在於經驗事實之中。「自然而歸於必然」可以看作戴震對「埋在其中」這一觀點的獨特詮釋。這種在經驗性存在與規範性存在之間建立一致關係的嘗試不僅被用於處理理氣問題，而且合乎邏輯地延伸到人性論領域。

〔註48〕　（清）戴震：《疏證》卷上，《全書》第六冊，第160頁。
〔註49〕　（清）戴震：《答彭進士允初書》，同上書，第362頁。

第五章　人性：才質與理義

　　儒家通常以天道作爲人性的根源。完成對戴震天道觀的討論後，我們可以順次討論其人性學說〔註1〕。

　　循著《大戴禮記》「分於道謂之命，形於一謂之性」的說法，可以看出人性的根源儘管在天或天道，但卻與「命」有著更直接的關聯。其關聯的密切程度也可以從郭店楚簡所謂的「性自命出，命自天降」，以及《中庸》「天命之謂性，率性之謂道」中得到佐證。程頤稱「在天爲命，在人爲性」可謂得之〔註2〕，命是就天之賦予而言，性是就人之稟受而言，其所指並無區別。命是理解性的捷徑。

　　先秦文獻中的「命」具有多義性。《說文》稱「命，使也」〔註3〕，劉寶楠認爲「使」字可以理解爲「天使己如此」〔註4〕，即人之所以如此的全副表現都源於天之所命。《論語》稱「亡之，命亦夫」，又稱「死生有命，富貴在天」，這表明壽命長短等人性中的自然事實屬於命的範疇；同時，《論語》中所謂「畏天命」以及「不知命無以爲君子」則表明命也是人之德性的來源。據此，有學者區分了命的描述性意義與規範性意義〔註5〕，認爲命一方面用於

<hr>

〔註1〕　嚴格地說，「性」的問題不僅包括人性，也包括物性，後者已經在上章進行了詳細論述，本章關注的重點是人性問題。

〔註2〕　（宋）程顥、程頤：《河南程氏遺書》卷二十四。

〔註3〕　（清）段玉裁：《說文解字注》，第57頁。

〔註4〕　（清）劉寶楠：《論語正義》卷十九，中華書局，2007年，第44頁。

〔註5〕　參看 Kwong-loi Shun, Mencius and early Chinese Thought (Stanford: Stanford University Press, 1997), p17～21。劉寶楠曾在類似的意義上區分過「祿命」與「德命」，稱「天命兼德命、祿命言。知己之命原於天，則修其德命而仁義之道無或失，安於祿命而吉凶順逆必修身以俟之」（《論語正義》卷十九，第44

描述人性受到自然規律的限定，另一方面也表示人在道德行為中應遵循的規範。當然，這兩種意義有很大的相關性：人性中的自然事實往往超出其主觀意志控制的範圍，這種限制對人具有規範性效應，因此《孟子‧盡心上》稱「盡其道而死者，正命也」；作為德性根源的命也部分地具有描述性意義，即它肯定了命是人性中被先在給予的事實，超出了個人意志的支配範圍。

與「命」對應，「性」也具有描述性與規範性兩方面的意義。郭店楚簡稱「喜怒哀悲之氣，性也」，《小戴禮記‧樂記》稱「民有血氣心知之性」，《大戴禮記‧本命》稱「形於一謂之性」，這些例證都表明性的一個重要意義是指人生而具有、不假人為的自然能力與傾向；同時，《尚書‧西伯勘黎》又稱「不虞天性，不迪率典」，鄭康成注為「不度天性，傲狠明德，不修教法」，這說明性也被用來指稱人從天稟受得來的道德規定性。這兩種意義同樣相互關聯：在將性描述為人的自然能力與傾向時，往往默認了其中內在的「天地之性」、「禮義」等德性內容〔註6〕，因此，《左傳》稱「民有好惡喜怒哀樂……哀樂不失，乃能協於天地之性」，《樂記》亦稱「先王本之情性，稽之度數，制之禮義」；而在論述道德規範時，亦往往強調其與人性中自然事實的協和，如《小戴禮記‧禮運》稱「禮義者……順人情之大竇也」。

由此可見，性雖然具有兩重意義，但其描述性意義與規範性意義具有內在的一致性。戴震對人性中才質與理義的論述可以視為對這種一致性的發揮。

一、才質

戴震以氣化理解天道，其對人性的理解也建立在氣化觀念的基礎上。在對其早期著述的分析中，我們已經圍繞「血氣——天德」、「血氣——心知」以及「性之事——性之能——性之德」這些概念對其人性論做過簡單闡發，這些關乎人性的論述在《原善》改本和《疏證》等著作中得到了豐富和拓展，並集中體現在對「才」（材）的論述中〔註7〕。

頁）。

〔註6〕在下一節介紹戴震關於性的見解時，將詳細討論這種「內在」究竟如何可能的問題。

〔註7〕以氣論性的學者多對「才」比較重視。如陳確作《氣情才論》，稱「由性之流露而言謂之情，由性之運用而言謂之才，由性之充周而言謂之氣，一而已矣」（《陳確集》，中華書局，1979年，第452頁）；顏元在《存性編》中作「孟子性情才皆善之圖」與「孟子性情才皆善為不善非才之罪圖」，認為氣質、性、

在《原善》改本中，戴震對「才」做出了分析：

> 性，言乎本天地之化，分而爲品物者也。限於所分曰命，成其氣類
> 曰性；各如其性以有形質，而秀發於心，徵於貌、色、聲曰才。資
> 以養者存乎事，節於內者存乎能，事能殊致存乎才，才以類別存乎
> 性。有血氣斯有心知，天下之能事於是乎出。（《原善》卷上，《全書》
> 第六冊，第7頁）

氣化生物，各有分限。這種氣化所賦予的分限便是「命」；個體稟得這種分限，便成就了自身的「性」；命與性通過人的形質得以展現，便是「材」。命是從氣化賦予而言，重在表達人物之源頭處所受的限定；性是從人物之稟受而言，重在表達人物本然具有的特質；才則從命與性的具體展現處而言，重在描述人（或者其它生物）之形質的材具與能力。形質既包括貌、色、聲等人性中的自然事實，即「血氣」，也包括心之知覺能力，即「心知」。前者是人得以資養的憑藉，屬「事」；後者則能對血氣之需有所節制，屬「能」。二者共同構成「才」的內容。「才」的觀念是對《原善》初稿中「血氣心知之性」的具體化（見第三章第三節）。在《說文解字》中，才的含義是「草木之初也。從丨上貫一，將生枝葉也。一，地也」。段玉裁認爲第一畫「一」表示地，「丨」爲莖幹，「丿」爲枝葉，因此，「才」字表示雖然「莖出地而枝葉未出」，但「草木之初而枝葉畢寓焉」，其引申義是「生人之初而萬善畢具」，而且「人之能曰才，言人之所蘊也」〔註8〕。由此看來，人的「才」或「才質」至少具有三種含義：（一）生而本具的形質，是人在氣化流行中稟受的原初質料；（二）人之資質，即憑藉形質而有的能力，所以能「秀發於心，徵於貌、色、聲」；（三）如同草木之才是指草木「將生枝葉」，人之才質也包含著實現自身、完善自身的內在傾向〔註9〕。從其與「形質」、「體質」的密切關聯來看，才很類似於張載所謂「形而後」而有的「氣質之性」〔註10〕，只是對戴震而言，這種氣質之性已經是人性的全部內容。他認爲：

情、才是「一理而異其名」（《顏元集》，中華書局，2009年，第27～28頁）。
〔註8〕段玉裁：《說文解字注》，浙江古籍出版社，2007年，第272頁。
〔註9〕《孟子》以麰麥與牛山之木的生長比喻人之才，正是將才作爲傾向理解（《孟子‧告子上》第七、八章）。
〔註10〕張載稱「形而後有氣質之性。善反之，則天地之性存焉。故氣質之性，君子有弗性者焉」，見《正蒙‧誠明》，載《張載集》，中華書局，2006年，第23頁。

> 孟子所謂性，所謂才，皆言乎氣稟而已矣。其稟受之全則性也，其
> 體質之全則才也。稟受之全無可據以爲言，如桃杏之性全於核中之
> 白，形色臭味無一弗具，而無可見，及萌芽甲坼，根幹枝葉，桃與
> 杏各殊，由是爲華、爲實，形色臭味無不區以別者，雖性則然，皆
> 據才見之耳。成是性，斯爲是才，別而言之，曰命、曰性、曰才，
> 合而言之，是謂天性，故孟子曰「形色天性也，惟聖人然後可以踐
> 形」。（《疏證》卷下，同上書，第 196 頁）

如同根、幹、枝、葉、花、實的形態差別是桃李之性的全部體現一樣，才作
爲人的形質、能力與傾向，是人性的全部表現形態，是「天下之能事於是乎
出」的根源，因此，東原認爲「言才則性見，言性則才見，才於性無所增損
故也」〔註11〕。

　　既然才質包含血氣心知在內，涵括了人之形質、能力和傾向，也就必然
涉及人性中的「欲」、「情」等自然事實，並不可避免地牽涉到「知」的問題。
在《疏證》「才」字一條中，戴震正是從欲、情、知三方面展開了對才的內涵
的解析：

> 人生而後有欲，有情，有知。三者，血氣心知之自然也。給於欲者，
> 聲色臭味也，而因有愛畏；發乎情者，喜怒哀樂也，而因有慘舒；
> 辨於知者，美醜是非也，而因有好惡。聲色臭味之欲，資以養其生；
> 喜怒哀樂之情，感而接於物；美醜是非之知，極而通於天地鬼神。
> 聲色臭味之愛畏以分，五行生剋爲之也；喜怒哀樂之慘舒以分，時
> 遇順逆爲之也；美醜是非之好惡以分，志慮從違爲之也；是皆成性
> 然也。有是身，故有聲色臭味之欲；有是身，而君臣、父子、夫婦、
> 昆弟、朋友之倫具，故有喜怒哀樂之情。惟有欲有情而又有知，然
> 後欲得遂也，情得達也。天下之事，使欲之得遂，情之得達，斯已
> 矣。（《疏證》卷下，同上書，第 197 頁）

在戴震看來，欲、情、知不僅是人性的表現，而且究其根源都在於「身」。因
爲有身，才能與聲色臭味相接而有欲，才能在日用常行中表現出喜怒哀樂之
情，並借助心之智識表達和實現欲和情，所以，欲、情、知是本然地存在於
人性中的事實，即「血氣心知之自然」，對三者的分析直接構成我們理解人性
的基礎。

〔註11〕 （清）戴震：《疏證》卷下，《全書》第六冊，第 198 頁。

（一）欲：意嚮之欲與身體之欲

作為一個形聲字，欲在《說文》中的釋義是「從欠，谷聲」，段玉裁以為「從欠者取慕液之意，從谷者取虛受之意」〔註12〕，可見，欲是表示由缺乏而生起的意願、求取等意向性行為。事實上，任何帶有意圖的行為或目標導向的行為（goal-directed behavior）都以欲作為意動因素，因此，欲是構成行為的基本要件〔註13〕。《論語》所謂的「我欲仁」、「予欲無言」、「從心所欲不逾矩」和《大學》所謂的「欲明明德於天下」，以及《孟子》所謂的「欲行王政」等都是就欲的意嚮之義而言。《樂記》「人生而靜天之性，感物而動性之欲」則是對這一意義的直接說明。戴震對此句的解釋是：

> 蓋方其靜也，未感於物，其血氣心知，湛然無有失（原注：楊雄《方言》曰「湛，安也」。郭璞注云「湛然，安貌」），故曰天之性；及其感而動，則欲出於性。一人之欲，天下人之之所同欲也，故曰性之欲。（《疏證》卷上，同上書，第 152 頁）

「人生而靜」是指人在接物之前，未獲得任何經驗內容的狀態，此時人的才具與能力雖然沒有在任何對象上表現出來，卻本具於形質之中，故稱「天之性」；「感於物而動」是指人與物相接後，自然而然地對事物產生意願與否、求取與否的傾向，這些傾向以人的才具為基礎，在人性中普遍地存在，因此稱為「性之欲」。作為意向的欲是人類行為的基礎，是人性的基本事實。

既然欲被理解為意向性行為，便有意嚮之對象。在欲求的行為中，事物要麼作為目的本身，要麼作為達成目的的手段而成為欲求的對象。於是，在欲的動詞性意義之外，依照欲求對象的差異，欲還具有名詞性意義。其中，身體之欲由於其對象的特殊性而備受關注。《荀子·修身》在論及這種欲時稱「凡人有所一同，饑而欲食，寒而欲暖，勞而欲息，好利而惡害，是人之所生而有也，是無待而然者也，是禹桀之所同也」；《孟子·盡心下》亦稱「口之於味也，目之於色也，耳之於聲也，鼻之於臭也，四肢之於安佚也，性也」。

〔註12〕（清）段玉裁：《說文解字注》，第 411 頁。

〔註13〕在《論動物的運動》700b17～24 和《尼各馬可倫理學》1139a17、1147a35 等處，亞里士多德對欲（επιθυμια/appetite; ορεξις/desire; βουλησις/wish）在行為中的基礎性地位有詳細表述。亞里士多德將這些表示意願的詞彙交替使用，這些詞彙近乎可以對應於中文中「欲」的各種複雜涵義。參看吳壽彭譯《動物四篇》，商務印書館，1985 年，第 244 頁；廖申白譯《尼各馬可倫理學》，商務印書館，2003 年，第 167、200 頁。

由此可見，耳目口體對相應對象的欲求是人維持與發展自身的必然要求，是人性中生而有之的基本事實。戴震認為，身體之欲源於天地之化：

> 人物受形於天地，故恒與之相通。盈天地之間，有聲也，有色也，有臭也，有味也；舉聲色臭味，則盈天地間者無或遺矣。外內相通，其開竅也，是為耳目鼻口。五行有生剋，生則相得，剋則相逆，血氣之得其養、失其養繫焉，資於外足以養其內，此皆陰陽五行之所為，外之盈天地之間，內之備於吾身，外內相得無間而養道備。「民之質矣，日用飲食」，自古及今，以為道之經也。血氣各資以養，而開竅於耳目鼻口以通之，既於是通，故各成其能而分職司之。（《疏證》卷上，同上書，第 158 頁）

在他看來，天地間的聲色臭味生於五行之氣，而人之形質也由五行之氣生成，這種同源性使得人之形質與聲色臭味相通不隔，而其相通的開竅處便是耳目口鼻。耳目口鼻對聲色臭味的欲求固然是人的自然能力，但另一方面更是五行之氣依照其相生相剋規律自身運作的結果，因此他認為「聲色臭味之愛畏以分，五行生剋為之也」〔註14〕。將五行之氣引入對欲的思考，不僅表明身體之欲是「血氣各資以養」的必要條件，是人性中的基本事實；同時也說明戴震並不一味地將身體之欲理解為我們對於感官嗜好之物的主觀追求，而是傾向於將其理解為五行之氣的自然運作，這種「身體之欲」甚至帶有一定的客觀性意義。

從上述分析來看，東原分別論及了意嚮之欲與身體之欲。不僅如此，戴震在論證「欲不可絕」時，還將這兩種意義同時使用：

> 天下必無舍生養之道而得存者。凡事為皆有於欲，無欲則無為矣，有欲而後有為，有為而歸於至當不可易之謂理……是故君子亦無私而已矣，不貴無欲。（《疏證》卷下，同上書，第 216 頁）

此段前半句所謂「生養之道」即指身體之欲而言；後半句論「凡事為皆有於欲」則指意嚮之欲，意嚮之欲是人所有意向性行為（包括身體之欲）的基本前提，因此「無欲則無為矣，有欲而後有為」。那麼，戴震此處以意嚮之欲論證身體之欲的必要性，是否在偷換概念呢？並非如此。在《疏證》中，我們很容易看到戴震有將身體之欲作泛化理解的趨勢，而且這種泛化傾向使得它與意嚮之欲建立起了關聯。戴震稱「有是身，故有聲色臭味之欲」，「出於身者，無非道也，故曰不可須臾離」，又稱「就人倫日用舉凡出於身者求其不易

〔註14〕 （清）戴震：《疏證》卷下，《全書》第六冊，第 197 頁。

之則，斯仁至義盡而合於天」，並認爲「欲其物，理其則也」〔註15〕。在東原的思想中，身體之欲近似於所有與身體有關的事爲，所有事爲不可避免地都與意嚮之欲相關，所以，在戴震看來，本不存在意嚮之欲與身體之欲的區別，欲只是與身體相關聯的意向性行爲。

（二）情：質實之情與好惡之情

通常而言，「情」的涵義在描述物與描述人時存在差異。

物之情指事物的質實而言，如《孟子・滕文公上》所謂的「物之不齊，物之情也」，《易・咸》所稱「觀其所恒，而天地萬物之情可見矣」，《樂記》所謂「禮樂之情同，故明王以相沿也」，其中的情都是指事態或物態按照其本來質地呈現出的樣子，即事物的質實，或者類似於事物的「性」〔註16〕。我們可以姑且將情的這種意義稱爲質實之情。

論及人之情，基本上都是指喜怒哀樂的情感，如《荀子・正名》稱「性之好惡喜怒哀樂謂之情」，《論衡・本性》所謂「情有好惡喜怒哀樂」，均就情感而言。值得注意的是，與現代漢語的情感不同，這兩處對情的界定於喜怒哀樂等情緒表現之外突出了「好」與「惡」。《禮記・禮運》對「人情」的討論也表現出同樣的特點，在論述「喜怒哀樂愛惡欲」七情之後，《禮運》特別強調道：「欲惡者，心之大端也」〔註17〕。宋人馬晞孟認爲「喜怒哀懼愛惡欲，皆所謂情，而情之所本尤在於欲、惡，故曰心之大端」〔註18〕。在發生論意義上，「欲」和「惡」顯然屬於心之能發的機能，而非所發的內容，二者與其它情感有著實質區別，因此，它們才能被作爲「情之所本」，而其它情感則應被歸爲「欲」和「惡」兩類。由此，我們可以將情的這種意義稱爲欲惡之情，或好惡之情。由於好惡的實質是人對對象的意願，基本等同於欲，所以，由好惡產生的情和欲分享共

〔註15〕　分別見《全書》第六冊，第 197、202、203、160 頁。
〔註16〕　信廣來（Kwong-loi Shun）分辨了「情」與「性」在指稱對象質實時的細微區別，認爲「情」強調的是事物質實的客觀存在及其穩定性，而「性」突出的是事物質實所包含的發展趨向與可塑性。見 Kwong-loi Shun, Mencius and early Chinese Thought (Stanford: Stanford University Press, 1997), p.214～216; "Conception of Person in Early Confucian Thought", in Confucian Ethics: A Comparative Study of Self, Autonomy and Community, (edited by Kwong-loi Shun and David B. Wong, Combridge: Combridge University Press, 2004)。
〔註17〕　（清）孫希旦：《禮記集解》，中華書局，2007 年，第 607 頁。
〔註18〕　馬氏著有《禮記解》七十卷，已佚，此處論述轉引自孫希旦《禮記集解》。見《禮記集解》，中華書局，2007 年，第 608 頁。

同的經驗內容，甚至可以理解爲與欲相伴隨的精神體驗〔註19〕。

　　從目前的分析來看，情的「質實」義與「好惡」義具有不同的應用領域，似乎沒有關聯，但實際上，在討論人之情時，二者不僅可以結合，而且本然地結合在一起。正如上文所說的那樣，當我們使用情的「質實」義時，意在表明事物本來的樣子或我們所認爲的事物的本質，類似於事物的「性」，但在談論人時，我們不難發現許多文獻都將好惡之情視爲人的「性」，也就是將人的好惡之情視爲其質實之情。如郭店楚簡《性自命出》篇稱「喜怒哀悲之氣，性也，及其見於外，則物取之也」〔註20〕，《大戴禮記・文王官人》稱「性，喜怒欲懼憂也」，《荀子・正名》認爲「性者天之就也，情者性之質也」，可見，喜怒哀樂等好惡之情常被認定爲人性的固有內容。《禮記・禮運》中的「何謂人情？喜怒哀懼愛惡欲，七者弗學而能」一句很好地解釋了情與性的一致，既然好惡之情是人弗學而能的固有本質，也就自然可以稱之爲「性」。在對人之情的討論中，好惡之情與質實之情並無隔閡〔註21〕。

　　戴震對情的論述體現了質實與好惡之義的一致。戴震認爲人的血氣心知之性以「天地之化」作爲根源，因此作爲人性重要內容的情也源自氣化：

> 人之血氣心知，原於天地之化者也。有血氣，則所資以養其血氣者，聲色臭味是也；有心知，則知有父子，有昆弟，有夫婦而不止於一家之親也，於是又知有君臣，有朋友，五者之倫，相親相治，則隨感而應爲喜、怒、哀、樂。（《疏證》卷中，《全書》第六冊，第 193 頁）

〔註19〕當然，情與欲的關係是複雜的。二者可能相互引發，而不僅是由欲引發情。對一副寫實風景畫的愛慕之情完全可能導致旅行的欲望。然而，情感與欲望的相互引發關係只能說是經常的，並不必然。譬如，儘管對食物與水的欲望可能通常伴隨著喜悅、滿足等積極的情感，但不是所有喝水和進食的行爲都有這些情感的參與；儘管對一個對象的好感往往導致對該對象的欲求，但對日月星辰等對象的好感卻並不導致直接的欲求。撇開這些複雜關係，相互伴隨的欲與情必然擁有共同的經驗內容，當我有一個欲望並且有一個對應的情感時，其對象一定是一致的。

〔註20〕《樂記》中有「人生而靜天之性，感物而動性之欲」，認爲欲是人性與外物內外感應而產生；楚簡此句認爲喜怒哀悲之情發顯於外是「物取之」的結果，兩處結構類似，也可見欲與情的密切關聯。

〔註21〕大多數宋明思想家儘管同意喜怒哀樂之情是人性中的自然事實，但盡力撇清情與性的關係，以至於二者幾乎在倫理學意義上處於對立的位置。如朱子稱「性無不善，心所發爲情，或有不善」，「心之本體本無不善，其流爲不善者，情之遷於物而然也」（《朱子語類》，卷五，第 92 頁），將善的根源歸結到性，而將不善的根源歸結到情的發用。

　　　　有是身，故有聲色臭味之欲；有是身，而君臣、父子、夫婦、昆弟、

　　　　朋友之倫具，故有喜怒哀樂之情。(《疏證》卷下，同上書，第 197 頁)

在這裏，我們看到情仍是「喜怒哀樂之情」，即感物而動後生起的好惡之情；但值得注意的是，在這兩段界定「情」的關鍵材料中，五倫——即五種根本的社會關係——與情的關聯都被放到了很重要的位置。關於五倫，東原在《中庸補注》中注解「天下之達道五」時稱：

　　　　天下之事盡於以生以養，而隨其所居之位，爲君爲臣、爲父爲子、

　　　　爲昆弟、夫婦、朋友。概舉其事，皆行之不可廢者，故謂之達道。

　　　　指其事而言則曰事，以自身行之則曰道。(《全書》第二冊，第 70

　　　　頁)

　　　　人道，以生以養，行之乎君臣、父子、夫婦、昆弟、朋友之交是

　　　　也。凡人倫日用，無非血氣心知之自然。(同上書，第 51 頁)

在他看來，五倫一方面是一個人展開自身人性的場域，即人必然處身其間、不可能迴避的「所居之位」或「爲君爲臣、爲父爲子、爲昆弟、夫婦、朋友」的身份認同；另一方面，而且也是更重要的方面，五倫本身就是人性的展開，一個人爲父爲君，或爲子爲臣的身份認同並不是空洞的名號，而是切實地表現爲自身體發出的行爲，所以戴震稱「人道，以生以養，行之乎君臣、父子、夫婦、昆弟、朋友之交是也」，而且認爲「凡人倫日用，無非血氣心知之自然」，即人的各種身份認同必須在血氣心知之性的展開中才得以建立。戴震甚至將五倫進一步發揮爲普遍的「人道」概念，稱「人道，人倫日用身之所行者皆是也」〔註 22〕。由此可見，當戴震稱「有是身，而君臣、父子、夫婦、昆弟、朋友之倫具，故有喜怒哀樂之情」，從而將情與「五倫」和「身」相關聯時，實際上已經將好惡之情認定爲人性的基本事實。因此，戴震不僅認爲要體恤他人的好惡之情才能達到天理，即「情得其平，是爲好惡之節，是爲依乎天理」〔註 23〕，而且認爲人的好惡之情也與「事之情」一樣是普遍存在的客觀事實，因此，他將二者相提並論，認爲「是心之明，能於事情不爽失，使無過情無不及情之謂理」〔註 24〕。其所謂的情不僅是個人的好惡，而且是作爲人的一般特性爲所有人共同分享。

〔註 22〕（清）戴震：《疏證》卷下，《全書》第六冊，第 199 頁。

〔註 23〕（清）戴震：《疏證》卷上，同上書，第 152 頁。

〔註 24〕同上，第 154 頁。

（三）知：體知與察知

知歷來被認爲是人性的構成部分,《荀子‧解蔽》稱「凡以知,人之性也」,《禮記‧禮運》亦認爲「民有血氣心知之性」。但總體而言,中國哲學傳統中對知的論述並沒有開展出知識論（Epistemology）的興趣,而是在與行的密切關聯中獲得了其最重要的意義規定。《左傳‧昭公十年》稱「非知之實難,將在行之」,這表明知的意義不在於對事物現象有所瞭解,而在於是否能將這種瞭解的內容化入我們的行爲。《中庸》對知的看法是「或生而知之,或學而知之,或困而知之,及其知之,一也。或安而行之,或利而行之,或勉強而行之,及其成功,一也」,知以行作爲目標指向,而且知的不同類型或程度必將影響到行的實施。

知和行的這種密切關聯,是否表明中國哲學中的「知」按照 Gilbert Ryle 對「知道什麼」（knowing that）和「知道怎樣」（knowing how）的區分屬於「知道怎樣」的範疇呢〔註25〕?未必然。我們不妨參考兩段關於「知禮」的討論:

> 管仲知禮乎?曰:邦君樹塞門,管氏亦樹塞門;邦君爲兩君之好,有反坫;管氏亦有反坫。管氏而知禮,孰不知禮。(《論語‧八佾》)

> 公如晉,自郊勞至於贈賄,無失禮。晉侯謂女叔齊曰:魯侯不亦善於禮乎?對曰:魯侯焉知禮?公曰:何爲自郊勞至於贈賄禮無違者,何故不知?對曰:是儀也,不可謂禮。禮所以守其國,行其政令,無失其民者也。(《左傳‧昭公五年》)

在第一則材料中,拋開管仲的意圖不論,他知道「樹塞門」、「反坫」等邦交儀節專屬於國君,但他在執行這些儀節時僭越了君權,這是在禮的施行方式上有所不當,可以說是在「知道怎樣」的問題上存在欠缺。在第二則材料中,昭公「自郊勞至於贈賄,無失禮」表明他對儀節和儀節的施行方式非常明了,對於禮,他既「知道什麼」也「知道怎樣」,但仍然被認爲「不知禮」。女叔齊的回答表明,對禮的「知」不只是了解儀節本身,也不只是按照適當的方式施行這些儀節,更重要的是這種「知」能夠與我們的意動因素相關聯,形成實踐的意願,從而激發起我們自覺自願在道德或政治領域去實踐禮。由於我們關於事物是什麼以及怎樣去行爲的知識可以通過觀察獲致,我們可以暫時將這種認知行爲稱爲「察知」,而將我們目前討論的直接涉及體驗並導向行

〔註25〕 Gilbert Ryle, The Concept of Mind, (New York: Barnes & Noble, 1967), p.27～32。

爲的認知稱爲「體知」〔註26〕。後者顯然包含了比前者更多的内容。

戴震所理解的知雖然具有察知的特點，但更接近體知。東原認爲知識的對象是事物本身：

> 心之精爽，鉅細不同，如火光之照物，光小者，其照也近，所照者不謬也，所不照斯疑謬承之，不謬之謂得理；其光大者，其照也遠，得理多而失理少。且不特遠近也，光之及又有明闇，故於物有察有不察：察者盡其實，不察斯疑謬承之，疑謬之謂失理。失理者，限於質之昧，所謂愚也。（《疏證》卷上，《全書》第六册，第 156 頁）

以火光照物比喻人的認知行爲，將認知理解爲對事物之遠近、明暗等具體情形的「察」與「不察」，確實有偏重經驗之知的嫌疑，但東原並未局限於此，而是強調了「化」在認知中的重要性：

> 血氣資飲食以養，其化也，即爲我之血氣，非復所飲食之物矣；心知之資於問學，其自得之也亦然……苟知問學猶飲食，則貴其化，不貴其不化。記問之學，入而不化者也。自得之，則居之安，資之深，取之左右逢其源，我之心知，極而至乎聖人之神明矣。（同上，第 159 頁）

東原認爲認知行爲獲取知識的過程，如同身體借助飲食得以資養的過程，貴在化入己身。記問之學僅憑搜羅舊聞以備講章之用，其内容無論是章句訓詁還是義理說解，都不可能成爲我們道德實踐的動力；只有當學問所得融入我們的心靈體驗時，才會讓我們切身地感受到所獲之知爲我們提供了實踐的動力，並激發出心靈認同，甚至讓我們自覺地以之與我們的其它知識建立關聯，也就是所謂的「居之安，資之深，取之左右逢其源」。所以東原也說「聞見不可不廣，而務在能明於心」〔註27〕，可見，戴震所論的「知」不僅包括聞見之知，而且與人性中的情感等涉及到體驗的因素密切相關，應主要從體知的角度來理解。

〔註26〕杜維明在上世紀 80 年代首次提出了「體知」（embodiment knowledge）這一觀念，並對 Ryle 在知識分類上的相關論證提出了不同看法（見《論儒家的「體知」》與《身體與體知》，載《杜維明文集》第五卷，武漢出版社，2002 年，第 329～376 頁）。相關論說亦見於陳來教授《有無之境：王陽明哲學的精神》（北京大學出版社，2006 年，第 105～108 頁）及陳立勝教授《王陽明「萬物一體」論》（華東師範大學出版社，2008 年，第 196～199 頁）。

〔註27〕（清）戴震：《疏證》卷下，《全書》第六册，第 123 頁。

（四）欲、情、知的關聯

如上所述，與宋明儒者多將「欲」與「情」理解爲口體之欲並以「聞見——德性」二分的方式來理解「知」不同，戴震吸收了這些思想，但對欲、情、知三個概念做了更加普遍化的理解：「欲」涵括了身體之欲與意嚮之欲，被用於指稱與身體關聯的意動因素，是一切意向行爲的基礎；「情」既是好惡之情，也是質實之情，它是與「欲」密切相關的心理體驗，在人性中普遍存在；另外，聞見之知和德性之知的對立被消解了，「知」既可以是對事物之理的洞見，也可以是對人倫日用之理的省察，重要的是這種知必須「化」爲自得之知，引發我們的心靈體驗，成爲我們倫理和政治實踐的動力來源。這些對「欲」、「情」、「知」的普遍化理解成爲戴震人性理論的基礎，而三者的關聯也是其人性理論的重要內容。

戴震在《原善》擴大本中已經論及這種關聯：

> 凡有血氣心知，於是乎有欲，性之徵於欲聲色臭味而愛畏分；既有欲矣，於是乎有情，性之徵於情喜怒哀樂而舒慘分；既有欲、有情矣，於是乎有巧與智，性之徵於巧智，美醜是非而好惡分。生養之道存乎欲者也，感通之道存乎情者也，二者自然之符，天下之事舉矣；盡美醜之極致存乎巧者也，百工之技由斯而出，盡是非之極致存乎智者也，賢聖之德由斯而備，二者亦自然之符，精之以底於必然，天下之能舉矣。（《原善》卷上，《全書》第六冊，第 10 頁）

此處明確將「欲」與「情」歸爲「事」，而將「巧」與「智」歸爲「能」。欲與情同類而有別。二者之所以同類是因爲口體之欲是生養之道，好惡之情是感通之道，而生養與感通都必須以身體作爲共同的承載者，也都憑藉身體的行爲而得以實現，所以戴震認爲「有是身，故有聲色臭味之欲；有是身，而君臣、父子、夫婦、昆弟、朋友之倫具，故有喜怒哀樂之情」〔註 28〕。二者的差別體現在與外物關聯的強度不同，亦即受到外物影響的強度不同，「欲」直接關乎聲色臭味等感官經驗，而「情」更多地是伴隨這些經驗而有的心靈體驗，因此間接地與外物相關。作爲知的具體形態，巧與智以心作爲承載者，所以和欲、情屬於不同類別。知對欲、情的作用大概體現在兩個方面。一方面，知爲欲、情的發動提供經驗內容。因爲知的參與，欲與情才可能對某些對象形成美醜是非的印象，進而有所愛畏，有所好惡，也就是所謂的「性之

〔註28〕 （清）戴震：《疏證》卷下，《全書》第六冊，第 197 頁。

徵於巧智，美醜是非而好惡分」。這種觀點並不是認爲所有欲、情都必須以認知作爲基礎，而是要表明所有與欲、情相關的體驗或行爲都必然含有認知通道（cognitive access）在內。譬如，饑食渴飲的欲望必然預設了我們對水和食物可以滿足我們相關欲望的知識，而惻隱等情感也同樣預設了我們對痛苦的感知能力，正如戴震所言「己知懷生而畏死，故怵惕於孺子之危，惻隱於孺子之死，使無懷生畏死之心，又焉有怵惕惻隱之心」〔註 29〕。另一方面，與欲、情的自發性特點不同，知更多地表現出主體自覺性。當戴震稱「盡美醜之極致存乎巧」、「盡是非之極致存乎智」時，巧與智被看作是能夠對欲與情進行反思，做出判斷，並引導二者朝特定方向發展的能力。

　　從上述分析中，我們大致可以看到，人的才質以欲、情、知作爲內容，欲與情直接或間接地與身體相關聯，而知則以心作爲承載者；知是欲與情的構成性因素，並且對二者起到節制和引導的作用。這一結論與《法象論》一脈相承：

　　　　心也者，含天德，君百體者也。（《全書》第六冊，第 476 頁）

心對百體的引導即是知對欲、情的引導。當然，心知究竟如何「含天德」，並進而制約我們的欲與情則屬於下一節的內容。

二、理義

　　如果說「才質」是戴震人性論中具有描述性意義的一面，那麼，「理義」則是其中具有規範性意義的一面。才質與理義的內在一致性是戴震人性論的重要特點，所謂「古人言性，不離乎材質而不遺理義」〔註 30〕。對這種一致性的論證需要表明理義是以何種方式內在於欲、情、知之中。

（一）天理的存在：欲情之同然

　　正如我們在本章開頭指出的那樣，人性中的自然事實往往也包含著規範性的要求，在戴震的哲學中，欲與情不僅是關乎身體的自然人性，同時還具有和「天理」的密切關聯。

　　在《疏證》中，情被認爲是「天理」的重要基礎〔註 31〕：

〔註 29〕（清）戴震：《疏證》卷中，同上書，第 184 頁。

〔註 30〕（清）戴震：《讀〈孟子〉論性》，同上書，第 350 頁。

〔註 31〕與上一章從天道入手討論理不同，此章所論的天理是指人性中普遍存在的德性。本文將儘量循著戴震的文本論證欲、情與天理的一致性，但毫無疑問，欲、情這對概念與表徵道德規範性的天理有著重要的差異，這種差異將在本部分的末尾被討論。

> 問：古人之言天理，何謂也？曰：理也者，情之不爽失也；未有情
> 不得而理得者也。凡有所施於人，反躬而靜思之：人以此施於我，
> 能受之乎？凡有所責於人，反躬而靜思之：人以此責於我，能盡之
> 乎？以我絜之人，則理明。天理云者，言乎自然之分理也；自然之
> 分理，以我之情絜人之情，而無不得其平是也。（《疏證》卷上，《全
> 書》第六冊，第 152 頁）

這裏出現了對天理的兩個界定：一是「情之不爽失」，一是「自然之分理」。
前者是就主觀情感的發動而言，後者則指向客觀存在的事實。但只要結合前
文對好惡之情與質實之情的討論，就會發現對天理的這兩種解釋並不齟齬。
人之好惡喜怒哀樂等情感的存在是人性的共同特徵，而且這些情感的發動蘊
含著恒常的趨向。譬如，當我們被施予嗟來之食時會自然地感到恥辱和憤怒，
被他人責難時則會自然地感到心理壓力而產生羞愧乃至激憤的情感。這種情
感發動的傾向是普遍存在於人性的，他人面對相似的情境通常會做出與我們
相似的情感反應。這種在人性中普遍存在的情感傾向便是「情之不爽失」，也
是「自然之分理」，戴震認為這就是天理本身。這種人性中的自然事實同時對
我們提出規範性的要求：既然這種情感傾向普遍地存在於人性中，我們在取
予授受之際，就應該考慮他人的處境，以自己可能具有的情感傾向推測他人
的情感傾向，由此調整自己的行為；一種合乎天理的行為應該是「以我之情
絜人之情，而無不得其平」〔註32〕。

　　正如天理與情感的關聯一樣，天理也與欲相關：

> 一人之欲，天下人之所同欲也，故曰性之欲。好惡既形，遂己之好
> 惡，忘人之好惡，往往賊人以逞欲。反躬者，以人之逞其欲，思身
> 受之之情也。情得其平，是為好惡之節，是為依乎天理。（同上）

儘管欲經常表現為個人主觀的需求，但作為特定類型的心理傾向，它是人性
中的基本事實，所以稱之為「性之欲」。前文曾提到的欲在行為中的奠基性作
用以及它與身的密切關聯都表明了其客觀實在性。正因為自我與他人普遍地
具有欲，戴震認為，我們必須時刻反省自身的好惡之欲是否與他人的欲相衝

〔註32〕一般情感的產生以及同情（sympathy）的發生不是本文的討論重點。休謨曾
　　　運用印象與觀念的理論論證情感的來源，並借助二者的相互引發關係論證同
　　　情的產生，其論述具有參考意義，見 David Hume, A treatise of human nature,
　　　(Beijing: China Social Sciences Pub. House, 1999), p.316～324。

突，並對他人欲望受到損害時的情感有同情之理解，進而引導自身的欲求，使其處於他人可以接受的範圍之內。

關於天理與欲、情的關係，戴震有一個總結性的表達：

> 在己與人皆謂之情，無過情無不及情之謂理。詩曰：天生烝民，有物有則；民之秉彝，好是懿德……以秉持爲經常曰則，以各如其區分曰理，以實之於言行曰懿德。物者，事也：語其事，不出乎日用飲食而已矣；舍是而言理，非古賢聖所謂理也。（同上書，第153頁）

作爲人性中普遍存在的自然事實，欲與情的發生傾向具有恒常性和穩定性，這間接地對我們提出了規範性要求，即要求我們的言行符合欲與情的這種恒常而穩定的傾向。欲與情既是人性中的事實，也是人性中規範的來源。這種事實與規範的一致性可以與《詩經》中「物」與「則」一體兩面關係相比擬。欲與情作爲事實存在有其自身運作的規律，因此可以稱爲理；其普遍性蘊含著對我們行爲的規範性要求，因此可以被稱作則；同時，當我們將源自欲與情的規範性要求內化爲我們穩定的心理和行爲傾向，它便成爲我們的德性。所以，如同在天道問題上氣化與條理具有內在一致性一樣，在人性的問題上，欲、情與天理也具有內在的一致性。

需要指出的是，戴震的上述論說只是指出了「欲」與「情」中隱含著規範性要求，卻沒有指出「欲」與「情」究竟如何對我們提出規範性要求；或者說，上文只論證了「天理」如何在「欲」與「情」中存在，至於「天理」如何向我們彰顯自身並對我們發生規範性作用，則需留待下文討論 〔註33〕。

（二）天理的彰顯：心知之思

天理的存在以「欲」和「情」作爲基礎，但天理的彰顯則通過「心知」達成。

戴震認爲人在稟受氣化之時便決定了心知與欲、情在發生機制上的差異。這一點我們在解析《法象論》中的「血氣」與「天德」以及《原善》初稿中「天德之知」與「耳目百體之欲」的關係時已經有所論及（第三章第二、

〔註33〕儘管戴震將情、欲作爲天理存在的基礎，但他並不認爲欲和情的自然發動必然地導向天理或善，他甚至還明確主張節制欲與情的自發性，認爲「常人之欲，縱之至於邪僻，至於爭奪作亂」，並認爲「天理者，節其欲而不窮人欲也」（《疏證》卷上，《全書》第六冊，第171、162頁），這涉及戴震對「惡的來源」的論述，宜另專題討論。

三節）。在《疏證》中，戴震稱：

> 子產言「人生始化曰魄，既生魄，陽曰魂」；曾子言「陽之精氣曰神，
> 陰之精氣曰靈，神靈者，品物之本也」。蓋耳之能聽，目之能視，鼻
> 之能臭，口之知味，魄之爲也，所謂靈也，陰主受者也；心之精爽，
> 有思輒通，魂之爲也，所謂神也，陽主施者也。主施者斷，主受者
> 聽，故孟子曰「耳目之官不思，心之官則思」。（《疏證》卷上，《全
> 書》第六冊，第 156 頁）

人稟受陰陽之精氣而生，陰之精氣的作用表現在耳目之官的感覺能力上，陽之精氣的作用體現爲心之精爽，即心的通觀與反思能力。陰陽之氣的運作本身具有「陽主施」、「陰主受」的特點，因此，心之精爽也就對身體的耳目官能具有裁斷和主宰能力。這種主宰能力首先反映在對關乎身體的欲與情的主宰上。在解釋《樂記》「不能反躬，天理滅矣」時，戴震稱：

> 窮人欲而至於有悖逆詐僞之心，有淫泆作亂之事，譬則洪水橫流，
> 泛濫於中國也。聖人教之反躬，以己之加於人，設人如是加於己，
> 而思躬受之之情，譬則禹之行水，行其所無事，非惡泛濫而塞其流
> 也。（《疏證》卷上，《全書》第六冊，第 162 頁）

「欲」與「情」雖然是規範性的存在基礎，但其自身並不向我們直接提出規範性要求，因此容易與我們的私心雜念結合而產生「悖逆詐僞之心」；欲與情還具有「易發而難制」的特點〔註 34〕，即使是基本的欲求與情感也容易失去節制而流爲「淫泆」。這時，「心知」的作用就尤爲關鍵。心知憑藉「思」和「反躬」等反思能力，能夠認識到欲與情的普遍性，並在考慮他人「欲」與「情」的情況下引導自己的欲與情，從而使自己的行爲控制在一定節度之內。隱含在欲、情之中的規範性要求通過心知的引導作用得以彰顯，並切實地將我們的行爲導向善。這就是戴震所謂的「耳目之官，臣道也；心之官，君道也；臣效其能而君正其可否。理義非他，可否之而當，是謂理義」〔註 35〕。

在上段中，戴震提到「聖人教之反躬」，這是否意味著心知本身並不自覺地追求理義，而是需要借助聖人等外在的價值來源確保心知的道德方向呢？不然。東原認爲理義是心知本然具有的內在傾向：

〔註 34〕（宋）程顥：《答橫渠張子厚先生書》，《河南程氏文集》卷第二，見《二程傳》，
第 461 頁。

〔註 35〕（清）戴震：《疏證》卷上，《全書》第六冊，第 158 頁。

> 孟子曰「理義之悅我心，猶芻豢之悅我口」，非喻言也。凡人行一事，
> 有當於理義，其心氣必暢然自得；悖於理義，心氣必沮喪自失，以
> 此見心之於理義，一同乎血氣之於嗜欲，皆性使然耳。（同上書，第
> 158 頁）

如同感官對於特定對象的欲求一樣，心內在地具有對理義的欲求。其所欲求的內容則不外乎仁義禮智：

> 人之心知，於人倫日用，隨在而知惻隱，知羞惡，知恭敬辭讓，知
> 是非，端緒可舉，此之謂性善。於其知惻隱，則擴而充之，仁無不
> 盡；於其知羞惡，則擴而充之，義無不盡；於其知恭敬辭讓，則擴
> 而充之，禮無不盡；於其知是非，則擴而充之，智無不盡。（《疏證》
> 卷中，同上書，第 183～184 頁）

心知對理義的欲求具有兩種特點：隨在而知和擴而充之。在戴震看來，心知自然地具有關於理義的知識，其根據則須追溯到人性中普遍存在的「欲」和「情」。戴震在論及「見孺子將入於井」的事例時說「已知懷生而畏死，故怵惕於孺子之危，惻隱於孺子之死；使無懷生畏死之心，又焉有怵惕惻隱之心？推之羞惡、辭讓、是非亦然」〔註36〕。他意在說明，「心知」未經反省地知道好生惡死之情在自我與他人的人性中普遍地存在，因此在看到孺子將入於井時能夠本能地進行情境置換，彷彿自己親身經歷著這種懷生畏死的情境，故而產生真切的傷痛感。質言之，產生這種傷痛感的能力是內在於人之心知的。與此相似，人的「心知」還能在人倫日用中「隨在而知」地體會到羞惡、辭讓和是非，因此，心知能內在地具有向善的傾向。除此之外，就像我們認為事物之性朝向自身的內在目的展開自身的傾向一樣（第四章第二節），戴震認為心知也具有自覺地擴充其內在傾向的特點：

> 凡血氣之屬皆知懷生畏死，因而趨利避害；雖明暗不同，不出乎懷
> 生畏死者同也。人之異於禽獸不在是。禽獸知母而不知父，限於知
> 覺也；然愛其生之者及愛其所生，與雌雄牝牡之相愛，同類之不相
> 噬，習處之不相齧，進乎懷生畏死矣。一私於身，一及於身之所親，
> 皆仁之屬也。私於身者，仁其身也；及於身之所親者，仁其所親也；
> 心知之發乎自然有如是。人之異於禽獸亦不在是。……人則能擴充
> 其知至於神明，仁義禮智無不全也。仁義禮智非他，心之明之所止

〔註36〕同上。

也，知之極其量也。（同上書，第 181～183 頁）

禮義非他，所照所察者之不謬也。何以不謬？心之神明也。人之異
於禽獸者，雖同有精爽，而人能進於神明也。（《疏證》卷上，同上
書，第 156 頁）

仁義禮智之懿不能盡人如一者，限於生初，所謂命也；而皆可以擴
而充之，則人之性也。（《疏證》卷中，同上書，第 193 頁）

禽獸與人一樣具有懷生畏死之情和趨利避害之欲，甚至能部分地知覺到同類
之間的相親相近，而構成人與禽獸最大區別的是心知對理義（禮義）的把握
能力和自覺傾向。不僅如此，因為這種自覺傾向的存在，人還不斷擴充這種
向善的傾向，日臻神明之境。

　　「心知」內在的向善傾向無疑是引導我們欲、情的重要規範性力量，但
這並不意味著「心知」中存在著現成的理義。戴震始終認為理義的存在基礎
是欲與情：

欲遂其生，亦遂人之生，仁也；欲遂其生，至於戕人之生而不顧者，
不仁也。不仁，實始於欲遂其生之心；使其無此欲，必無不仁矣。
然使其無此欲，則於天下之人，生道窮促，亦將漠然視之。己不必
遂其生，而遂人之生，無是情也。（《疏證》卷上，同上書，第 159
～160 頁）

如同前文所言，欲與情的普遍存在隱含了道德規範的意義，即它要求我們在
滿足自己的欲與情時，也儘量符合他人的欲與情。我們的心知對情、欲的普
遍性具有內在的認同，這種認同將其中隱含著的道德規範向我們彰顯出來，
並切實地影響我們的行為。以「仁」這種道德價值為例，在戴震看來，能循
己之情、欲而對他人之情、欲有同情之理解便是「仁」，因一己之情、欲而傷
害他人之情、欲便是「不仁」；如果人沒有欲與情，也就不可能通過他人的遭
際體知他人的欲與情，因此無所謂仁或不仁。仁這種道德價值的存在依賴於
欲的普遍存在，而不是先驗地在我們的心知中現成地存在。因此戴震認為「理
者，存乎欲者也」，「理義者，人之心知，有思輒通，能不惑乎所行也」〔註37〕，
也就是說，理義的存在以欲為基礎，而理義這種道德規範的彰顯與發生作用
則需要依賴心知之思。

〔註37〕分別見《疏證》卷上，《全書》第六冊，第 159 頁，及《疏證》卷中，《全書》
　　　　第六冊，第 183 頁。

（三）才質中的理義：歸於必然，適完其自然

人的才質內在地蘊含著規範性要求，並具有自覺實現這些規範性要求的傾向；與此相應，作爲道德規範的理義以欲、情等人性中的自然事實作爲存在基礎，並依賴心知得以彰顯，這種才質和理義的一致性便是戴震人性理論的基本內容。戴震仍然用自然與必然這對概念來描述這種一致性：

> 欲者，血氣之自然，其好是懿德也，心知之自然，此孟子所以言性善。心知之自然，未有不悦理義者，未能盡得理合義耳。由血氣之自然，而審察之以知其必然，是之謂理義；自然之與必然，非二事也。就其自然，明之盡而無幾微之失焉，是其必然也。如是而後無憾，如是而後安，是乃自然之極則。若任其自然而流於失，轉喪其自然，而非自然也：故歸於必然，適完其自然。（《疏證》卷上，《全書》第六冊，第 171 頁）

在第三章第四節的分析中，我們已經表明「自然」是事物本然具有的內在傾向，而「必然」則是事物朝向某一目標發展的不可逆轉的趨勢。戴震認爲，人性中才質與理義的一致便是自然和必然的一致。欲對聲色嗅味的偏好，情在喜怒哀樂上的好惡傾向，知對人倫日用之理則的追求共同構成了人之才質的「自然」；這些自然趨向以理義爲會歸，欲與情在人性中的普遍存在客觀上要求我們在實現自身欲求的同時考慮他人的好惡，心知能體知他人的好惡之感，隨在而有惻隱、羞惡、辭讓、是非之知，並調整我們的行爲，使之符合「必然」的道德規範。當然，才質之自然雖然包含著朝向必然的傾向，但一味因任其自發性，便有「縱之至於邪僻」，從而偏離理義的危險。因此，自然與必然並不直接等同，主體必須在道德實踐中積極地以理義引導才質，才能在正確的方向上實現才質的拓展與擴充，即「歸於必然，適完其自然」。由此看來，擴充才質的過程與彰明理義的過程具有高度的一致性，這種一致性爲理解孟子所謂的「盡其才」「形色天性也」，以及「乃若其情則可以爲善矣」指出了一條道路，對戴震而言，這種一致性意味著人性中事實性與規範性的一致，即「自然之與必然，非二事也」。

三、性之一本：駁理欲二分

在早年所作的《讀孟子論性》中，戴震已經指出程朱理學在人性論上的缺失，稱其爲「由孟子而後，求其說而不得，則舉性之名而曰理義也」，並認

為理學家「專以性屬之理而謂壞於形氣」的學說是「不見於理之所由名也」，因此，他在《疏證》中要用近三分之一的篇幅專門釐清「理」的字義，由此證明人性中的理義與形氣並不衝突。可以說，戴震以自然與必然的關係論證人性中才質與理義的一致性，很大程度上是針對程朱理學「截然分理欲為二」的人性論而發，而他對理欲二分的批評也成為其人性理論的重要組成部分。

（一）先秦儒家理欲之辨的兩個維度

在先秦儒家典籍中，直接論及理欲關係的是《禮記·樂記》和《荀子》。在這段被廣泛引用的文字中，《樂記》直接區分了天理與人欲：

> 人生而靜，天之性也；感於物而動，性之欲也。物至知知，然後好惡形焉。好惡無節於內，知誘於外，不能反躬，天理滅矣。夫物之感人無窮，而人之好惡無節，則是物至而人化物也；人化物也者，滅天理而窮人欲者也。於是有悖逆詐偽之心，有淫泆作亂之事。是故強者脅弱，眾者暴寡，知者詐愚，勇者苦怯，疾病不養，老幼孤獨不得其所，此大亂之道也。是故先王之制禮樂，人為之節。

未與物相接時，人性澹然虛靜，無所感發，一旦與物相接，便隨感而有意向欲求，同時有知覺念慮，並生起好惡之情。人之情感欲望並不包含自我節制的力量，反而具有自我擴張的傾向，易沉迷於欲求對象，正如荀子所謂「夫人之情，目欲綦色，耳欲綦聲，口欲綦味，鼻欲綦臭，心欲綦佚……此五綦者，人情之所必不免也」〔註38〕。如果這種自發的好惡傾向不加以節制，心知便易受欲求對象牽制，以至於無法對情與欲形成有效的反思和節制，使之容易流於偏失姦邪，這種狀況便是「滅天理而窮人欲」，因此先王制禮作樂，使人節制其情性。在這段材料中，「天理」與「窮人欲」處於對立位置，「人欲」是人性中本然具有的「感於物而動」的能力，即前文所言的「意嚮之欲」，但「天理」的涵義尚不明晰，因此，要準確理解「天理」與「窮人欲」的對立關係，我們還需要借助於《樂記》此段的前後文。

《樂記》通篇以禮樂對舉闡發義理，與其說是「記樂之義」〔註39〕，不如說是記禮樂相通之理，即旨在說明「禮樂之情同」。禮樂共同的義理根源在於天地之道：

> 天高地下，萬物散殊，而禮制行矣；流而不息，合同而化，而樂與

〔註38〕《荀子·王霸》。
〔註39〕鄭玄語。轉引自（清）孫希旦《禮記集解》，中華書局，2007年，第975頁。

> 爲。春作夏長，仁也。秋斂冬藏，義也。仁近於樂，義近於禮。樂
> 者敦和，率神而從天；禮者別宜，居鬼而從地。故聖人作樂以應天，
> 制禮以配地。禮樂明備，天地官矣。

事物的殊異性或條理通過禮來表現，而事物生生的自然態勢則通過樂來表現。二者相互區別，同時也相互依賴，共同構成對天地之道的表徵。禮樂的這種關係體現在人事上便是：

> 樂者爲同，禮者爲異。同則相親，異則相敬。樂勝則流，禮勝則離。
> 合情飾貌者，禮樂之事也。

樂是人之喜怒哀樂隨感而發者〔註40〕，直接表現好惡之情，故爲「同」；禮是對人倫日用的條理化表達，區分貴賤等差之序，故爲「異」。樂缺少禮的節文便易自發而失序，故爲「流」；禮缺少樂的支撐便易脫離人的情質，故爲「離」。禮樂的關係實際上對應於人性中質實與節文的相需關係。正是在這一意義上，《樂記》才稱「先王之制禮樂也，非以極口腹耳目之欲也，將以教民平好惡，而反人道之正也」〔註41〕，也就是說，口腹耳目之欲的好惡是人性中的事實，這種事實構成人道的經驗內容，但也需要借助「人道之正」給予規範，二者是人性中相互依賴的一體兩面。這裏所說的「口腹耳目之欲」便是「人欲」，而「人道之正」便是「天理」。可見，「窮人欲」必然導致「滅天理」，但天理與人欲並不相互排斥，反而相需共存。《樂記》中的天理與人欲分別代表了人性中的事實性和規範性內容，共同構成人性。我們姑且將這種理解視角稱爲「事實──規範」向度。

荀子爲理欲關係提供了更豐富的視角。一方面，《荀子·樂論》稱「樂者，樂也。君子樂得其道，小人樂其欲。以道制欲，則樂而不亂；以欲忘道，則惑而不樂」，這段文字與《樂記》中的理欲觀念完全一致。可見，荀子與《樂記》一樣，認爲理與欲（或者道與欲）分別代表人性中規範性與事實性的方面，欲需要接受理或道的指引。另一方面，荀子將「公」與「私」的觀念帶入了理欲關係：

> 怒不過奪，喜不過予，是法勝私也。書曰：無有作好，王之道；無
> 有作惡，遵王之路。此言君子之能以公義勝私欲也。（《荀子·修身》）

〔註40〕 《樂記》稱「樂者，音之所由生也，其本在人心之感於物也」，同上書，第976頁。

〔註41〕 （清）孫希旦：《禮記集解》，中華書局，2007年，第983頁。

> 夫主相者，勝人以勢也，是爲是，非爲非，能爲能，不能爲不能，
> 並己之私欲，必以道夫公道通義之可以相兼容者，是勝人之道也。

（《荀子・強國》）

在公共生活中，我們承認他人與自我具有類似的情感傾向與欲求，並且傾向於在尊重他人情感與欲望的基礎上展開活動，因此在我們的授受取予等行爲中自然地形成了特定的規範性法則，即「公義」、「公道」或「通義」。通常地，我們會傾向於以這些法則引導我們的情感，使政治或倫理實踐不直接受制於喜怒哀樂之情或欲望的自然發動，這便是「法勝私」，或者「公義勝私欲」；相反，當我們依照公義行事的欲望或情感與其它欲望或情感衝突並被後者抑制時，我們的行爲便會違背公義〔註42〕。某個行爲違背公義意味著我們此時傾向於否認公共生活的普遍法則，傾向於忽視他人的情感和欲望，而這種傾向的動力只可能是自我欲望的膨脹，這便是「私欲」。私欲是欲失去規範性引導後的偏失形態。荀子對理欲關係的這一理解我們姑且稱之爲「公──私」向度。

通過上面的簡短分析，我們看到了先秦儒家關於理欲關係的兩類界定：「事實──規範」向度將二者界定爲人性中的規範性內容和事實性內容，後者需要前者的引導，二者相互支撐地共存；「公──私」向度將二者界定爲公共生活中的規範以及人欲失範後對公共法則的違背，二者相互排斥。儘管「公──私」向度也包含了規範和事實的關聯，但公與私並不是人性的基本構成部分。公是人性中的規範性因素在公共生活中的投射，私則是人性中的事實性因素失範後的「淫泆」狀態，私可以而且應該被消除〔註43〕。

（二）理學理欲二分的困難

程朱理學的理欲觀儘管受到了上述兩種視角的影響，但其更重要的理論基礎是分氣質與天命爲二的人性論預設。

張載最早提出了氣質之性與天地之性的區分。他認爲：

> 形而後有氣質之性，善反之則天地之性存焉。故氣質之性，君子有
> 弗性者焉。（《正蒙・誠明篇》）

〔註42〕關於行爲中的「動機衝突」（conflict of motivation）問題，可參看 Fred Dretske: Explaining Behavior (Cambridge: The MIT Press, 1988), p.109～136。

〔註43〕僞古文尚書《周官》稱「以公滅私，民其允懷」；《荀子・儒效》亦稱「志忍私然後能公」，都表明了對「私欲」的否定態度。

> 人之剛柔、緩急、有才與不才，氣之偏也。天本參和不偏，養其氣，
> 反之本而不偏，則盡性而天矣。性未成則善惡混。故亹亹而繼善者
> 斯爲善矣，惡盡去則善因以成，故舍繼善而曰成之者性也。（同上）

張載認爲人的本然之性與形體無關，湛然純懿，是善的根源；稟氣成形後方
有人的各種才質，即氣質之性。由於氣質之性不是善的來源，其偏頗甚至造
成了人性爲惡的可能，因此，氣質之性是惡的承載者。如果不經過任何道德
實踐的努力，人性就一直處於善惡混雜的狀態。要結束這種狀態，回覆本善
的人性，就必須變化氣質，使之「不偏」。因爲氣質之性是對人本然之性的妨
害，所以從根本上不應被稱作人性。張載對理欲關係的論證可以視爲氣質之
性與天地之性對立關係的投射。儘管他在反對佛老時爲欲辯護，稱「飲食男
女皆性也，是烏可滅」〔註44〕，但在其正面論證中，欲與氣質之性一樣，只
具有消極意義。他認爲：

> 湛一，氣之本；攻取，氣之欲。口腹於飲食，鼻舌於臭味，皆攻取
> 之性也。知德者屬厭而已，不以嗜欲累其心，不以小害大、末喪本
> 焉爾。（同上）

> 上達反天理，下達徇人欲者歟。（同上）

感官之欲的基本傾向是「攻取」，一旦放縱便易傷害人性本然的湛一狀態，因
此應該限於「屬厭」（即飽足）的範圍。張載認爲欲與本性之間的緊張關係便
是「反天理」與「徇人欲」的緊張，天理與人欲代表著截然相反、不可調和
的價值取向。略言之，從張載對欲的部分肯定來看，他所理解的理欲關係部
分地具有「事實──規範」的意義；但他同時在二者之間建立起了排斥性關
係，這成爲後世理學家理欲二分的基調。

與張載一樣，二程兄弟也在人性中區分氣質與天理〔註45〕：

> 性無不善，而有不善者才也。性即是理，理則自堯舜至於途人一也；
> 才稟於氣，氣有清濁，稟其清者爲賢，稟其濁者爲愚。（《河南程氏
> 遺書》卷十八，載《二程集》，第204頁）

> 或問：人性本明，其有蔽何也？子曰：性無不善，其偏蔽者由氣稟

〔註44〕　（宋）張載：《正蒙・乾稱》，載《張載集》，中華書局，2006年，第63頁。
〔註45〕　《朱子語類》載「道夫問：氣質之說起於何人？曰：此起於張、程。某以爲
　　　　　極有功於聖門，有補於後學。讀之使人深有感於程前此未曾有人說到此」。
　　　　　見《朱子語類》卷四，第70頁，時舉錄。

清濁之不齊也。(《河南程氏粹言》卷下)

人的本然之性屬理，無有不善；人之才質屬氣，構成對本性的蔽障，這種蔽障作用使得本性的純然至善無法得到完整的呈現。在另一處論及「蔽」時，程顥稱「人心莫不有知，惟蔽於人欲則忘天理也」〔註46〕。可見，二程實際上將氣質之性對義理之性的遮蔽理解爲人欲對天理的遮蔽。不僅如此，這種對人欲的批評還被擴展爲對欲的普遍否定：

甚矣，欲之害人也。人之爲不善，欲誘之也，誘之而弗知，則至於天理滅而不知反。故目則欲色，耳則欲聲，以至鼻則欲香，口則欲味，體則欲安，此皆有以使之也。(《河南程氏遺書》卷二十五)

耳目口鼻之欲是人性中的自然事實，如果將任何目標性的意向行爲認作「誘」，並以此作爲不善的來源，勢必導致對欲的全面否定。理學區分氣質之性與天命之性（義理之性）的本意在於區別人性中的規範內容與事實內容，用「天命之性」確保人性之善在來源和發生機制上都具有普遍性和絕對必然性。伴隨這一區分，氣質之性不得不承擔起解釋惡的來源和發生機制的角色，而「欲」作爲氣質之性中與身體和外物關係最密切的因素成爲這一角色的最終承擔者。其理論結果是，完善的人性必須排除「欲」的參與。顏元稱程朱理學「戕賊人以爲仁義」，大概是在這一意義上立論〔註47〕。當然，二程也在「公──私」視角上論及理欲關係。

公則一，私則萬殊。至當歸一，精義無二。人心不同如面，只是私心。(《河南程氏遺書》卷十五，《二程集》，第144頁)

唯仁者能好人，能惡人。仁者用心以公，故能好惡人。公最近仁，人循私欲則不忠，公理則忠矣。以公理施於人，所以恕也。(《河南程氏外書》，卷四)

與「懷公滅私」、「公義勝私欲」這些早期儒家觀念不同的是，儘管二程也將公與私欲對立，但其所謂公卻不再是指公共生活中的法則，而是具有更抽象的內涵，需要與理學的天理觀念結合起來考察：

公者，仁之理；恕者，仁之施；愛者，仁之用。(《河南程氏粹言》，卷上)

〔註46〕《河南程氏遺書》卷十一，載《二程集》，第123頁。

〔註47〕顏元稱「程朱惟見性善不眞，反以氣質爲有惡而求變化之，是戕賊人以爲仁義，遠人以爲道矣」。見《存性編》卷二，載《顏元集》，第30頁。

> 仁之道，要之只消道一公字。公只是仁之理，不可將公便喚做仁。
> 公而以人體之，故爲仁。只爲公，則物我兼照，故仁，所以能恕，
> 所以能愛。恕則仁之施，愛則仁之用也。（《河南程氏遺書》卷十五，
> 《二程集》，第 153 頁）

公不是與公共生活的具體情境被要求遵守的行事法則，而是仁、恕、愛等德行的依據，是具有高度普遍性的「理」。這種普遍性將它與人心的種種經驗內容相區分，所以有「公則一，私則萬殊」。公理也是義理之性的內容，只要體認這種公理，便可以行忠恕之道。對這種公理的違背，便都是私欲。問題在於，作爲「仁之理」的「公」需要憑藉主體的體認才能建立。二程認爲「立人達人，爲仁之方，強恕，求仁莫近，言得不濟事，亦須實見得近處，其理固不出乎公不，公平固在，用意更有淺深，只要自家各自體認得」〔註 48〕。公平之理即使普遍地存在，但如果只能借助「各自體認」來獲致，那麼這種公理如何擺脫私意、私欲的摻雜便成爲難題。總而言之，二程對理欲關係的探討一方面具有全面否定欲的趨向，另一方面造成了客觀之理主觀化的危險。

　　朱熹繼承前人，全面論證了天命之性與氣質之性的關係，也在理欲關係的問題上將理學的思路推向了極致。與張載、二程關注天命之性與氣質之性的區別不同，朱子闡發了二者的關聯。他認爲：

> 論天地之性，則專指理言；論氣質之性，則以理與氣雜而言之。未
> 有此氣，已有此性。氣有不存，而性卻常在。雖其方在氣中，然氣
> 自是氣，性自是性，亦不相夾雜。（《朱子語類》卷四，道夫錄，第
> 67 頁）
>
> 性非氣質則無所寄，氣非天性則無所成。（同上）
>
> 氣質是陰陽五行所爲，性即太極之全體。但論氣質之性，則此全體
> 墮在氣質之中耳，非別有一性也。（《答嚴時亨》，《朱文公文集》卷
> 第六十一，載《朱子全書》，上海古籍出版社、安徽教育出版社，2002
> 年，第 2963 頁）

天地之性屬理，氣質之性卻並不專屬氣，而是當人成其形質後，天地之理在這一形質中的具體形態，因此，可以說氣質之性是天命之性的現實狀態，二

〔註 48〕《河南程氏遺書》卷十五，載《二程集》，第 152～153 頁。

者不是對立概念。然而，正如陳來教授所言，我們需要區分朱子人性論中的「氣質之性」與「氣質」，前者是表示人性「受到理與氣共同制約」，後者則是指氣自身的屬性和功能〔註49〕。朱子對天命之性與氣質之性關聯的強調並不意味著他消解了理學傳統中「天命」與「氣質」的排斥性關係。換句話說，在人性的存在狀態上，朱子認爲天命之性必須「墮在氣質之中」才能獲得其具體展現，因此，氣質之性中包含天命之性，是「理與氣雜」的結果；但在人性的構成機制上，朱子不得不承認氣質和天命是分離的，即「氣自是氣，性自是性，亦不相雜」，二者只是因爲「性非氣質則無所寄，氣非天性則無所成」這種理論需要才被結合在一起。當朱子以燈爲喻論證天命與氣質時，二者的排斥性便顯露出來。他稱「且如此燈，乃本性也，未有不光明者。氣質不同，便如燈籠用厚紙糊，燈便不甚明；用薄紙糊，燈便明似紙厚者；用紗糊，其燈又明矣；撤去籠，則燈之全體著見」〔註50〕，氣質雖可以承載天命之性，但並不爲人的本性提供內容，反而必然成爲本性的蔽障，因此，本性的澄明必然要求消弭氣質的消極影響，就如同燈光的完全洞明需要撤去罩籠一樣。這種對天命和氣質的觀點集中表現在他對理欲關係的論述中。他認爲：

> 心如水，性猶水之靜，情則水之流，欲則水之波瀾，但波瀾有好底，有不好底。欲之好底，如我欲仁之類，不好底則一向奔馳出去，若波濤硏浪。大段不好底欲則滅卻天理，如水之壅決，無所不害。（《朱子語類》卷五，董銖錄，第 94 頁）

朱熹認爲欲是人性發動過程中呈現出來的種種具體形態，近似於在意向性（Intentionality）的意義上理解欲。他區分「好底欲」與「不好底欲」的標準在於是否違背天理，但由於界定天理的特殊困難（這種困難類似於二程界定「公」時的困難），朱熹很難明確地分判欲的好壞，只能稱「飲食者天理也，要求美味人欲也」〔註51〕。這種區分的困難導致朱熹對所有欲抱有謹愼的態度。他甚至認爲：

> 養心莫善於寡欲。欲是好欲，不是不好底欲，不好底欲不當言寡。（《朱子語類》卷六十一，振錄，第 1475 頁）

> 子善問：如夏葛冬裘、渴飲饑食，此理所當然；才是葛，必欲精細，

〔註49〕 陳來：《朱子哲學研究》，三聯書店，2010 年，第 208 頁。
〔註50〕 （宋）朱熹：《朱子語類》卷六十四，第 1572 頁，文蔚錄。
〔註51〕 （宋）朱熹：《朱子語類》卷十三，第 224 頁，節錄。

食必求飽美，這便是欲？曰：孟子說寡欲，如今且要得寡漸至於無。

（同上書，賀孫錄，第 1476 頁）

朱熹不僅主張將寡欲的對象擴展到所有的欲，而且希望通過寡欲達到無欲的目標。由此看來，朱熹的哲學沒有消除理學中理欲的緊張關係，而且將這種緊張拓展到了極致：既然人欲是對天理的障蔽，「克得那一分人欲去便復得這一分天理來」〔註52〕，而「天理」又難於界定，那麼只有消除所有欲才有可能使「天理」彰明。「存理去欲」不能不說是程朱理學理欲觀念合乎邏輯的結論。

（三）戴震的批評：性之二本、意見當理與絕情欲之感

如同前文所言（第三章第四節、本章第二節），戴震所理解的人性是才質與理義的內在一致，即合血氣心知與理義爲「一本」。程朱理學對天命之性與氣質之性的分判使他意識到這種「一本」的人性有被割裂的危險。他認爲：

> 程子、朱子見於生知安行者罕睹，謂氣質不得概之曰善，荀、揚之見固如是也。特以如此則悖於孟子，故截氣質爲一性，言君子不謂之性；截理義爲一性，別而歸之天，以附合孟子。（《疏證》卷中，《全書》第六冊，第 191 頁）

戴震認爲理學區分天命之性與氣質之性的用意在於爲人性的善與惡確立根源：荀子與揚雄有見於現實人性具有爲惡的可能，所以提出性惡和性善惡混的觀點；程朱理學將這種現實人性歸爲氣質之性，並憑藉實體性的「天理」觀念設定一純善無惡的本然之性，以區別於氣質之性，並附和孟子性善之說。戴震的這一推測接近於理學家的自我認定。陳淳曾稱「孟氏說性善，亦只是理，但不若指認理字下得較確定……程子於本性之外又發出氣稟一段，方見得善惡所由來」〔註53〕，可見程朱理學人性論的理論意圖正在於分判善惡之源。東原認爲這一分判雖然努力向孟子的性善說靠攏，但在理論架構上雜糅了荀子和老、莊、釋氏的基本觀點。他說「程子、朱子尊理而以爲天與我，猶荀子尊禮義以爲聖人與我也；謂理爲形氣所污壞，是聖人而下形氣皆大不美，即荀子性惡之說也；而其所謂理，別爲湊泊附著之一物，猶老、莊、釋氏所謂眞宰、眞空之湊泊附著於形體也」〔註54〕，將善的根源上推至「天理」，

〔註52〕同上書，卷四十一，第 1047 頁，植錄。

〔註53〕（宋）陳淳：《北溪字義》卷上，第 8 頁。

〔註54〕（清）戴震：《疏證》卷上，《全書》第六冊，第 167 頁。

而將惡的根源安置在現實人性中，實際上造成了善與人性的分離，造成了「以性為別於人」的理論後果〔註 55〕。戴震認為理學對人性的二分顯然與孔孟的基本觀念相悖。他借《孟子・滕文公上》中「天之生物，使之一本」的觀念批評理學的人性論：

> 天下惟一本，無所外。有血氣，則有心知；有心知，則學以進於神明，一本然也；有血氣心知，則發乎血氣之知自然者，明之盡，使無幾微之失，斯無往非仁義，一本然也。苟岐而二之，未有不外其一者。六經、孔、孟而下，有荀子矣，有老、莊、釋氏矣，然六經、孔，孟之道猶在也。自宋儒雜荀子及老、莊、釋氏以入六經、孔、孟之書，學者莫知其非，而六經、孔、孟之道亡矣。（《疏證》卷上，同上書，第 172 頁）

戴震認為血氣心知是人的自然人性，其中不僅包含有道德規範的存在論基礎，而且內在地蘊含著實現這種規範的傾向，因此人性是血氣心知與理義的內在統一。理學對氣質之性與天命之性（義理之性）的分判雜糅了荀子以及老、莊、釋氏的思想。孟子以「一本」和「二本」彰顯儒墨之別，戴震以此將自己區別於程朱理學，頗有為儒學正本清源之意。

理學人性理論的弊病集中體現於理欲之辯：一方面，認為天命之性源自天理同時又在人心中現成地具有，這種觀念會導致理的主觀化，即「意見當理」；另一方面，天命之性與氣質之性的分離會造成對欲、情等現實人性的鄙棄。戴震稱：

> 夫以理為「如有物焉，得於天而具於心」，未有不以意見當之者也。今使人任其意見則謬；使人自求其情則得。子貢問曰：「有一言而可以終身行之者乎？」子曰：「其恕乎！己所不欲，勿施於人。」《大學》言治國平天下，不過曰「所惡於上，毋以使下，所惡於下，毋以事上」，以位之卑尊言也；「所惡於前，毋以先後，所惡於後，毋以從前」，以長於我與我長言也；「所惡於右，毋以交於左，所惡於左，毋以交於右」，以等於我言也。曰所不欲，曰所惡，不過人之常情，不言理而理盡於此。惟以情絜情，故其於事也，非心出一意見以處之，苟舍情求理，其所謂理，無非意見也。（同上，第 155 頁）

他認為，人之情與欲具有特定的傾向，這種傾向在人性中普遍存在，協調自

〔註 55〕同上書，第 172 頁。

己的行爲，使之在各種具體情境中符合人之情與欲的普遍傾向，便是「得理」，因此，一個善的行爲要求考慮到行爲對象的情感傾向，而「自求其情」或「以情絜情」正是通達他者情感的有效途徑。那種認爲「理」的根源不在情感之中，而在於「天」，不在於人與人情、欲的溝通，而在每一個個體心中完備地存在的觀點，勢必導致「舍情求理」，而其所謂的理，也必定只是個體一時一地的主觀「意見」。排除情感在外的道德法則被尊爲「天理」，看似獲得了絕對的普遍性和必然性，實則不僅與現實人性相隔離而喪失了其道德基礎，而且喪失具體內容而容易被任何主觀意志置換，即「理與事分爲二而與意見合爲一」〔註56〕。理欲二分的邏輯延伸是對人的基本情感和欲望的棄絕：

> 老、釋之學，則皆貴於抱一，貴於無欲；宋以來儒者，蓋以理說之。其辨乎理欲，猶之執中無權；舉凡飢寒愁怨，飲食男女、常情隱曲之感，則名之曰人欲，故終其身見欲之難制；其所謂存理，空有理之名，究不過絕情慾之感耳。（《疏證》卷下，《全書》第六冊，第216頁）

> 今既截然分理欲爲二，治己以不出於欲爲理，治人亦必以不出於欲爲理，舉凡民之飢寒愁怨、飲食男女、常情隱曲之感，咸視爲人欲之甚輕者矣。輕其所輕，乃「吾重天理也，公義也」，言雖美，而用之治人，則禍其人。（同上，第217頁）

戴震看到了理學在界定「天理」時遇到的困難，並認爲理學中的天理只能通過「絕情慾之感」才能得到確立，即理只是欲的對立面。持定這種「截然分理欲爲二」的立場去求理，勢必導致對欲的普遍否定，甚至蔑視或否定維持人基本生存需求的欲望。

　　「意見當理」與「絕情慾之感」的現實結果是主觀意見對情與欲的任意宰制。「天理」的內涵難以確定，這就使得偏頗的意見甚至人欲之私可能借天理之名而獲得權威性。一方面，一己的私情私欲可能借「天理」之名得以凌駕於他人的情慾之上，《疏證》所稱的「負其氣，挾其勢位，加以口給者，理伸；力弱氣懾，口不能道辭者，理屈」的現象便是指此而言〔註57〕；另一方面，即使德行高潔之人也可能因爲意見偏頗而在「天理」的名義下行無德之

〔註56〕　（清）戴震：《疏證》卷上，《全書》第六冊，第160頁。
〔註57〕　（清）戴震：《疏證》卷上，《全書》第六冊，第154頁。

事，這就是戴震所說的「即其人廉潔自持，心無私慝，而至於處斷一事，責詰一人，憑在己之意見，是其所是而非其所非」〔註58〕。由此可見，「理欲之辨，適成忍而殘殺之具」洵非危言聳聽。

　　戴震通過對欲、情、知的分析表明，人的血氣心知之性既有其自然才質，同時也內在地包含「理義」這一道德必然性，人性是自然與必然的統一體；不僅如此，人的心知還具有體認和實現這種必然性的內在趨向，因此，確切地說，人性在「歸於必然適完其自然」的過程中展開自身。以此爲基礎，戴震反省了程朱理學中對天命之性與氣質之性的劃分，以及由此引出的理欲二分問題。儘管朱熹對這種「二分」有所彌合，但理學的確在追求一個絕對的先驗的道德標準時摒除了其所有的經驗相關性，從而使得我們無法將這種標準運用於任何實際的道德判斷，這使得我們只能通過盡可能泛化對情與欲的否定才能接近天理。這一狀況的邏輯結果是天理的主觀化和對基本情慾的否定，而這正是戴震批評理學「以理殺人」的理論依據。

四、再論不善的發生與修省

　　關於人性中才質與理義的一致性，戴震一方面認爲「歸於必然適完其自然」，另一方面也認爲「若任其自然而流於失，轉喪其自然而非自然也」〔註59〕。人性中的才質（欲與情）依靠心知的規範力量便能導向善的德行；因任情慾而不加規約，則容易流於不善，這同時也是對人的本有才質的損害。因此，戴震十分謹愼於人性爲惡的可能。在《原善》初稿中，戴震對惡的來源有過專門論述，在其它著作中，他作出了拓展性的論述，並提供了克治修省之方。

（一）惡的發生：私與蔽

　　在惡的具體表現上，戴震沿用了《原善》初稿中的表述，仍然關注「私」與「蔽」。他認爲：

> 人之患，有私有蔽；私出於情慾，蔽出於心知。無私，仁也；不蔽，智也。（《疏證》卷下，《全書》第六冊，第211頁）

> 天下古今之人，其大患，私與蔽二端而已。私生於欲之失，蔽生於知之失；欲生於血氣，知生於心。（《疏證》卷上，同上書，第160頁）

〔註58〕 同上。
〔註59〕 （清）戴震：《疏證》卷上，《全書》第六冊，第171頁。

欲、情、知被戴震視爲人之才質的內容。欲與情的普遍存在爲我們的行爲提出了規範性要求，是善的存在基礎；知則具有把握這種規範性的能力，並包含著將此規範付諸實施的內在傾向。然而，欲、情、知同時也是私與蔽的承載者。私源自情與欲的偏失，蔽則源自知的偏失，二者具有不同的發生機制：

> 人之不盡其才，患二：曰私、曰蔽。私也者，生於其心爲溺，發於政爲黨，成於行爲慝，見於事爲悖、爲欺，其究爲私己。蔽也者，其生於心也爲惑，發於政爲偏，成於行爲謬，見於事爲鑿、爲愚，其究爲蔽之以己。鑿者，其失誣；愚者，其失爲固；誣而周省，施之事亦爲固。私者之安若固然爲自暴，蔽者之不求牖於明爲自棄，自暴自棄，夫然後難與言善，是以卒之爲不善，非材之罪也。（《原善》卷下，《全書》第六冊，第 23 頁）

在私的幾種表現中，「溺」有如《孟子・告子上》「陷溺其心」之溺，意爲沉湎；「黨」如《尙書・洪範》「無偏無黨」之黨，意爲偏私；「慝」如僞古文尙書《大禹謨》「負罪引慝」之慝，意爲帶有主觀意圖的惡行。合而言之，私源自情慾的主觀偏向，沉溺於自我情慾這種偏向而忽視他人的情與欲便會在行爲上表現出偏私和惡意，並最終違背公義，造成對他人正當情慾的侵淩。蔽有「壅蔽」、「不能通明」之義〔註60〕，是指知識求取過程中的過失以及由此導致的行爲上的不當或偏差。私起於情慾的偏向，蔽產生於知識的昏亂，二者有著不同的承載者和發生機制。然而，只要我們回顧上章對欲、情、知三者關聯的討論，就會發現它們在有所偏失的狀態中也彼此交織，相互影響。欲望和情感行爲必然包含了關於對象的知識，情慾的偏向也正是在具備這些知識的前提下產生，因此，情慾之私必然包含著知識上的偏蔽；反之，心知之蔽即使在初始狀態中沒有任何情慾傾向與之伴隨，但是將這種偏蔽付諸行事的過程本身就包含著對這一知識狀態的偏執和固守，因此，心知之蔽並不與情慾之私截然分離。私與蔽之所以發生密切的關聯，原因在於它們都依賴於由欲、情、知構成的實踐主體「己」。私只是「私己」，蔽只是「蔽之以己」，體知過程中的蔽障與情慾上的偏私總是相互糾纏，但這只是欲、情、知有所陷溺或偏失的狀態，是對其本然狀態和本然傾向的違背，因此是「自暴自棄」，而不是本性使然。所以，戴震

〔註60〕楊倞稱「蔽者，言不能通明，滯於一隅，如有物壅蔽之也」。轉引自（清）王先謙：《荀子集解》，中華書局，2007 年，第 386 頁。

認爲「偏私之害，不可以罪才，尤不可以言性」〔註61〕。

（二）改過遷善：恕與學

沿用《原善》初稿中「去私莫如強恕，解蔽莫如學」的觀點，戴震在《緒言》、《疏證》仍然認爲改過遷善的主要途徑是恕與學。

戴震認爲與私對立的德性是仁，私意味著「快己之欲，忘人之欲」，仁則是「遂己之欲，亦思遂人之欲」〔註62〕。去私意味著正視欲與情在人性中普遍地存在，並且如同重視自己的情、欲一樣尊重他人的情、欲。這種規範性要求並不來自人性之外，而是植根於個體本有的情、欲之中。它要求我們在行爲中視人由己，待人猶己，也就是是行爲合乎「絜矩之道」。《原善》初稿所稱的「平所施之謂恕」或《疏證》所謂的「以己推之則恕」便是專就去私而發〔註63〕。只有「平所施」或「推己及人」才能使自己的情、欲不陷入一偏，不因爲自己情、欲的滿足而戕害他人的情、欲。戴震還認爲「一人遂其生，推之而與天下共遂其生，仁也」〔註64〕。恕所要求的推己及人在戴震看來主要是推己之情、欲以及於他人之情、欲，即「共遂其生」，因此，恕與作爲「生生之德」的仁相通，恕以去私，便能漸至於仁。這種相關性很好地詮釋了《說文》中「恕，仁也」的古訓〔註65〕。

恕而無私並不是保證人性爲善的所有條件。戴震認爲即使在沒有私意的情況下，知識的障蔽也足以導致惡的產生：

> 忠信由於質美，聖賢論行，固以忠信忠恕爲重，然如其質而見之行事，苟學不足，則失在知，而行因之謬，雖其心無弗忠、弗信、弗恕，而害道多矣。（《緒言》卷中，《全書》第六冊，第118頁）

> 古今不乏嚴氣正性、疾惡如讎之人，是其所是，非其所非；執顯然共見之重輕，實不知有時權之而重者於是乎輕，輕者於是乎重。其是非輕重一誤，天下受其禍而不可救。豈人欲蔽之也哉？自信之理非理也。然則孟子言「執中無權」，至後儒又增一「執理無權」者矣。（《疏證》卷下，同上書，第211～212頁）

〔註61〕（清）戴震：《疏證》卷下，《全書》第六冊，第199頁。
〔註62〕（清）戴震：《原善》卷下，同上書，第27頁。
〔註63〕見《全書》第六冊，第345、171頁。
〔註64〕（清）戴震：《疏證》卷下，《全書》第六冊，第205頁。
〔註65〕（清）段玉裁：《說文解字注》，第504頁。

當程朱理學稱「無人欲即皆天理」〔註66〕，「克得那一分人欲去，便復得這一分天理來」時〔註67〕，明確地將天理與私欲置於矛盾關係中，認為只要摒除人欲或私欲必定能達到道德上的善，卻忽略了在私欲之外，道德知識上的缺陷也是惡的重要來源。即使我們排除私欲的干擾，按照自己所認定的道德原則行事，但如果我們不能依據具體情境洞察事情之宜，同樣會造成惡。鑒於此，戴震認為去蔽甚至比去私更具有緊迫性。他說「聖人之言，無非使人求其至當以見之行；求其至當，即先務於知也。凡去私不求去蔽，重行不先重知，非聖學也」〔註68〕，在具體事務中辨別其情實，才能在知識上去除蒙蔽，消除意見之偏。

在東原看來，完全無蔽的狀態是「智」、「明」或「神明」，即心知的完全明澈，而「學」是實現這一狀態的途徑。他認為「就人言之，有血氣則有心知，有心知雖自聖人而下明昧各殊，皆可學以牖其昧而進於明」〔註69〕，也就是說，人雖然由於氣質殊異而有智愚之別，從而表現出遮蔽程度的不同，但都具有學以去蔽的能力。不僅如此，他還認為「人之初生，不食則死；人之幼稚，不學則愚；食以養其生，充之使長；學以養其良，充之至於賢人聖人；其故一也」〔註70〕，學以去蔽的能力與飲食行為一樣，其存在和擴充是人完善自身才質的內在要求。

關於學的內容，我們可以從「聞見」與「德性」兩方面來瞭解。東原曾引《論語》「多聞闕疑」、「多聞，擇其善者而從之」等語以凸顯「聞見不可不廣」的主張〔註71〕。對他而言，禮是聞見中極其重要的方面：

> 禮者，天地之條理也，言乎條理之極，非知天不足以盡之。即儀文度數，亦聖人見於天地之條理，定之以為天下萬世法。禮之設所以治天下之情，或裁其過，或勉其不及，俾知天地之中而已矣。（《疏證》卷下，《全書》第六冊，第 206 頁）

聖人依據天地之條理而創制種種名物、度數、儀節、制度，以節制與和順人之情性，使其行為在各種具體情境中無過無不及，合乎事宜。因此，關於禮

〔註66〕　（宋）程顥、程頤：《河南程氏遺書》卷十五，《二程集》第 144 頁。
〔註67〕　（宋）黎靖德編：《朱子語類》卷四十一，第 1047 頁。
〔註68〕　（清）戴震：《疏證》卷下，《全書》第六冊，第 215 頁。
〔註69〕　（清）戴震：《疏證》卷上，同上書，第 170 頁。
〔註70〕　同上書，第 199 頁。
〔註71〕　（清）戴震：《疏證》卷下，同上書，第 213 頁。

的知識使人之心知得以在人倫日用中「隨在而知惻隱，知羞惡，知恭敬辭讓，知是非」〔註72〕，從而在行為上避免過失。戴震稱「行之差謬，不能知之，徒自期於心無愧者，其人忠信而不好學，往往出於此，此可以見學與禮之重矣」〔註73〕，其中，禮並不是與學並列的修養途徑，而是學的內容，學以知禮，才能知無所蔽，行無差失。由此看來，學所涉及的聞見之知與德性的涵養有著密切的關聯。他認為：

> 孟子之重學也，有於內而資於外。夫資於飲食，能為身之營衛血氣者，所資以養者之氣，與其身本受之氣，原於天地非二也。故所資雖在外，能化為血氣以益其內，未有內無本受之氣，與外相得而徒資焉者也。問學之於德性亦然。有己之德性，而問學以通乎古賢聖之德性，是資於古賢聖所言德性埤益己之德性也。（《疏證》卷中，同上書，第188頁）

飲食之物之所以能化入我們的血氣之軀，是因為二者同屬天地之氣，可以內外相通；與此相同，關於事物之條理的知識之所以能增進我們的德性，是因為我們所學習到的關於制度儀節的知識正與心知內在具有的「知惻隱、知羞惡、知恭敬辭讓、知是非」的能力和傾向相合。學的過程實際是透過聞見之知來促進德性之知的過程，或者說是「有於內而資於外」的過程。學甚至直接促成我們的道德踐履，戴震認為「學以牖吾心知，猶飲食以養吾血氣；『雖愚必明，雖柔必強』，可知學不足以益吾之智勇，非自得之學也」〔註74〕，這印證了前文（本章第二節）關於「體知」的論述：戴震所論的「知」或者「學」固然是獲取事物條理的認知行為，即「察之幾微而必區以別」的過程，但這種認知並不是「外在」的，而是同時融入了人性中固有的欲與情，並且包含了心知內在傾向的參與，這種認知直接促成道德實踐。

　　在分別討論恕與學之後，我們可以探討二者的關聯。學以去蔽的最終目的在於明理〔註75〕。戴震認為理與個體的情、欲相關：

> 惟以情絜情，故其於事也，非心出一意見以處之；苟舍情求理，其所謂理，無非意見也。未有任其意見而不禍斯民者。（《疏證》卷上，

〔註72〕　（清）戴震：《疏證》卷中，同上書，第183頁。
〔註73〕　（清）戴震：《疏證》卷下，同上書，第207頁。
〔註74〕　（清）戴震：《與某書》，同上書，第495頁。
〔註75〕　戴震稱「心有所蔽，則於事情未之能得，又安能得理乎」。見《疏證》卷上，《全書》第六冊，第160頁。

同上書，第 155 頁）

> 反躬者，以人之逞其欲，思身受之之情也。情得其平，是爲好惡之
> 節，是爲依乎天理。（同上書，第 152 頁）

理是因情、欲的普遍性存在而產生的規範性要求，只有體認到他人情、欲與一己之情慾的同等價值，並視人如己地體人之情、遂人之欲，才能「情得其平」，才能被視爲明理。因此，學與恕相通，恕需要學的參與才能避免因道德知識的欠缺而導致的行事差謬；學也需要以恕爲引導才能確保心知即情求理，而不以私意爲理。

從上述分析來看，私與蔽的發生分別源自欲、情與心知的偏失，而人在惡發生之時之所以能夠覺悟其非，並通過恕與學去除情、欲之私和心知之蔽，其原因是理義就內在於情、欲之中，而且心知具有把握理義的能力和實現理義的內在傾向。由此可見，作爲人之才質，欲、情與知既爲惡的發生提供解釋，同時也是爲善去惡的基礎，這種同時爲善惡提供解釋的「血氣心知之性」才是眞正能夠承擔起道德責任的道德主體。

結 論

　　處身明清之際「回歸經典」的思想環境，戴震的治學路徑自始就有融合考據、辭章與義理的色彩。六經是文字、典制和聖人義理的合體，戴震所謂的「由字以通其詞，由詞以通其道」不僅是文字訓詁，更是在六經文字描述的典章制度中探尋義理的嘗試。在經驗事實中推求普遍價值，戴震「通經以明道」的治學路徑體現了他獨特的運思方向。這一方向在他對理氣關係、理欲關係的思考中得到延伸。

　　經過《詩補傳》和《毛鄭詩考證》中對「情」與「禮」、「物」與「則」等概念的挖掘，以及《法象論》中對「氣化」與「條理」、「血氣」與「天德」的對比性分析，還有《原善》初稿對人性的系統思考，戴震的思想主題逐漸收斂為「自然」與「必然」的關係問題，並在《讀〈易·繫辭〉論性》和《讀〈孟子〉論性》中得以明確地主題化。「自然」意指基於自身而有的自發傾向，「必然」則是這一傾向所朝向的目的。將這對概念運用於理氣關係，戴震認為，氣化之道具有生生流行的自然趨向，這一趨向朝著自身的規定性自我充實、自我完善，這一過程就是「自然而歸於必然」；將這對概念運用於理欲關係，戴震認為，作為自然人性的「情」和「欲」普遍地存在於人性中，這種普遍性要求我們在尋求自身情、欲滿足的同時也保持對他人情、欲的尊重，這正是道德規範性的來源，同時，做為自然人性另一重要內容的「知」具有體知情、欲的能力和遵循道德規範的傾向，因此，在真實的人性中，對道德規範的追求，便是對自然情、欲的正當發展，反之亦然，戴震將這種相關性表達為「歸於必然，適完其自然」。

　　以此為基礎，戴震認為程朱理學抽空了氣的內在規定性，將氣理解為「空

氣」，進而在其上另立一「理」作爲宰治者，是「別理氣爲二本」；同時，戴震認爲理學在「血氣心知」等自然人性之外另設「天理」確保道德必然性的觀點必將導致道德要求對眞實人性的悖離，甚至使得道德要求可能被種種私己的「意（臆）見」取代，從而使得「天理」徹底主觀化，成爲戕害人性的「忍而殘殺之具」。

在戴震關於「自然」與「必然」一致性的論述中，他對「自然」的強調使得他在理學之外提供了對理氣關係、理欲關係的新的致思角度；另一方面，其對「必然」的強調，也使得他並未陷入「情慾主義」，而是體現了儒學傳統中一以貫之的嚴格的道德立場。戴震的這一思想主題對乾嘉時期的思想界產生了深遠影響，而對這一影響的探究則尚俟諸來日。

附錄：戴震思想「分期說」評議

一、問題的提出：「分期說」中的理解偏差

思想的形成總是具有歷時性特徵。因此，在理解某個思想家的過程中，我們不妨嘗試對其思想的形成過程進行還原性勾勒。然而，這種勾勒必須以原始思想文本爲依託、以深化對其思想主旨的理解爲目的，如果偏離了對原始文本的尊重以及對作者主旨的把握，那麼這種方法將在誤解的道路上越走越遠。

對戴震思想的分期由來已久，並幾乎成爲學界共識。在戴震逝世後不久，洪榜、凌廷堪、翁方綱和章學誠等人對其學行進行了總結，雖然評價不同，但共同勾勒出了一個早年致力於考據學研究、擁護程朱理學，晚年才開始義理探索，並逐漸成爲理學批評者的戴震形象。此後錢穆與余英時承襲了「分期」的基本立場，爲「分期說」提供了最爲豐富的論據，並確定戴震思想轉向的契機是乾隆二十二年丁丑（1757年）戴震與惠棟的短暫相處〔註 1〕。

儘管「分期說」的論據日漸豐富，但至少面臨兩個不容迴避的困境：（1）文本證據的缺乏。「分期說」始終沒有在戴震的文本中尋找到其思想轉變的明顯證據，而只是抓住戴震著作中早年多考據，晚年多義理的時間分佈特性，試圖尋找到適當的分界線來解釋這一前後差異。事實上，這一著述性質在時間上的分佈特點並非絕對。稍讀戴氏原文，我們很容易發現戴震的考據與義

〔註 1〕 余英時：《論戴震與章學誠》，北京三聯書店，2005 年版，第 135 頁。

理工作基本上同步進行。他在早年的考據著作中大量地表達了自己的思想創見（詳見第二節），而晚年亦多有考據著作問世，甚至在去世前還完成了《聲類表》九卷〔註2〕。可見，依照著述的時間特性將戴震劃分為早年的「考據學家戴東原」和晚年的「思想家戴東原」可能有失穩妥。（2）對其思想路徑「一貫性」的背離。「分期說」所確認的戴震早期與晚期形象是如此的不能相容，以至於余英時先生在為「分期說」定案後也不得不承認「考據學家戴東原與思想家戴東原之間始終存在著一種矛盾緊張的狀態」〔註3〕。與後人的這種「分期」相反，東原認為自己的思想路徑是始終一貫的。他在去世前寫給段玉裁的信中說：

> 僕自十七歲時，有志聞道。謂非求之六經孔孟不得，非從事於字義、制度、名物，無由以通其語言……為之卅餘年，灼然知古今治亂之源在是。（《與段茂堂等十一札》，《戴震全書》第六冊，第541頁）

此文可以看作其學問路徑的自述。這一從經典中探求「聖人之道」的學問進路可概括為「通經以明道」〔註4〕。這一路徑在《與是仲明論學書》、《與姚孝廉姬傳書》、《與方希原書》、《鄭學齋記》、《題惠定宇先生授經圖》、《古經解鈎沉序》、《沈學子文集序》等戴震不同時期的著述中不斷得到深化，《原善》、《孟子私淑錄》、《緒言》和《孟子字義疏證》正是這一學術路徑的理論成果。然而，後世的「分期說」顯然無法安放這一戴氏一以貫之的學術路徑。

「分期說」呈現給我們的只是早年作為程朱信徒的考據學家戴震和晚年激烈批評理學的思想家戴震。戴氏成為被迫與理學捆綁在一起的截然對立的兩副面孔，這讓我們很難在二者之間建立有效的關聯，遑論探求其思想主旨。鑒於「分期說」所陷入的困境，本文的任務之一是梳理其源流，揭示這些困境的成因；另一個任務則是在戴震的文本中梳理其思想演進，以呈現其思想路徑的一貫性——「通經以明道」，進而表明我們可以擺脫「分期」的尷尬，更加一貫地理解戴震。

〔註2〕 （清）段玉裁：《戴東原先生年譜》，《戴震全書》第六冊，黃山書社，1994年版，第698頁。

〔註3〕 余英時：《論戴震與章學誠》，第135頁。

〔註4〕 「通經以明道」由戴震「經之至者道也，所以明道者其詞也，所以成詞者字也。由字以通其詞，由詞以通其道，必有漸」（《與是仲明論學書》，《戴震全書》第六冊，第370頁）一語概括得來。章學誠亦有類似概括：「凡戴君所學，深通訓詁，究於名物、制度而得其所以然，將以明道也。」

二、「分期說」的源與流——戴震形象的分裂

（一）論調的確定：漢宋之爭與「分期說」的出現

同時代學者對戴震思想蹤跡的論述大致可分為兩類：一類是為光大戴學而作的傳志表銘；一類是為反對戴學而作的討伐文章或書信。前者以洪榜和淩廷堪為代表〔註5〕，後者以翁方綱和章學誠為代表。兩種相反的觀點成為後世尋繹戴震思想蹤跡的直接資源。

洪榜在《戴先生行狀》中稱：

> 先生之為學，自其早歲稽古綜覈，博聞強識，而尤長於論述。晚益窺於性與天道之傳，於老、莊、釋氏之說，入人心最深者，辭而辟之，使與六經、孔、孟之書，截然不可以相亂。蓋其學之本末次第，大略如此。（《戴先生行狀》，《初堂遺稿》，不分卷，北平通學齋，1931年，北京大學圖書館藏）

此論將戴震的學問分作早、晚兩期，認為其早期「稽古綜覈」、「博聞強識」、「長於論述」〔註6〕，晚期究心於「性與天道」。在論證戴震的「早期」思想特點時，洪榜敘述了其考據成就，並大量臚列了其考據學著作，而在論證其「晚期」特點時，僅列舉了《原善》中關於「血氣心知」與「去私、去蔽」的觀點。洪榜的這一「分期」有三個問題值得注意：（1）分期標準。洪榜在這篇文字中做出的「分期」與其說是對其思想的分期，不如說是對其著作的分期。洪榜只是注意到戴震著作呈現出了「早期考據、晚期義理」的特點，便據此判斷戴震的思想經歷了「前期考據」與「晚期義理」的轉變，而不曾深入到戴震文本中辨析其早年與晚年的思想傾向。（2）前期與後期的斷裂。既然洪榜依照著作性質劃分戴東原的思想，而不從其文本內部尋繹其思想脈絡，也就不可能在其早期與晚期之間建立起思想關聯。「晚益窺於性與天道之傳」一句貌似在其前後期思想之間建立了某種聯繫，但沒有傳達任何實質內容。一種沒有關聯的前後「分期」只能是變相的「割裂」。（3）重考據，輕義理。《洪狀》的大部分篇幅用於述說戴氏的考據成就，而在涉及其思想創見時只引用了《原善》的觀點，不僅全然沒有提及戴震早年在考據著作中表

〔註5〕 此外任兆麟、余廷粲、王昶等人亦有專門為戴震而作的傳、志，但以洪榜與淩廷堪的記載最為詳實。

〔註6〕 此處「長於論述」是指戴震在辭章之學上的聲譽，而不是義理學上的闡發。《洪狀》中先後舉方楘如和齊召南對戴震文章的讚譽以說明戴震「長於論述」。

達的思想，而且對戴氏在《緒言》、《孟子字義疏證》等代表性著作中表達的「反理學」觀點無一語涉及。

仔細探尋洪榜寫作此《行狀》的背景，不難發現其背後隱藏的「漢宋之爭」。洪榜曾試圖在《戴先生行狀》後附上《答彭允初進士書》，以闡揚戴震對理學的批評，但受到朱筠的堅決反對。朱筠的理由是：

> 性與天道不可得耳聞，何圖更於程、朱之外復有論說乎，戴氏可傳者不在此。（《上筠河先生書》，《初堂遺稿》，不分卷）

朱氏堅持考據與義理兩不相涉的立場，且認爲在程朱之外進行義理構建沒有意義。洪榜也明顯地意識到戴震思想中與理學的矛盾將招致維護理學者的嚴厲批評，因此爲戴氏辯護：

> 夫戴氏論性道，莫備於其論孟子之書，而所以名其書者曰《孟子字義疏證》焉耳。然則非言性命之旨也，訓故而已矣，度數而已矣。（《上筠河先生書》，《初堂遺稿》，不分卷）

這一回應順從朱筠的意圖將戴震批評理學的「義理」歸結爲不帶價值色彩的「考證」工作，迴避了對戴震思想的正面評價，不能不說帶有爲同鄉先賢洗刷「反理學」罪名的意圖。洪氏將戴震思想分爲「考據」與「義理」兩期，強調前者、忽略後者的做法一方面固然是因爲未能深入戴震文本把握其思想宗旨，但另一方面也是希望在當時「漢學」與「宋學」勢同水火的思想環境中，通過「分期」來隔斷戴震的考據學與義理學，放大「前期」的「考據學家戴震」的形象，迴避「後期戴震」對理學的批評，使其免於「立異於程、朱」之譏。可以說他對戴震思想的「分期」是力圖迴避「漢宋之爭」的結果。

淩廷堪在《戴東原先生事略狀》中對戴氏學問次第的看法是：

> 先生之學無所不通，而其所以至道者，則有三：曰小學、曰測算、曰典章制度。

> 《原善》三篇、《孟子字義疏證》三卷，皆標舉古義，以刊正宋儒，所謂由故訓而明理義者，蓋先生至道之書也。（《戴東原先生事略狀》，《校禮堂文集》卷三十五，中華書局，2006年，第312頁）

通過「至道之書」和「所以至道者」二語，可見淩廷堪確實試圖溝通戴震的考據和義理成就，而「由故訓而明義理」也的確與戴東原所謂「訓故明

則古經明，古經明則賢人聖人之理義明」的學術宗旨相侔〔註7〕。可以說，凌廷堪注意到了戴震思想的一貫性。然而，出人意料的是，凌氏在文中始終只言及戴東原「所以至道」的考據工作，而對其「至道之書」中所言義理更無一語提及。此文的最後結論是：

> 理義固先生晚年極精之詣，非造其境者，亦無由知其是非。其書俱在，俟後人之定論爾。

此論雖然表面上抬高了「義理」在戴震思想中的地位，但實際上凌廷堪也通過「分期」的辦法，將戴東原的反理學思想，即「晚年極精之詣」與其早年的考據學工作截然分開，以「非造其境者，無由知其是非」、「其書俱在，俟後人之定論」迴避了對其義理學的評價。在《戴東原先生事略狀》中得以呈現的只是精於「小學」、「測算」和「典章制度」這些「所以至道者」的考據學家戴震。凌氏這種努力的目的，恐怕正如他在篇首所說的那樣，是爲了讓戴震免於「妄庸巨子譏罵洛、閩者」之嫌〔註8〕。也就是說，爲了淡化戴震作爲理學對立面的形象，凌氏寧願將其塑造爲一個考據學家，對其批評理學的思想不置可否。凌廷堪與洪榜對戴氏思想的「分期」實際上源自對漢宋門戶偏見的忌憚這一共同的心理背景。

翁方綱《理說駁戴震作》一文總結了戴氏的學行：

> 近日休寧戴震，一生畢力於名物象數之學，博且勤矣，實亦考訂之一端耳。乃其人不甘以考訂爲事，而欲談性道以立異於程朱……反目朱子性即理也之訓謂入於釋、老眞宰眞空之說，竟敢刊入文集。
> （《理說駁戴震作》，《復初齋文集》卷七，清光緒三年刻本，北大圖書館藏）

翁氏認爲戴震原本致力於名物象數，後來專爲詰難程朱而治義理之學。翁氏此文頗多意氣之語，足見一個服膺程朱者對戴震思想的不滿乃至憤恨。大概考慮到戴氏考據成就不可抹滅，而其「異端」思想又不容姑息，翁氏遂區別待之，認爲其早年的「名物象數之學」可取，而「晚年」「欲談性道以立異於程朱」則不能容忍。如果說洪榜和凌廷堪的「分期」是爲了更好地將戴氏塑造爲一個考據學者，淡化其作爲理學反對者的形象，使其免於理學家的

〔註7〕　（清）戴震：《題惠定宇先生授經圖》，《全書》第六冊，第505頁。
〔註8〕　（清）凌廷堪：《戴東原先生事略狀》，《校禮堂文集》卷三十五，中華書局，2006年版，第310頁。

抨擊，那麼翁方綱的這種「分期」則主要是爲了將戴震塑造爲一個「反理學」的思想家，而對作爲考據學者的戴震置之不論。

章學誠試圖在紛紜眾說中爲戴震作出定論〔註9〕。此前的學者大致以「考據」和「義理」爲線索劃分戴震的早期和晚期，但章氏將這一標準進行了引申，認爲其早年傾心考據的學問路數「自朱子道問學得之」〔註10〕，而晚年發揮自己的思想，批評理學則爲「飲水而忘其源」〔註11〕，突出了戴東原從「早年」尊奉程朱到「晚年」詆毀程朱的轉變。章氏這一「分期」旨在揭示戴東原對朱子的背叛，從而指責其「心術未醇」。在《答邵二雲書》、《與史餘村書》、《上辛楣錢詹事書》、《又答朱少白書》、《又與朱少白書》、《朱陸》等多篇文字中，章氏都談到戴震心術不良的問題。戴震下世後十餘年，章氏在《書朱陸篇後》中歷數其「心術未醇」的五條論據，其中他認爲最不可原諒的一條是「醜貶朱子」、「得罪於名教」〔註12〕。然而，在章氏激越的言辭背後始終尋不見戴震早年尊奉理學的確證，因此，章氏傾力構建的早年尊朱、晚年背朱的戴震形象頗有虛構之嫌。究其原因，一方面固然由於章氏對戴氏的私怨〔註13〕，另一方面則不得不歸結於章氏在精神深處堅持以程朱爲門戶的學問立場。

綜上所述，由於戴震思想與理學的特殊關聯以及當時勢如水火的漢宋門戶之見，同時代學者要麼希望爲其開脫「反程朱」的罪名，要麼以「得罪於名教」肆意攻訐。加之戴震的著作在表面上呈現出早期以考據爲主，而晚年

〔註9〕 章學誠在《與史餘村書》中談到時人對戴震的評價時說：「三四十年中人，皆以爲光怪陸離，而莫能名其爲何等學。譽者既非其眞，毀者亦失其實，強作解事而中斷之者，亦未有以定其是也。」（轉引自《全書》第七冊，第159頁。）

〔註10〕 （清）章學誠：《書朱陸篇後》，《文史通義》卷三，中華書局，2005年，第276頁。

〔註11〕 （清）章學誠：《又與朱少白書》，轉引自《全書》第七冊，第162頁。

〔註12〕 （清）章學誠：《書朱陸篇後》，《文史通義》卷三，中華書局，2005年，第276頁。

〔註13〕 1766年丙戌春夏之交，章、戴第一次見面，戴震向章學誠講明「通經以明道」的爲學大略，章氏深受觸動（見《答邵二雲書》、《與族孫汝南論學書》）。1773年癸巳夏，章、戴第二次見面，戴震猛烈批評了章學誠關於修地方志的目的與義例的看法。章學誠後來在《書朱陸篇後》與《答客問》諸文中屢屢措辭激烈地言及此事，可見，他對此事即使未至於「終身切齒」，也至少是耿耿於懷。

方兼治義理之學的時間特點（但這並不表明他的思想傾向就是前期考據、後期義理，詳見第三節），因此，部份學者雖對戴東原思想主旨有所理解，但爲了使其免於「立異於程朱」的攻訐，不得不著重突出其「早期」形象，試圖將其主要描述爲考據學者；而攻訐者關注其「晚期」的反理學思想，試圖將其主要塑造爲與理學敵對的思想家。然而，雙方都不曾眞正深入戴震的文本內部，體察其眞實的思想軌跡。「漢宋之爭」的話語環境逐漸製造出了早年擁護理學的「考據學家戴震」與晚年反理學「思想家戴震」之間的裂痕，並爲後世學者進一步論證這一「分期」確定了基調。

（二）論據的歪曲：「分期說」的成型與戴震形象的分裂

乾嘉學者基於各自的學派立場，試圖用「分期」的方法將戴震區分爲「考據學家戴震」與反理學的「思想家戴震」；民國以來，「分期說」的進展表現爲對「分期」確切時間的論證，其代表性成果是錢穆在《中國近三百年學術史》中撰寫的《戴東原》一章〔註14〕。然而錢氏撰述中一系列不當論據的引入不僅造成了戴震形象不可挽回的分裂，而且也爲我們重新理解戴震設置了重重障礙。

錢穆在史實考證與文本分析的基礎上，以乾隆二十二年丁丑（1757年，戴震三十五歲）戴震結識惠棟爲界將戴震的思想劃分爲「尊宋」和「反宋」兩個時期。他認爲戴震「早歲之學同於江氏（永）」〔註15〕，即一方面從事考據，一方面信奉程朱義理，但在結識惠棟後便急轉而爲「尊漢抑宋」。爲說明戴震早年「尊宋」的學術特點，錢氏提供了三類論據：（1）學術環境。錢穆認爲徽歙之地頗被理學流風，而戴震的老師江永「遠承朱子格物遺教」〔註16〕，這些都直接影響了東原的學問立場。（2）著作特點。戴震自二十二歲（1744年，乾隆九年甲子）至三十一歲（1753年，乾隆十八年癸酉）先後完成的《籌算》、《六書論》、《考工記圖》、《轉語》、《爾雅文字考》、《屈原賦注》、《詩補傳》等「全是徽人樸學矩矱」〔註17〕，皆屬考據學著作，無任何義理創新。這從側面證明

〔註14〕 梁啓超與胡適雖然極力推崇戴震，但在「分期」的問題上，梁氏沿襲了洪榜的觀點，而胡適則守定章學誠的立場。詳見梁氏《戴東原先生傳》，《飲冰室文集》卷四十，臺北中華書局，1978年；胡適《戴東原的哲學》，安徽教育出版社，2006年，第18頁。

〔註15〕 錢穆：《中國近三百年學術史》，商務印書館，1997年，第344頁。

〔註16〕 同上書，第340頁。

〔註17〕 錢穆：《中國近三百年學術史》，商務印書館，1997年，第343頁。

其學問是「從尊宋述朱起腳」〔註18〕。（3）自述心跡。錢穆認爲東原在《與是仲明論學書》中所稱的「舍乎道問學，則惡可命之尊德性」是站在程朱理學的立場對心學的批判〔註19〕，是「朱、王之辯」〔註20〕。爲了解釋戴震在大多數著作中對程朱理學的明確批評，錢氏又從兩個角度論證了東原受到惠棟影響發生的思想「轉變」：（1）戴震在三十五歲後「客揚州者四年」，故推測他必受惠棟「反宋復古」學風的影響。（2）戴震於四十三歲（1765年，乾隆三十年乙酉）時所作的《題惠定宇先生授經圖》中所言的「聖人之理義非他，存乎典章制度者是也」，以及《原善》三篇所體現的「即故訓中求義理之意」都「明明與松崖出一轍也」〔註21〕。據此，錢穆認爲「惠戴之晤」後，戴震對義理之學的觀點發生了顯著變化，不再是理學的擁護者，而是一轉成爲程朱的反對者，並陸續完成了《原善》、《緒言》和《孟子字義疏證》等義理著作，日漸激烈地批評程朱理學。這樣一來，錢氏便建立起了一個早年尊崇理學、後期反對理學的戴震形象。

錢氏爲「分期」提供的論證可謂周詳，卻未必眞實。首先，在對戴震早年學風的認定上存在若干反證：（1）「環境影響」缺乏確證。戴震幾乎從未在著述中稱引過任何徽歙理學先賢。他從學於江永也完全是切磋考據學問，與其思想無直接關聯。戴、江二人在《與江愼修先生論韻》、《與江愼修先生論小學書》等僅有的幾次書信來往中，僅討論文字、音韻、名物等考據問題〔註22〕，甚至在江永逝世後，戴震作《江愼修先生事略狀》時，也只記其「治經要略」、「著述卷數」〔註23〕，而對江永的理學立場及其晚年注解《近思錄》以表彰朱

〔註18〕 錢穆：《中國近三百年學術史》，第353頁。

〔註19〕 據錢穆先生考證，此書作於乾隆十五年庚午二十八歲時。見錢穆《中國近三百年學術史》，第344頁。

〔註20〕 同上書，第347頁。

〔註21〕 錢穆：《中國近三百年學術史》，第359頁。

〔註22〕 漆永祥先生於2005年發現戴震佚文《江愼修先生七十壽序》一篇，其中戴震雖以「古今不可無一、不能有二」稱許鄭玄與朱子，但亦就「經學之難」言之，完全與理學無涉。文末稱「震少覽近儒之書，所心折者數人，劉原甫、王伯厚之於考覈，胡朏明、顧景範、閻百詩之於水經地志，顧寧人之於古音，梅定九之於步算，各專精一家」，其自述心跡，稱引近儒，而無一語涉及理學，可見戴震早年絕難被稱爲程朱「信徒」。見漆永祥《新發現戴震〈江愼修先生七十壽序〉佚文一篇》，《中國典籍與文化》2005年第一期，第122頁。

〔註23〕 （清）戴震：《江愼修先生事略狀》，《全書》第六冊，第409頁。

子的苦心無隻字提及〔註24〕。由此可見，即使徽學「一尊舊統，以述朱爲正」
〔註25〕，也很難證明這一學術風氣一定對東原的思想發生過明顯影響。(2)「著
述特點」的理解偏差。戴震早年確多考據著述，但這並不表明他一味擁護理學，
缺乏思想創見，相反他的考據工作並非爲考據而考據，而是以考據爲憑藉，寄
託獨立的義理追求。他在早年完成的《六書論》和《爾雅文字考》的序文中均
表達了由訓詁以求「聖人之道」的具有獨創性的思想意圖。戴震在乾隆十年乙
丑（時年二十三歲）作《六書論》時認爲，考證造字、用字之法的目的在於「睹
聖人製作本始」〔註26〕。乾隆十四年己巳作《爾雅文字考》時，這一宗旨更是
被明確爲通過考證文字以求「適於至道」：

> 古故訓之書，其傳者莫先於《爾雅》，六藝之賴是以明也。所以通古
> 今之異言，然後諷誦乎章句，以求適於至道。(《爾雅文字考序》，《戴
> 震全書》第六冊，第 275 頁)

可見早年的戴震絕不以考據自限，而《毛鄭詩考正》、《屈原賦注》等早
期考據著作中也多有義理創見〔註27〕，這可能是錢氏不曾措意之處。(3)「自
述心跡」的誤讀。錢氏認爲《與是仲明論學書》是戴震站在程、朱立場上對
心學的批評。此書原文中有：

〔註24〕江永於《近思錄集注序》中自述其學問始自朱子，其《近思錄集注》的内容
　　　　不過是從《四書或問》、《朱子語類》、《朱文公文集》等著作中「裒輯朱子之
　　　　言有關此錄者」，因此，江永的《集注》重在表彰朱子。此書後附有《考訂朱
　　　　子世家》一篇，則旨在力闢「明中葉後學術漸漓……輕朱子之傳注爲支離、
　　　　爲務外」的心學風氣，重尊朱子爲「景星慶雲泰山喬嶽」。由此可見江氏之推
　　　　重朱子。參看江永：《近思錄集注》，江蘇廣陵古籍刻印社，1990 年版。
〔註25〕錢穆：《中國近三百年學術史》，第 341 頁。
〔註26〕（清）戴震：《六書論序》，《全書》第六冊，第 295 頁。
〔註27〕戴震在三十一歲（乾隆十八年癸酉）所作的《毛鄭詩考證》中解釋《詩·
　　　　大雅文王》「下武維周，世有哲王」一句時，將「上」、「下」解爲時序先後
　　　　（《毛鄭詩考正》卷三，《戴震全書》第一冊，第 643 頁），這一例證後來被
　　　　用在《孟子字義疏證》中解釋「形而上者之謂道，形而下者之謂器」，稱「形
　　　　而上下」只是「形以前」與「形以後」（《孟子字義疏證》卷中，《全書》第
　　　　六冊，第 176 頁），從而取消了自程頤以來對「形而上」與「形而下」所作
　　　　的存在論層次上的區分，而將二者轉化爲具體存在形態的區別，納入到「氣
　　　　化」這一時間性過程之中。戴東原在三十歲時所作的《屈原賦注》中有多
　　　　處關於「陰陽交錯之常道」、「陰陽循環」、「氣化充滿盛作」的描述（見《全
　　　　書》第二冊，第 590、636、645 頁），這與他臨終所作的《答彭進士允初書》
　　　　中所論述的「道即陰陽氣化」有著明顯關聯。戴東原的義理建構大多可以
　　　　在其考證著作中尋獲端緒，例證俯拾皆是，限於本文主題，不做展開。

經之至者道也，所以明道者其詞也，所以成詞者字也。由字以通其詞，由詞以通其道，必有漸……至若經之難明，尚有若干事。誦《堯典》數行，至「乃命羲和」，不知恒星七政所以運行，則掩卷不能卒業；誦《周南》、《召南》，自《關雎》而往，不知古音，徒強以協韻，則齟齬失讀……別有略是而謂大道可以徑至者，如宋之陸，明之陳、王，廢講習討論之學，假所謂尊德性以美其名，然舍夫道問學則惡可命之尊德性乎？（《與是仲明論學書》，《戴震全書》第六冊，第370頁）

此書確實涉及「尊德性」與「道問學」這一朱、王之辯的標誌性議題，同時也的確批評了陸象山、陳白沙與王陽明，但縱觀全文，其主旨無疑在於「經學之難」與治經之法，關注的是經學方法的問題，而不是理學與心學的是非問題。況且，根據《舜山是仲明先生年譜》〔註28〕與《李恕谷先生年譜》〔註29〕可知，是仲明尊奉程、朱，其學問絕非心學一系，戴氏不可能站在程朱理學立場與一位理學的尊奉者爭朱、王之短長。因此，戴氏此書中引用「舍夫道問學，則惡可命之尊德性乎」一語的目的恐如段玉裁所言，意在以篤實的學術態度批評空疏的學風，暗示是仲明「學非所學」〔註30〕，而絕非借批評是仲明來表達自己的理學立場。錢穆認爲戴震與惠棟相識後思想轉向「尊漢抑宋」，其論證亦多有不當，至少可舉出三條論據以證明這種「轉變」並不存在：（1）二人相識極短。戴震在乾隆二十二年丁丑冬（35歲）到揚州〔註31〕，寓於兩淮鹽運使盧見曾官署，與沈大成同居一室，與惠棟對面而居〔註32〕。

〔註28〕　（清）張敬立《舜山是仲明先生年譜》（光緒十三年活字本，不分卷）轉載是仲明與友人書信，其中有「吾二人正當異地同心，顧名思義，闇然自修，醇乎其醇，各踐其實，方不負遠學先師，近宗朱子，以誠相勉之初意」。此外，黃永年爲其撰寫《慕廬記》時稱述是仲明家學淵源，亦稱「君之先人博雅敦行，爲諸生，有令名，授君以程朱之學，而非以干祿」。見《北京圖書館藏珍本年譜叢刊》，第九十五冊，第203頁、第256頁。

〔註29〕　（清）馮辰《李恕谷先生年譜》卷五（道光十六年刻本，北京大學圖書館藏）載孫應榴與是仲明「同爲程朱之學」。

〔註30〕　（清）段玉裁：《戴東原先生年譜》「乾隆二十二年丁丑」條，《全書》第六冊，第670頁。

〔註31〕　（清）段玉裁：《戴東原先生年譜》「乾隆二十二年丁丑」條，同上書，第669頁。

〔註32〕　（清）戴震：《沈學子文集序》，《全書》第六冊，第393頁；（清）沈大成《亡友惠徵君授經圖四十六韻》，《學福齋詩集》卷三十三，乾隆三十九年刻本。

惠棟不到半年即病逝於元和縣老家〔註33〕，而戴震隨後亦因家事離開揚州，回徽州故里〔註34〕。可見戴震居揚州不過半年，而非錢氏所稱「客揚州者四年」〔註35〕。二人交往時間極短，所以戴震只是在惠棟逝世九年後才偶然應惠棟弟子之請寫下了《題惠定宇先生授經圖》這唯一一篇紀念惠棟的文字。（2）二人學風迥異。惠、戴相見時，戴氏已經是學高一時的考據學核心人物，其學術風格與惠氏迥異，正是意識到二者的明顯差異，惠棟弟子王鳴盛才得出「惠君之治經求其古，戴君求其是」〔註36〕的論斷，也正是在求同存異的意義上，淩廷堪才稱惠、戴二人「論學有合」〔註37〕。因此，很難說學有所成的戴震在半年時間中就如錢穆所言受到了「吳派」「反宋復古」學風多大影響。（3）戴震早年著述《屈原賦注》、《詩補傳》、《經考》以及《經考附錄》皆是以字義訓詁、名物考證爲階梯尋繹聖人義理之作，且早在二十七歲時完成的《爾雅文字考》既已標明「求適於至道」之旨〔註38〕，因此，錢氏論及戴震「即故訓中求義理之意則固明明與松崖出一轍也」〔註39〕，並據此以爲東原必受惠棟之影響，恐非確論。可見，如果沒有更有力的論據，錢穆認爲戴震早年尊奉理學，晚年因與惠棟相識而轉向「尊漢抑宋」的觀點恐怕很難成立。

余英時先生在《論戴震與章學誠》中進一步討論了東原思想的「分期」問題。相較於錢氏，余先生更注意戴震思想的獨立性，注重從其思想的「內在理路」來描述其發展蹤跡，因此，余先生的「分期」注重的不是斷裂性，而是前後的連續性。他將東原的思想分爲「以考據扶翼程朱義理」、「以考據抹殺程朱義理」和「由考據證自得之義理」三個階段〔註40〕。然而在這一處理中，從第

〔註33〕 王昶稱惠棟「終乾隆二十三年戊寅五月二十二日」（見錢儀吉編：《碑傳集》卷一百三十三，《惠先生墓誌銘》，中華書局，2008 年，第 3985 頁）。至於惠棟究竟在與戴震相識多久後才因病回鄉則已無從考證，但可以肯定二人相處不足半年。

〔註34〕 蔡錦芳：《戴震生平與作品考論》，廣西師範大學出版社，2006 年，第 121～122 頁。

〔註35〕 錢穆：《中國近三百年學術史》，第 355 頁。

〔註36〕 （清）洪榜：《戴先生行狀》，《初堂遺稿》（不分卷），北平通學齋，民國二十年（1931），北京大學圖書館藏。

〔註37〕 （清）淩廷堪：《戴東原先生事略狀》，《校禮堂文集》卷三十五，中華書局，2006 年，第 312 頁。

〔註38〕 （清）戴震：《爾雅文字考序》，《全書》第六冊，第 275 頁。

〔註39〕 錢穆：《中國近三百年學術史》，第 359 頁。

〔註40〕 余英時：《論戴震與章學誠》，第 135 頁。

一階段到第二、三階段的轉變始終未曾得到澄清，也就是說，信奉程朱理學的「考據學家戴震」怎樣變成了反對理學的「思想家戴震」始終未得到解釋。這其實是以上所有「分期說」都面臨（或者說由「分期說」共同造成）的問題，對這一問題的懸置，實際上意味著默認了東原思想的斷裂。余先生之所以沒能解決這一問題是因為他在「分期」的基本框架上接受了錢穆的觀點，即認為戴震的思想經歷了由「尊宋」到「反宋」的根本逆轉，而逆轉的契機也是「惠、戴1757年揚州之會，彼此曾默默訂下反宋盟約」〔註41〕。上文已經討論了戴震並非受惠棟影響而開始獨立的義理建構，因此，下文集中討論余英時先生對戴震早期「尊宋」的論證。

余英時先生對戴震早年的「尊宋」增加了兩個關鍵論據：戴震早年在《經考》中「以理精義明許程、朱諸子」，又在《經考附錄》中為程子改定《大學》辯護〔註42〕。為辨析之便，茲將兩處原文引述如下：

> 張子曰：《春秋》之書，在古無有，乃仲尼所自作。惟孟子為能知之。非理精義明，殆未可學。（《經考》卷五，「理精義明」條，《全書》第二冊，第312頁）

> 《大學》之格物致知，即《中庸》之明善、擇善，《孟子》之盡心、知性、知天，古聖賢窮理精義實事也……董氏諸人於程子、朱子格物致知之說初未有得，而欲以「知止」至「則近道矣」及「聽訟」節為格物致知之義，其亦謬矣。（《經考附錄》卷四，《全書》第二冊，第548頁）

乍看二文頗有扶翼理學之意，詳審文義則未必然。首先，在「理精義明」的問題上，戴震於《經考》卷五「書時事之變」條中，引用黃澤之語說：

> 學者須以考事為先，考事不精而欲說《春秋》，則失之疏矣。夫考事已精而經旨未得，尚多有之，未有考事不精而能得經旨者也（《經考》卷五，《全書》第二冊，第309頁）

又於此卷「不書繼位」條中引用黃澤之語，

> 說《春秋》，須要推究事情，使之詳盡，然後得失乃見。

可見，戴震所謂的「理精義明」是說要考事精審，直到「必若身親見之，

親當之」的境地，方能「自然合事情而無過論也」〔註43〕，而不是說先體認一個形而上的「理」，方能理會得《春秋》中聖人之意。戴震此處只是取張載「理精義明」四字，其內容實與理學無涉，其義同於戴震在《與姚孝廉姬傳書》中所說的「徵之古而彌不條貫，合諸道而不留疑義，鉅細畢究，本末兼該」的「十分之見」〔註44〕，必須極盡考證之精微方能達至對事理的體認。至於余英時先生認爲戴震在《經考附錄》卷四「變亂大學」條中爲程、朱改定《大學》辯護一事，則未必能表明戴震的理學立場。稍讀原文，便會發現這段文字旨在凸顯「格物致知」〔註45〕的意義，而不是爲程、朱改本辯護。程、朱在工夫論上強調的是「涵養用敬」與「進學致知」並行的路徑，戴東原此處摒棄「涵養」，直以「格物致知」爲「知性」、「知天」，絕非理學路數，倒正好與其十多年後在《原善》三卷本中體現的「重知」觀點相合：

> 知其自然，斯通乎天地之化；知其必然，斯通乎天地之德，故曰「知其性，則知天矣」。天人道德，靡不豁然於心，故曰「盡其心」。（《原善》卷上，《全書》第六冊，第 11 頁）

戴東原認爲陰陽的「氣化流行」過程蘊含了自身的節限與規則，天地的「自然」與「必然」只是對同一事態之不同面向的表述。在「格物致知」中體認「自然」與「必然」的過程同時是「盡心」、「知性」、「知天」的過程。即此可見，他之所以肯定程子改訂《大學》，是出於對「格物致知」的重視，他在《經考》中將「格物致知」等同於「明善」、「擇善」、「知性」、「知天」的觀點完全不同於程子、朱子對「格物致知」的理解。

余英時先生對戴震早期「尊宋」補充的論據不僅難以成立，而且恰恰因爲堅信戴氏思想中存在從「尊宋」到「反宋」的轉向，而失卻了博通綜貫的眼光，將戴震文本中的創見比附於程朱，錯失了其中體現出的思想獨特性與一貫性。

在上述分析中不難發現，乾嘉學者對戴震思想的「分期」實際是在「漢、宋」門戶之爭的共同心理背景下對戴震思想的標籤化處理，即「漢學家」與「宋學家」希望通過將戴震的思想歷程描述爲「前期考據」、「後期義理」、「前期尊宋」、「後期反宋」，從而讓戴震主要以尊奉理學的「考據學家」或者「醜

〔註43〕（清）戴震：《經考》卷五，《全書》第二冊，第 331 頁。
〔註44〕（清）戴震：《與姚孝廉姬傳書》，《全書》第六冊，第 372 頁。
〔註45〕（清）戴震：《經考》卷四，《全書》第二冊，第 547 頁。

嘗程、朱」的「義理學者」的面貌出現。後世部分學者接受了這種先入之見，並試圖論證「分期」的時限。然而其所尋獲的「論據」一方面由於未能深入戴震的文本，因此不能眞切地表現其思想的內在演進；另一方面其論據多有反證存在，難以自立，而其論證結果也使得我們不得不面對「考據學家戴東原」與「思想家戴東原」之間不可消弭的「矛盾緊張的狀態」〔註46〕。在「分期說」的理解模式下，戴震思想前後期的差異性被誇大至割裂的地步，以至於我們找不到一個完整的戴震形象，遑論對其思想主旨的理解。

三、「通經以明道」——戴震思想的一貫性

明確「分期說」的失誤後，我們不能再將戴震的思想歷程簡單地歸結爲從「尊宋」到「反宋」或從「考據」到「義理」的逆轉，而是必須重回戴震的文本，尋繹其思想發展中的一貫線索，以期在此基礎上重建對戴震的理解。

如果說戴東原對自己一生的學問和著述有某種整體規劃的話，最明顯的莫過於「七經小記」。早年他向金榜表達了這一願望〔註47〕，晚年又曾試圖將自己的著述逐一編爲「七經小記」，但未竟而卒。段玉裁亦謂：「七經小記者，先生朝夕嘗言之，欲爲此以治經也。」〔註48〕因此，若能理解「七經小記」的著述意圖，便庶幾可以探尋到其貫穿始終的思想路徑。

所謂「七經」是指《詩》、《書》、《易》、《禮》、《春秋》、《論語》和《孟子》。段玉裁認爲「七經小記」的著述目的是：

> 治經必分數大端以從事，各究洞原委，始於六書、九數，故有詁訓篇，有原象篇，繼以學禮篇，繼以水地篇，約之於原善篇，聖人之學如是而已矣。（《戴東原先生年譜》，《全書》第六冊，第705頁）

也就是說，「七經小記」試圖通過對經典的文字訓詁和對經典中所表述的經驗事實的考據以探求聖人之道。段玉裁的這一理解正與戴震在《與是仲明論學書》中表達的學問路徑一致：

> 經之至者道也，所以明道者其詞也，所以成詞者字也。由字以通其詞，由詞以通其道，必有漸……至若經之難明尚有若干事。誦《堯典》數行至「乃命羲和」，不知恒星七政之所運行，則掩卷不能卒業。

〔註46〕余英時：《論戴震與章學誠》，第135頁。
〔註47〕（清）段玉裁：《戴東原先生年譜》，《全書》第六冊，第705頁。
〔註48〕同上。

誦《周南》、《召南》，自《關雎》而往，不知古音，徒強以叶韻，則
齟齬失讀……僕欲究其本始，爲之又十年，漸於經有所會通，然後
知聖人之道如懸繩樹臬，毫釐不可有差。(《與是仲明論學書》，《全
書》第六冊，第 370 頁)

此文作於乾隆十五年庚午戴震二十八歲時〔註49〕，戴震在文中認爲，尋
求「聖人之道」的路徑從根本上是由文字訓詁通達的，然而準確的訓詁常常
需要對經典中涉及的名物和典制進行考證，因此，只有在文字訓詁和名物考
據的基礎上才能進行有意義的義理建構。這是年輕的戴震對自己十多年來「求
道」歷程的總結，也是其獨特學問路徑的表達。在其學術生涯中，戴震貫徹
了這一思路，因此才有了《籌算》、《六書論》、《爾雅文字考》、《考工記圖》、
《詩補傳》、《經考》、《經考附錄》、《屈原賦注》等大量的考據著作。這些著
述絕非爲考據而考據的「自娛」，而是從事獨立思想創作的必要積纍，戴東原
在《原善》、《孟子字義疏證》等作品中表達的關於「氣化」、「理」、「性」、「欲」
的思想正是在這些考據中逐漸形成的。這種考據上的努力同時也是擺脫既有
思想模式的影響，「空所依傍」地探求「聖人之道」的嘗試。

當然，戴東原早年形成的這種學術路徑還有許多問題有待解決，其中最
明顯的是「道」的意涵以及「求道」的途徑，也就是說，在訓詁和考據中得
以通達的究竟是何種意義上的「道」，以及這種「道」如何可能在訓詁和考據
中得以通達。戴震在乾隆二十四年己卯（三十七歲）時所作的《鄭學齋記》、
乾隆三十年乙酉所作的《題惠定宇先生授經圖》，以及作於乾隆三十六年辛卯
的《沈學子文集序》中明確地回答了這些問題〔註50〕：

學者大患在自失其心，心全天德、制百行。不見天地之心者，不得
已之心：不見聖人之心者，不得天地之心。不求諸前古賢聖之言與
事，則無從探其心於千載下。是故由六書、九數、制度、名物，能
通乎其詞，然後以心相遇。(《鄭學齋記》，《全書》第六冊，第 407
頁)

訓詁明則古經明，古經明則賢人聖人之理義明，而我心之所同然者
乃因之而明。賢人聖人之理義非它，存乎典章制度者是也。(《題惠
定宇先生授經圖》，《全書》第六冊，第 505 頁)

〔註49〕錢穆：《中國近三百年學術史》，第 344 頁。
〔註50〕戴震在乾隆三十四年己丑所作的《古經解鈎沉序》亦表達了類似觀點。

> 以今之去古既遠，聖人之道在六經也。當其時，不過據夫共聞習知，
> 以闡幽而表微。然其名義制度，自千百世下，遙溯之至於莫之能通。
> 是以凡學始乎離詞，中乎辨言，終乎聞道。離詞，則舍小學故訓無
> 所藉；辨言，則舍其立言之體無從而相接以心。（《沈學子文集序》，
> 《全書》第六冊，第 393 頁）

在這幾段文字中，由訓詁與考據出發進行義理建構的基本思路並沒有改變，值得注意的是，「心」在「求道」過程中的意義被凸顯出來。與《與是仲明論學書》相比，這至少意味著兩個方面的拓展：（1）在「聞道」的途徑上，「由字以通其詞，由詞以通其道」的過程被進一步詮釋爲「始乎離詞，中乎辨言，終乎聞道」。「離詞」的意思是「斷句絕」〔註51〕，即解析經文章句，以疏通文義，這相當於文字訓詁工作。「辯言」是「辯立言之體」，這種「立言之體」所指的是「前古聖賢之言與事」，即記載在經典中的種種名物、典章、制度共同構成的生活世界。生活世界不是經驗事物的集合，而是蘊含著意義生發的種種可能性，聖人正是在這個具體語境中創制出經典。戴震認爲這種生活世界中包含的意義，只能通過對六書、九數、制度、名物的考據才有可能通達，在這個意義上可以說「賢人聖人之理義非它，存乎典章制度者是也。」因此，「辯言」意味著通過接近經典創制時的原始境遇（而不是簡單地還原一些零碎的歷史經驗）來尋獲「賢人聖人之理義」，即「聖人心志」。戴震認爲，建基於「離詞」、「辯言」的「聞道」則意味著「相接以心」。對「聖人心志」的尋獲也就意味著對作爲經典之意義源泉的生活世界的通達，也就是與「天地之心」的「相接」。只有在通達了「聖人之心」與「天地之心」後，學者才達到了對「己之心」本有的「全天德、制百行」的能力的擴充和完善，也就是心通乎道的境地。（2）「道」的意涵的深化。在這些書信中表現出來的「道」具有了比《與是仲明論學書》中的「道」更深刻的內涵。在《與是仲明論學書》中所描述的「由字以通其詞，由詞以通其道」極易被誤解爲考據學者們通過字義訓詁、名物考證來進行文義貫通與歷史還原的工作，但戴震通過「以心相遇」的方式所求得的「道」則是在對作爲經典意義生發根源的生活世界的貼近中通達的「聖人之心」與「天地之心」。

在上述具有較大時間跨度的書信中，我們可以看出戴東原對自己「通經

〔註51〕（清）孫希旦：《禮記集解》卷三十六，引鄭玄注「離經辨志」，中華書局，2007 年，第 959 頁。

以明道」這一學問路徑的不斷深化的表達，足見這一路徑在其「十五始力學」後便開始逐步確立〔註 52〕，並在其學問歷程中日漸成熟。正是在這個一貫的宗旨下，他始終能保持「兼採漢宋」、「無所偏主」的立場，融通考據與義理，在對經典內容的考據中進行獨特的義理建構。把握了戴震這一一貫的思想路徑，我們便不必再拘泥於考據、義理、漢學、宋學的區分，並以這類區分框定東原思想的「分期」；也只有把握了其思想中這一基本的一貫性，才能彌合業已形成的「考據學家戴東原」與「反理學者戴東原」的分裂形象，建立起對戴震思想的一貫理解。

〔註 52〕 （清）程瑤田：《五友記》，《安徽叢書》第二期《通藝錄‧修辭餘抄》，民國 21 至 25 年〔1932～1936〕安徽叢書編印處，北京大學圖書館藏。

參考文獻

（一）古籍

1. 程顥、程頤：《二程集》，中華書局，2005 年。
2. 程瑤田：《通藝錄・論學小記》，《安徽叢書》第二期，1936 年。
3. 程瑤田：《通藝錄・修辭餘鈔》，同上。
4. 陳淳：《北溪字義》，中華書局，2009 年。
5. 陳澧：《陳澧集》，中華書局，2008 年。
6. 陳立：《白虎通疏證》，中華書局，2007 年。
7. 戴震：《戴氏遺書》（孔繼涵輯刊），載於《微波榭叢書》，乾隆四十二年。
8. 戴震：《戴東原先生全集》，載於《安徽叢書》第六期，1936 年。
9. 戴震：《戴震全書》（張岱年主編），黃山書社，1997 年。
10. 戴震：《戴氏三種》（胡適整理），樸社，1931 年。
11. 戴震：《戴震文集》（趙玉新校點），中華書局，2006 年。
12. 戴震：《孟子字義疏證》（何文光整理），中華書局，1961 年。
13. 段玉裁：《說文解字注》，浙江古籍出版社，2007 年。
14. 段玉裁：《戴東原先生年譜》，《清代徽人年譜合刊》，黃山書社，2006 年。
15. 段玉裁：《經韻樓集》，上海古籍出版社，2008 年。
16. 方東樹：《漢學商兌》，清光緒十四年刻本，北京大學圖書館藏。
17. 方向東：《大戴禮記彙校集解》，中華書局，2008 年。
18. 洪榜：《二洪遺稿・初堂遺稿》，清乾隆梅花書院刻本，北京大學圖書館藏。
19. 惠棟：《松崖文鈔》，載於《聚學軒叢書》第二集，光緒十九年刻本。

20. 惠棟：《九經古義》，藝文印書館（臺北），1966 年。

21. 惠棟：《九曜齋筆記》，藝文印書館（臺北），1970 年。

22. 惠棟：《松崖筆記》，藝文印書館（臺北），1970 年。

23. 惠棟：《松崖文鈔》，藝文印書館（臺北），1970 年。

24. 惠棟：《周易述》，中華書局，2007 年。

25. 紀昀：《紀曉嵐文集》，河北教育出版社，1995 年。

26. 江藩：《漢學師承記》（上、下）（漆永祥箋釋），上海古籍出版社，2006 年。

27. 江藩：《宋學師承記》，中華書局，2008 年。

28. 江錦波：《江慎修先生年譜》，中華書局，1922 年。

29. 江永：《近思錄集注》，江蘇廣陵刻印社，1997 年。

30. 焦循：《孟子正義》，中華書局，1991 年。

31. 焦循：《雕菰集》，中華書局，1985 年。

32. 焦循：《論語補疏》，藝文印書館（臺北），1966 年。

33. 焦循：《論語通釋》，藝文印書館（臺北），1966 年。

34. 李慈銘：《越縵堂讀書記》，中華書局，2000 年。

35. 李慈銘：《越縵堂日記補編》，文光圖書公司（臺北），1965 年。

36. 李桓：《國朝耆獻類徵初編》，明文書局（臺北），1985 年。

37. 李元度：《國朝先正事略》，嶽麓書社，1991 年。

38. 淩廷堪：《校禮堂文集》，中華書局，2006 年。

39. 淩廷堪：《禮經釋例》，中華書局，1985 年。

40. 劉寶楠：《論語正義》，中華書局，2007 年。

41. 盧見曾：《雅雨堂文集》，清道光二十年盧樞清雅堂刻本，北京大學圖書館藏。

42. 盧文弨：《抱經堂文集》，中華書局，2006 年。

43. 陸耀：《切問齋集》，乾隆五十七年吳江陸氏刻本，北京大學圖書館藏。

44. 羅欽順：《困知記》，中華書局，1985 年。

45. 羅欽順：《整庵存稿》，文淵閣四庫全書電子版。

46. 彭紹升：《二林居集》，光緒七年刻本，北京大學圖書館藏。

47. 彭紹升：《觀河集》，光緒七年刻本，北京大學圖書館藏。

48. 彭紹升：《測海集》，光緒七年刻本，北京大學圖書館藏。

49. 彭紹升：《一行居集》，道光五年長洲彭氏家刻本，北京大學圖書館藏。

50. 彭紹升：《儒行述》，道光世楷堂刻本，北京大學圖書館藏。

51. 皮錫瑞：《經學歷史》，中華書局，1981 年。

52. 皮錫瑞：《經學通論》，中華書局，1982 年。

53. 錢大昕：《潛研堂文集》，《四部叢刊》初編本。

54. 錢大昕：《嘉定錢大昕全集》，江蘇古籍出版社，1997 年。

55. 錢儀吉：《碑傳集》，中華書局，2008 年。

56. 阮元：《揅經室集》，中華書局，2006 年。

57. 孫希旦：《禮記集解》，中華書局，2007 年。

58. 孫星衍：《尚書今古文注疏》，中華書局，2004 年。

59. 孫星衍：《問字堂集·岱南閣集》，中華書局，2006 年。

60. 唐鑒：《國朝學案小識》，四部備要本。

61. 汪梧鳳：《松溪文集》，《四庫未收書輯刊》10 輯 28 冊，北京出版社，1997 年。

62. 王昶：《春融堂集》，嘉慶十二年刻本，北京大學圖書館藏。

63. 王昶：《湖海文傳》，道光十七年刻本，北京大學圖書館藏。

64. 王聘珍：《大戴禮記解詁》，中華書局，2008 年。

65. 王廷相：《王廷相集》，中華書局，2008 年。

66. 王先謙：《荀子集解》，中華書局，2007 年。

67. 王陽明：《王陽明全集》，上海古籍出版社，1992 年。

68. 翁方綱：《復初齋文集》，清道光十六年刻本，北京大學圖書館藏。

69. 翁方綱：《復初齋集外文》，吳興劉氏嘉葉堂刻本，北京大學圖書館藏，1917 年。

70. 翁方綱：《復初齋外集》，魏氏績語堂，北京大學圖書館藏。

71. 夏炘：《景紫堂文集》，咸豐五年刻本，北京大學圖書館藏。

72. 顏元：《顏元集》，中華書局，2008 年。

73. 楊倞：《荀子注》，上海古籍出版社，1992 年。

74. 姚名達：《朱筠年譜》，民國叢書第三編據商務印書館本影印。

75. 姚鼐：《惜抱軒文集》，清嘉慶六年刻本，北京大學圖書館藏。

76. 張載：《張載集》，中華書局，2008 年。

77. 章學誠：《章氏遺書》，吳興劉氏嘉葉堂刻本，1922 年，北京大學圖書館藏。

78. 章學誠：《文史通義》（葉瑛校注），中華書局，2005 年。

79. 鄭虎文：《吞松閣集》，《四庫未收書輯刊》10 輯 14 冊，北京出版社，1997 年。

80. 周敦頤:《元公周先生濂溪集》,嶽麓書社,2006 年。

81. 周中孚:《鄭堂讀書記》,上海,商務印書館,1959 年。

82. 周中孚:《鄭堂札記》,叢書集成初編本。

83. 朱熹:《晦庵先生朱文公文集》,上海古籍出版社/安徽教育出版社,2010 年。

84. 朱熹:《四書章句集注》,中華書局,2005 年。

85. 朱熹:《四書或問》,上海古籍出版社、安徽教育出版社,2001 年。

86. 朱熹:《周易本義》,中華書局,2009 年。

87. 朱熹:《朱子語類》(黎靖德 編),中華書局,2005 年。

88. 朱一新:《無邪堂答問》,中華書局,2002 年。

89. 朱筠:《笥河文集》,嘉慶二十年刻本,北京大學圖書館藏。

(二)研究著作

1. 鮑國順:《清代學術思想論集》,復文圖書出版社(高雄),2002 年。

2. 鮑國順:《戴震研究》,國立編譯館(臺北),1997 年。

3. 岑溢成:《詩補傳與戴震解經方法》,臺北,文津出版社,1992 年。

4. 蔡錦芳:《戴震生平與作品考論》,廣西師範大學出版社,2006 年。

5. 陳徽:《性與天道——戴東原哲學研究》,中國文史出版社,2005 年。

6. 陳來:《古代思想文化的世界》,三聯書店,2009 年。

7. 陳來:《竹帛〈五行〉與簡帛研究》,三聯書店,2009 年。

8. 陳來:《宋明理學》,華東師範大學出版社,2004 年。

9. 陳來:《朱子哲學研究》,華東師範大學出版社,2000 年。

10. 陳來:《有無之境》,北京大學出版社,2006 年。

11. 陳來:《詮釋與重建》,北京大學出版社,2004 年。

12. 陳來:《中國近世思想研究》,商務印書館,2003 年。

13. 陳立勝:《王陽明「萬物一體論」》,華東師範大學出版社,2008 年。

14. 陳榮捷:《宋明理學之概念與歷史》,臺灣中研院文哲所籌備處,1996 年。

15. 陳榮捷:《朱子新探索》,華東師範大學出版社,2007 年。

16. 陳榮捷:《朱學論集》,華東師範大學出版社,2007 年。

17. 陳榮捷:《朱子門人》,華東師範大學出版社,2007 年。

18. 陳贇:《回歸真實的存在——王船山哲學的闡釋》,復旦大學出版社,2002 年。

19. 陳贇:《中庸的思想》,三聯書店,2007 年。

20. 陳祖武、朱彤窗：《乾嘉學術編年》，河北人民出版社，2005 年。

21. 陳祖武、朱彤窗：《清初學術思辨錄》，中國社會科學出版社，1992 年。

22. 鄧艾民：《朱熹王守仁哲學研究》，華東師範大學出版社，1989 年。

23. 杜維明：《杜維明文集》，武漢出版社，2001 年。

24. 葛榮晉：《王廷相和明代氣學》，中華書局，1988 年。

25. 關長龍：《兩宋道學命運的歷史考察》，學林出版社，2001 年。

26. 洪漢鼎：《理解與解釋》，東方出版社，2006 年。

27. 胡樸安：《戴先生所著書考》，《安徽叢書》第六期，1936 年。

28. 胡適：《戴東原的哲學》，安徽教育出版社，1999 年。

29. 姜廣輝：《走出理學——清代思想發展的內在理路》，遼寧教育出版社，1997 年。

30. 蔣秋華，林慶彰：《乾嘉義理學研究》，中研院中國文哲研究所，2003 年。

31. 蔣維喬：《中國近三百年哲學史》，中華書局，1932 年。

32. 來新夏：《近三百年人物年譜知見錄》，上海人民出版社，1983 年。

33. 李開：《戴震評傳》，南京大學出版社，1992 年。

34. 李開：《惠棟評傳》，南京大學出版社，1997 年。

35. 梁啟超：《清代學術概論》，《梁啟超論清學史二種》，復旦大學出版社，1985 年。

36. 梁啟超：《飲冰室合集》，中華書局，1989 年。

37. 梁啟超：《中國學術思想變遷之大勢》，上海古籍出版社，2001 年。

38. 梁啟超：《戴東原著述纂校書目考》，《飲冰室文集》第五冊，中華書局，1989 年。

39. 林慶彰：《乾嘉學術研究論著目錄》，臺灣中研院文哲所籌備處，1995 年。

40. 林慶彰：《清代經學研究論集》，臺灣中研院文哲所，2002 年。

41. 劉述先：《朱子哲學思想的發展與完成》，學生書局，1982 年。

42. 劉述先：《黃宗羲的心學及其定位》，浙江古籍出版社，2006 年。

43. 彭林：《清代經學與文化》，北京大學出版社，2006 年。

44. 牟宗三：《才性與玄理》，廣西師範大學出版社，2005 年。

45. 牟宗三：《心體與性體》，上海古籍出版社，1999 年。

46. 潘富恩、徐餘慶：《程顥程頤理學思想研究》，復旦大學出版社，1988 年。

47. 漆永祥：《乾嘉考據學研究》，中國社會科學出版社，1998 年。

48. 錢穆：《朱子新學案》，三民書局，1978 年。

49. 錢穆：《中國近三百年學術史》，商務印書館，1997 年。

50. 錢穆：《中國學術思想史論叢》（八），三聯書店，2009 年。

51. 丘為君：《戴震學的形成》，新星出版社，2006 年。

52. 尚曉明：《學人遊幕與清代學術》，社會科學文獻出版社，1999 年。

53. 孫欽善：《中國古文獻學史》，中華書局，1994。

54. 王汎森：《中國近代思想與學術的系譜》，吉林出版集團，2011。

55. 王茂：《清代哲學》，安徽人民出版社，1992 年。

56. 魏建功：《戴東原年譜》，載於《魏建功文集》第五冊，江蘇教育出版社 2001 年。

57. 吳根友：《中國現代價值觀的初生歷程》，武漢大學出版社，2003 年。

58. 吳根友：《明清哲學與中國現代哲學諸問題》，中華書局，2008 年。

59. 吳通福：《清代新義理觀之研究》，江西人民出版社，2007 年。

60. 徐復觀：《中國人性論史》，華東師範大學出版社，2005 年。

61. 徐向東：《道德哲學與實踐理性》，商務印書館，2006 年。

62. 徐向東：《自我、他人與道德——道德哲學導論》，商務印書館，2007 年。

63. 許承堯：《歙事閒譚》，黃山書社，2001 年。

64. 楊立華：《氣本與神化》，北京大學出版社，2008 年。

65. 楊儒賓：《儒學的氣論與工夫論》，（合編），臺北：臺大出版中心，2005。

66. 楊儒賓：《朱子學的開展——東亞篇》，臺北：漢學研究中心，2002 年 6 月。

67. 楊儒賓：《儒家身體觀》，中研院中國文哲所，1996 年。

68. 楊儒賓：《中國古代思維方式探索》（合編），臺北：正中書局，1996 年。

69. 楊儒賓：《中國古代思想中的氣論及身體觀》，臺北：巨流圖書公司，1993 年。

70. 楊向奎：《清儒學案新編》，齊魯書社，1985～1988 年。

71. 楊柱才：《道學宗主——周敦頤哲學思想研究》，人民出版社，2004。

72. 余英時：《宋明理學與政治文化》，吉林出版集團，2008 年。

73. 余英時：《朱熹的歷史世界——宋代士大夫政治文化的研究》，三聯書店，2004。

74. 余英時：《論戴震與章學誠》，三聯書店，2000 年。

75. 余英時：《中國思想傳統的現代詮釋》，江蘇人民出版社，2006 年。

76. 曾昭旭：《王船山哲學》，臺北：遠景出版事業公司，1996 年。

77. 章太炎：《太炎文錄初編》，上海書店，1992 年。

78. 張立文：《戴震》，東大圖書公司，1991 年。

79. 張立文：《朱熹思想研究》，中國社會科學出版社，1981。

80. 張立文：《朱熹評傳》，南京大學出版社，1998。

81. 張壽安：《以禮代理——凌廷堪與清中葉儒學思想之轉變》，河北教育出版社，2001 年。

82. 張學智：《明代哲學史》，北京大學出版社，2000 年。

83. 張學智：《心學論集》，中國社會科學出版社，2006 年。

84. 鄭吉雄：《戴東原經典詮釋的思想史探索》，臺灣大學出版中心，2008 年。

85. 鄭吉雄：《東亞視域中的近世儒學文獻與思想》，華東師範大學出版社，2008 年。

86. 鄭宗義：《明清儒學轉型探析：從劉蕺山到戴東原》，香港中文大學出版社，2000 年。

87. 周兆茂：《戴震哲學新探》，安徽人民出版社，1997 年。

（三）期刊論文

1. 鮑國順：《戴東原著作考述》，《孔孟學報》第 59～60 期，1990 年。

2. 岑溢成：《戴震孟子學的基礎》，載於黃俊傑主編《孟子思想的歷史發展》，中研院中國文哲研究所，1995 年。

3. 陳贇：《宋明儒學中「理一分殊」的觀念》，《孔孟學報》第 79 期。

4. 高正：《清代考據家義理之學》，《文獻》1987 年第 4 期。

5. 李明輝：《朱子論惡之根源》，載《國際朱子學會議論文集》（鍾彩鈞主編），中研院文哲所籌備處，1993 年。

6. 李明輝：《劉蕺山論惡之根源》，載《劉蕺山學術思想論集》（鍾彩鈞主編），中研院文哲所籌備處，1998 年。

7. 朵新夏：《清代考據學述論》，《南開學報》（哲學社會科學版），1983 年第 3 期。

8. 李暢然：《戴震〈孟子字義疏證〉文獻學考察》，《中文學刊》第四期，2005 年 10 月。

9. 路新生：《戴震的學術路徑與評價》，《華東師範大學學報》，2003 年第 1、2 期。

10. 漆永祥：《新發現戴震〈江慎修先生七十壽序〉佚文一篇》，《中國典籍與文化》2005 年第 1 期。

11. 王茂：《戴震〈私淑錄〉及〈緒言〉成書先後之比較研究》，江淮論壇，1983 年第 6 期。

12. 楊儒賓：《理學的仁說——一種新生命哲學的誕生》，《臺灣東亞文明研究學刊》，第六卷第一期，2009 年 6 月。

13. 楊儒賓：《作為相偶性倫理學的仁說》，《韓國文化》（首爾大學），43 期，2008。

14. 楊儒賓：《檢證氣學──理學史脈絡下的觀點》，《漢學研究》，25 卷 1 期，2007 年 8 月。

15. 《觀天地生物氣象》，《中國語文論譯叢刊》，第 21 輯，2007 年 8 月。

16. 《兩種氣學，兩種儒學》，《臺灣東亞文明研究學刊》，3 卷 2 期（總 6），2006 年 12 月。

17. 楊儒賓：《「自性化」與「復性」──榮格與朱子的異時空交會》，《法鼓人文學報》，第 2 期，2005 年 12 月。

18. 周兆茂：《戴震〈孟子私淑錄〉與〈緒言〉寫作先後辨析》，《中國哲學史》1993 年第 2 期。

（四）海外文獻（含譯著）

1. 艾爾曼：《從理學到樸學──中華帝國晚期思想與社會變化面面觀》，趙剛譯，江蘇人民出版社，1995。

2. 艾爾曼：《經學、政治和宗族──中華帝國晚期常州今文學派研究》，趙剛譯，江蘇人民出版社，1995。

3. 包弼德：《斯文──唐宋思想的轉型》，劉寧譯，南京：江蘇人民出版社，2001。

4. 濱口富士雄：《清代考據學の思想史的研究》，東京國書刊行會，1983。

5. 島田虔次：《朱子學與陽明學》，陝西師範大學出版社，1986。

6. 島田虔次：《中國近代思維的挫摺》，甘萬萍譯，江蘇人民出版社，2005。

7. 漢斯·格奧爾格·伽達默爾：《真理與方法》，洪漢鼎譯，商務印書館，2007 年。

8. 葛瑞漢：《中國的兩位哲學家──二程兄弟的新儒學》，程德詳等譯，大象出版社，2000 年。

9. 溝口雄三：《中國前近代思想的演變》，索介然、龔穎譯，中華書局，1997。

10. 吉川幸次郎：《浙東學術成就》，《東方學報》1936 年第 7 期。

11. 吉田純：《清代考據學者の群像》，汲古書院，1998 年。

12. 近藤光男：《清朝考證學の研究》，研文社，1987 年。

13. 克里斯蒂娜·科爾斯戈德：《規範性的來源》，上海譯文出版社，楊順利譯，2010 年。

14. 劉子健：《中國轉向內在──兩宋之際的文化內向》，趙冬梅譯，江蘇人民出版社，2002 年。

15. 馬丁·海德格爾：《存在與時間》，三聯書店，1999 年。

16. 馬克斯‧舍勒:《倫理學中的形式主義與質料的價值倫理學》,倪梁康譯,三聯書店,2004 年。

17. 倪德衛:《儒家之道》,周熾成譯,江蘇人民出版社,2006 年。

18. 倪德衛:《章學誠的生平及其思想》,楊立華譯,江蘇人民出版社,2007 年。

19. 橋本高勝:《朱子學體系の組み換え》,啓文社,1991 年。

20. 田浩:《功利主義儒家——陳亮對朱熹的挑戰》,姜長蘇譯,江蘇人民出版社,1997 年。

21. 田浩:《宋代思想史論》,楊立華、吳豔紅譯,社會科學文獻出版社,2003 年。

22. 田浩:《朱熹的思維世界》,陝西師範大學出版社,2002 年。

23. 希拉里‧普特南:《事實與價值二分法的崩潰》,東方出版社,2004 年。

24. 小野澤精一等編:《氣的思想——中國自然觀與人的觀念的發展》,李慶譯,上海人民出版社,1990 年。

25. 約翰‧塞爾:《意向性》,劉濤譯,上海世紀出版集團,2007 年。

26. G‧E‧M‧Anscombe, Intention, Oxford: Blackwell, 1957.

27. Alan K.L. Chan, Mencius: contexts and interpretations, Honolulu: University of Hawaii' Press, 2002.

28. Fred Dretske, Explaining behavior: Reasons in a world of causes, Cambridge: The MIT Press, 1988.

29. Gail Fine, On ideas: Aristotle's criticism of Plato's theory of forms, Oxford: Oxford University Press, 2004.

30. David Hume, A treatise of human nature, Beijing: China Social Sciences Pub. House, 1999.

31. Tucker John, Dai Zhen and the Japanese school of ancient learning, Journal of Chinese Philosophy, Vol.18, 1991.

32. Monte R. Johnson, Aristotle on teleology, Oxford: Clarendon Press, 2005.

33. John Marks, The ways of desires, Chicago: Precedent Publishing, 1986.

34. John McDowell, Mind, value and reality, Cambridge: Harvard University Press, 1998.

35. Martha C. Nussbaum, Aristotle's De motu animalium, Princeton: Princeton University Press, 1978.

36. Gilbert Ryle, The concept of mind, New York: Barnes & Noble, 1949.

37. Kwong-loi Shun, Mencius and early chinese thought, Stanford: Stanford University Press, 1997.

38. Kwong-loi Shun, Confucian ethics: A comparative study of self, autonomy and community, Co-edited with David B, Wong, Cambridge/New York:

Cambridge University Press, 2004.

（五）學位論文

1. 高在旭：《戴東原哲學析評》，臺灣輔仁大學哲學研究所博士論文，1990年。

2. 柯維卿：《戴震孟子學研究》，臺灣成功大學中國文學研究所碩士論文，1996。

3. 婁毅：《戴震的哲學與考據學》，北京大學中文系博士學位論文，1997年。

4. 李紅英：《戴震治經方法考論》，北京大學中文系博士學位論文，2002年。

5. 朴英美：《戴震的「治學」與「明道」》，北京大學哲學系博士學位論文，2005年。

6. 王傑：《戴震義理學詮釋》，中國人民大學哲學系博士學位論文，2001年。

7. 王豔秋：《戴震重知哲學研究》，華東師範大學哲學系博士學位論文，2003年。

8. 張壽安：《清代中葉徽州義理學研究》，香港中文大學博士論文，1995年。

後　記

　　伴隨著朱子學與陽明學的相繼式微，明末至乾嘉的思想焦點逐漸轉移，儒者對氣和氣質之性的關注，以及經學研究的全面復興都體現出重塑價值的趨向。歷經幾代人的努力，我們已經獲得了若干範式來理解這三百餘年的思想史，卻仍然未能使其獲得清晰的呈現。本文從「自然」與「必然」入手處理戴震的哲學思想，固然是以事實和價值爲視角統合戴震對理氣關係和理欲關係的論述，並藉此挖掘出考據和義理的內在一致性，但更長遠地看，也是希望藉此窺見這一歷史時期思想發展的趨向。這一任務的完成尚俟對明清之際學術環境和戴震後學做進一步的研究。

　　在撰寫論文的過程中，視野的擴展也伴隨著閱讀任務的增加，如果說有某種力量支撐著我義無反顧地投身於繁重學業，那這種力量便是來自師長和學友。我的導師魏常海先生爲本文傾注了很多心力，從開題到答辯，多次指點思考方向，並審定了論文的每一稿，其寬和平正的言行中透露出的性情和智慧也爲我樹立了人生的榜樣。湯一介、孫欽善、李中華等先生參加了本文的開題報告，對本文多有教正。陳來先生主持了答辯會，張學智、李景林、鄭萬根、鄭開等諸位老師提出了具體的指導意見。值得一提的是，在擔任北大高等人文研究院研究助理期間，院長杜維明先生百忙之中給予的指點和關心不僅讓我增長了學識，也讓我的精神生命得到了滋養。在此期間，我也獲得了向吉田純、郭齊勇、楊儒賓、楊立華、李四龍、鄭吉雄、杜保瑞、白彤東、丁耘、唐文明等專家學者請益的寶貴機會，他們的指導和鞭策令我不斷自我檢視，獲益良多。本文的寫作還一直受到啓蒙老師中國人民大學林美茂教授的關注和點撥，並得益於李暢然、沙志利、甘祥滿、王豐先、張浩軍、

－181－

游騰達等諸位學長和友人的問難砥礪，一併致以誠摯的謝意。

年近而立，求學也暫告一段落，在此懷著敬意與感激向支持我學業的家人致敬；並特別感謝妻子王文娟，是她的犧牲和付出使我們得以在共同的學術追求中一起成長。

二〇一一年孟春　記於燕園